Karl-Ludwig Täschner

Praktische Psychiatrie

Manual 7

Karl-Ludwig Täschner

Praktische Psychiatrie

Kohlhammer

Die Verfasser haben größte Mühe darauf verwandt, daß die Angaben von Medikamenten, ihren Dosierungen und Applikationen dem jeweiligen Wissensstand bei Fertigstellung des Werkes entsprechen.
Da jedoch die Medizin als Wissenschaft ständig im Fluß ist, da menschliche Irrtümer und Druckfehler nie völlig auszuschließen sind, übernimmt der Verlag für derartige Angaben keine Gewähr.
Jeder Anwender ist daher dringend aufgefordert, alle Angaben in eigener Verantwortung auf ihre Richtigkeit zu überprüfen.
Die Wiedergabe von Gebrauchsnamen, Handelsnamen oder Warenbezeichnungen in diesem Werk berechtigt auch ohne besondere Kennzeichnung nicht zu der Annahme, daß solche Namen im Sinne der Warenzeichen- und Markenschutz-Gesetzgebung als frei zu betrachten wären und daher von jedermann benutzt werden dürften.

Stuttgart Berlin Köln
Verlagsort: Stuttgart
Gesamtherstellung:
W. Kohlhammer Druckerei GmbH & Co. Stuttgart
Printed in Germany

Inhalt

1. Psychiatrische Probleme

1.1 Der Gegenstand der Psychiatrie

Der Gegenstand der Psychiatrie sind die seelischen Störungen kranker oder abnormer Menschen. Die Psychiatrie ist ganzheitlich orientiert und versucht, das Individuum in allen seinen Teilaspekten zu erfassen: Im gegenwärtigen Zustandsbild (Querschnitt), im Verlauf vor und während der Krankheit (Längsschnitt) und in seinen Beziehungen zur Umwelt, wobei aktuelle soziokulturelle Gegebenheiten und Veränderungen einzubeziehen sind.

Über den Krankheitsbegriff, der hier zugrundezulegen ist, wollen wir nicht streiten: Ob es die Abwesenheit von Krankheit ist, die den Zustand der Gesundheit kennzeichnet, ob es die Fähigkeit zum Genuß ist oder das reibungslose soziale Funktionieren, die Arbeitsfähigkeit gar oder etwas Vergleichbares, das soll hier nicht erörtert werden. Sicher spielt das Leiden des Menschen eine Rolle, aber nicht die entscheidende: Nicht jeder, der leidet, ist auch krank, und gerade viele psychisch Kranke halten sich für gesund und leiden keineswegs. Die sozial orientierte Wahrnehmungs-, Erlebens- und Kontaktfähigkeit, vielleicht auch die soziale Leistungsfähigkeit dürften mit psychischer Gesundheit noch am ehesten korrelieren.

1.2 Einteilungsprinzipien psychischer Krankheiten

In der Psychiatrie bietet die Einteilung der hier vorkommenden Krankheiten größere Schwierigkeiten als in anderen Fächern der Medizin. Das liegt teils in der Natur der Sache, aber auch in den überwiegend unzulänglichen Verfahrensweisen begründet, deren sich die Psychiatrie bedient. Wenn man sich vor-

stellt, daß bis heute durchaus nosologische und syndromatische Feststellungen nicht selten gleichwertig nebeneinander verwendet und sogar zeitweise miteinander verquickt werden, daß mit der Krankheitsdiagnose zugleich eine Aussage über die Ursache der Krankheit gemacht wird und vielfach gleichartige Grundsachverhalte mit unterschiedlichen, willkürlich gewählten Begriffssystemen entnommenen Bezeichnungen versehen werden, dann kann es nicht verwundern, daß die Psychiatrie von außen als unsystematisch, undurchsichtig und schließlich auch unwissenschaftlich erscheint.
Die Psychiatrie deutschsprachiger Tradition teilt die psychischen Krankheiten nach einem „triadischen System" ein in:
1. körperlich begründbare Psychosen,
2. körperlich (noch) nicht begründbare Psychosen,
3. abnorme Variationen seelischen Wesens.

Körperlich begründbare (exogene) Psychosen beruhen auf einer Störung, die als primäre oder sekundäre Erkrankung des zentralen Nervensystems zu identifizieren ist. Hier spielen entzündliche, toxische und traumatische Störungen die Hauptrolle.

Körperlich noch nicht begründbare (endogene) Psychosen beruhen auf Ursachen, die wir bis heute nicht kennen, von denen wir aber annehmen müssen, daß sie eines Tages aufgedeckt werden können. Ob es sich dabei um überträger- oder rezeptorbedingte Funktionsstörungen oder primäre Veränderungen des Substrats handelt, die wir heute noch nicht erkennen können, muß offen bleiben. Die zahlreichen Symptomübereinstimmungen mit exogenen Psychosen sprechen ebenso wie Verlaufsgesichtspunkte für eine organische Ursache auch bei den endogenen Psychosen. Hingegen sind reaktive Momente offenbar in den letzten beiden Jahrzehnten überbewertet worden.

Bei den **abnormen Variationen seelischen Wesens** unterscheidet die klassische Psychiatrie die Störungen der Persönlichkeitsstruktur (Psychopathien), die abnormen Erlebnisreaktionen (Neurosen) und die Schwachsinnszustände (Oligophrenien). Hier handelt es sich um quantitative Überschreitungen der Bandbreiten seelischen Seins, die sich in ihrem Wesen von normalen psychischen Äußerungen nicht unterscheiden (Huber).

1.3 Einteilung nach ICD 9

Klassische deutschsprachige Lehrbücher legen das triadische System ihrer Gliederung meist zugrunde. Das ist wohlbegründet und verständlich, und von daher hätte es sich angeboten, auch in unserem kurzgefaßten Psychiatrie-Manual die gleiche Einteilung zu verwenden. Indessen haben wir uns von einem Einteilungsschema leiten lassen, das in der klinischen Praxis mittlerweile vielfältige Verwendung findet und das zugleich auch wissenschaftlichen Aussagen psychiatrischen Inhalts immer häufiger zugrunde gelegt wird. Es handelt sich dabei um die von der Weltgesundheitsorganisation (WHO) erarbeitete ICD (International Classification of Diseases) in der 9. Revision. Dieses international gültige und weltweit angewandte Einteilungsschema, das nicht nur psychiatrische Krankheiten erfaßt, weicht von der deutschsprachigen Tradition allerdings an einigen Stellen deutlich ab, wenn es auch immer noch Grundzüge unserer geläufigen Systematik enthält. Es ist beispielsweise in organische Psychosen, andere Psychosen und in Neurosen/Psychopathien gegliedert. Andererseits sind einige Gliederungspunkte nach unserem Verständnis widersprüchlich bzw. inakzeptabel, etwa wenn unter ICD 298.8 von „anderen und nicht näher bezeichneten reaktiven Psychosen“ die Rede ist oder das in der Praxis häufig auftretende prädelirante Alkoholentzugssyndrom ein kümmerliches Dasein unter ICD 291.8 („andere Alkoholpsychosen“) führt, wo man es kaum vermuten würde. Eine Trennung zwischen den beiden Abschnitten „Medikamenten-/Drogenabhängigkeit“ einerseits und „Drogen- und Medikamentenmißbrauch“ andererseits (ICD 304 bzw. 305) ist künstlich und praxisfern, die Reihenfolge der aufgeführten Krankheitsbilder willkürlich gewählt und in beiden Kapiteln nicht übereinstimmend, das Kapitel „Mißbrauch von Antidepressiva“ zudem problematisch.

Wir haben uns gleichwohl entschlossen, das vorliegende Manual nach diesem Schema zu gliedern und haben nur an einigen Stellen selten vorkommende bzw. wenig bedeutsame Krankheitsbilder nicht behandelt, weil sie für die Praxis entbehrlich sind. Die Reihenfolge ist nur an wenigen Stellen geringfügig korrigiert, insgesamt wurde die Gliederung der ICD aber trotz vieler Bedenken um der Vergleichbarkeit willen belassen.

Die radikalere, syndromorientierte Einteilung der psychischen Krankheiten nach DSM III (Diagnostic and Statistical Manual of Mental Disorders) konnten wir bei unserem Versuch, einen Überblick auch für Leser außerhalb unseres Faches zu ermöglichen, nicht berücksichtigen. Diese Einteilung wird zu Forschungszwecken häufiger verwandt, trägt aber in wenig kompromißbereiter Form die Handschrift der amerikanischen Psychiatrie und nimmt nach unserer Auffassung zu wenig Rücksicht auf die wohlbegründeten und traditionsreichen, andererseits lebendigen und gewachsenen Einteilungsprinzipien der europäischen, besonders der deutschsprachigen Psychiatrie. Dabei verkennen wir nicht, daß auch die Gliederung nach DSM III Argumente der Logik und sogar der klinischen Praxis auf ihrer Seite hat.

1.4 Methodisches Vorgehen in der Psychiatrie: Beschwerden, Befunde, Diagnosen

Gleichgültig, ob man eine Gliederung nach dem einen oder anderen Schema zugrunde legt, wird man sich doch um eine Methodik bei der Diagnostik bemühen müssen, die zu einem empirisch nachvollziehbaren Ergebnis führt. Mit Jaspers haben wir uns dabei zuerst zu fragen, welchen Tatbestand wir vor uns haben und uns Rechenschaft darüber abzulegen, was wir eigentlich sehen. Wir kommen auf diese Weise zu **Befunden** und finden damit die klare Unterscheidung von bloßen **Beschwerden,** die der Patient äußert und die vielfach von unerfahrenen Untersuchern schon für Befunde, Symptome und gelegentlich sogar für Krankheiten gehalten werden. Insbesondere bei gutachtlichen Fragestellungen im Rentenverfahren haben wir es oft erlebt, daß Beschwerden und Befunde nicht sauber voneinander getrennt werden und unter Umständen das eine gesagt und das andere gemeint ist.
In einem weiteren logischen Schritt haben wir uns die Frage vorzulegen, was Befund, was Deutung und was hinzugedacht ist. Was stammt vom Untersucher und was vom Patienten? Ohne auf die Problematik des Erkenntnisprozesses überhaupt hier eingehen zu wollen, bleibt doch festzustellen, daß es nicht um die Erlebnisse des Untersuchers, sondern um die Störungen des Patienten geht, wenn wir bei letzterem eine Krankheit fest-

stellen wollen. Nicht was wir erleben, fühlen und phantasieren, nicht wie der Patient wirkt, sondern was er an Symptomen aufweist, verdient festgehalten und als Grundlage der Diagnostik in erster Linie verwertet zu werden. Außerhalb des Kernbereichs der klinischen Psychiatrie mag das anders sein. Aber dort, wo es um psychisch kranke Menschen geht, die konkrete Hilfen brauchen, hat die Realität der Krankheit die Dominanz über die Phantasien des Untersuchers.
Über die Vorgänge, die beim Untersucher schließlich zu einem Urteil führen, müssen wir uns allerdings möglichst im klaren sein. Eine Trennung zwischen Innenerleben des Untersuchers und seiner Außenwahrnehmung sollten wir schon vornehmen können. Insofern ist sicher von Bedeutung, **welche Erfahrungen zu vollziehen sind,** um einem Gedanken sinnvoll folgen zu können.
Daß statistisch abgesicherte, möglichst experimentell gewonnene Untersuchungsergebnisse mehr Bedeutung haben als Einzelfallbeschreibungen (Kasuistiken), sei am Rande erwähnt. Die Randbezirke der Psychiatrie wimmeln von Kasuistiken, die inneren Bereiche der Psychiatrie aber nicht von empirischen Untersuchungsdaten. Das ist gleichermaßen bedauerlich. Die deskriptiv orientierte Psychiatrie bemüht sich deshalb darum, mehr empirisch fundierte Daten zu gewinnen. In den letzten Jahren ist eine verstärkte Hinwendung zu empirischer Forschung in unserem Fach zu beobachten, offenbar als Parallele zu der erkennbar stärker werdenden Tendenz, sich der biologisch orientierten psychiatrischen Richtung zu widmen.

1.5 Bemerkungen über „psychiatrische Schulen“

Vielfach gilt die Psychiatrie als ein von zahlreichen Schulen beherrschtes und zugleich zerteiltes Fach, in dem mit Beliebigkeit praktisch jede Auffassung zu einer psychischen Störung ihren Platz finden könne. Dieser Eindruck entsteht vor allem dadurch, daß in der Öffentlichkeit Psychiatrie, Psychologie und Psychoanalyse in einen Topf geworfen und gelegentlich sogar als identisch angesehen werden. Für die Psychiatrie ist ein solcher Eindruck verheerend: Die Beliebigkeit der Deutungen in der Psychoanalyse und die ungewisse Vielfalt psychologischer

Vorgehensweisen zwischen Natur- und Geisteswissenschaften bereichern nicht die Möglichkeiten der Psychiatrie, sondern lassen sie als Fach in ein ungünstiges Licht treten. Dabei ist gerade die deskriptive klinische Psychiatrie am ehesten imstande, den Geisteszustand eines Menschen zu erkennen und zutreffend zu beurteilen. Sie unterliegt nicht den Zwängen, die aus der Zugehörigkeit zu einer Schule regelmäßig erwachsen; und ihren Vertretern verstellt kein Schulinventar den Blick auf die Dinge. Ihre Erkenntnisse werden nicht von vorneherein durch vorgegebene Denkschablonen und hypothesenhaft vorgeprägte Meinungen und Urteile gefiltert oder angefärbt. Der Objektivität und lebendigen Vielfalt der Realität kommt eine solche **schulfreie** Betrachtungsweise zwangsläufig am nächsten. Nicht in einer weiteren Schulenbildung oder Verfestigung derartiger schon vorhandener Strukturen liegt die Zukunft der Psychiatrie als eines medizinischen Fachs, sondern in hypothesengeleiteter empirischer Forschung, die letztlich dazu führen wird, Licht in die bislang noch nicht geklärten Probleme der Nervenheilkunde zu bringen.

1.6 Psychiatrie, Psychologie, Psychotherapie, Psychoanalyse

Wir sind darauf zu sprechen gekommen, daß außerhalb der Psychiatrie vielfach die Meinung vorherrscht, Psychiatrie, Psychologie, Psychotherapie und Psychoanalyse seien mehr oder weniger ein und dasselbe. Dies trifft im Ansatz insoweit zu, als alle vier Fächer sich mit dem Seelenleben des Menschen befassen, es sind eben sogenannte „Psycho-Fächer". Aber darüber hinaus bestehen nur gewisse fachübergreifende Überschneidungen. Zur Klarstellung und Erinnerung:

Psychiatrie ist ein Fach der Medizin. Facharzt für Psychiatrie wird man durch Studium der Medizin und Weiterbildung über 4 Jahre hinweg. Nervenärzte sind Fachärzte für Psychiatrie und Neurologie, mit einer Weiterbildungszeit von früher 5, jetzt 6 Jahren.

Psychologie ist eine teils den naturwissenschaftlichen, teils den geisteswissenschaftlichen Fakultäten zugeordnete Wissenschaft, die sich der Erforschung des normalen Seelenlebens des

Menschen und der zugehörigen Vorgänge widmet. Psychologie ist ein eigenes Studienfach, das durch eine Diplomprüfung (Diplom-Psychologe) abgeschlossen wird.

Psychotherapie ist eine Behandlung psychischer Krankheiten mit psychischen Mitteln (siehe Kap. 4.2). Sie reiht sich innerhalb der Psychiatrie in eine ganze Fülle anderer Behandlungsverfahren ein. Psychotherapie können nicht nur Mediziner, sondern auch Psychologen und Angehörige anderer Berufsgruppen erlernen.

Psychoanalyse ist ein spezielles psychotherapeutisches Verfahren (siehe Kap. 4.2.5) zur Behandlung einer kleinen Gruppe von Krankheiten. Im psychoanalytischen Anspruch ist sie aber auch ein Weltbild, eine Möglichkeit der Erklärung vieler Lebensvorgänge auch außerhalb krankhafter seelischer Störungen.

1.7 Wie erlernt man Psychiatrie?

Die Beantwortung dieser Frage ist schon im vorhergehenden Absatz zu finden: Durch eine Weiterbildung zum Facharzt für Psychiatrie. Gibt es noch andere Wege? Schwerlich. Es gibt aber Wege, wie man Psychiatrie **nicht** hinreichend lernen kann:

1. Eigene (durchgemachte oder bestehende) seelische Krisen bzw. psychische Krankheiten führen nicht zu der Fähigkeit, mit den Problemen und Krankheiten anderer Menschen adäquat diagnostisch und/oder therapeutisch umgehen zu können.
2. Der Erwerb psychotherapeutischer Kompetenzen allein ohne den Hintergrund einer fachärztlichen Weiterbildung vermittelt nicht die Fähigkeit zu Diagnose und Therapie psychischer Krankheiten, sondern gibt allenfalls ausschnitthafte Einblicke in das Fachgebiet.
3. Die gelegentliche eigene Beschäftigung mit psychisch auffälligen oder kranken Menschen (z. B. in der eigenen Praxis) führt zu keinem sicher nachvollziehbaren Lerneffekt, solange diese Beschäftigung nicht auf dem Hintergrund vorher erworbener eigener Fachkompetenz geschieht.
4. Die Erfahrungsbildung in unserem Fach, die letztlich unabdingbare Voraussetzung für eine sinnvolle Betätigung als psychiatrischer Diagnostiker/Therapeut ist, muß unter

kompetenter Anleitung und laufender Kontrolle erfolgen. Unsystematische und unkontrollierte Beobachtungen führen zu Vorurteilsbildungen und verhindern kritische Urteilsbildung, weil alternative Anschauungen und Betrachtungsweisen fehlen und Korrekturbildungen dann ausbleiben müssen.

5. Vorübergehende kurzfristige Hospitationen in psychiatrischen Kliniken sind wegen der mangelnden Möglichkeit, Verläufe zu beobachten, nur bedingt geeignet, gewisse psychiatrische Grundkenntnisse zu erwerben.

Alles in allem soll mit diesen Anmerkungen nicht gesagt sein, daß es besonders schwierig oder aufwendig sei, Psychiatrie zu erlernen. Vielleicht bedarf es im Unterschied zu anderen medizinischen Fächern einer gewissen Sensibilität, eines besonderen Einfühlungsvermögens oder anderer ähnlicher Eigenschaften, um psychische Störungen anderer Menschen zu verstehen, auf sie eingehen und sie schließlich auch behandeln zu können. Guter Wille dazu und Motivation reichen aber nicht aus, solange sie nicht als Ergänzung einer sicheren Sachkenntnis wirksam werden.

2. Allgemeine Psychopathologie

2.1 Allgemeines

An einer kurzen Darstellung der Grundbegriffe und Grundsachverhalte kommen wir bei unserem Vorgehen nicht vorbei. Sonst könnten Verständigungsprobleme auftreten. Wer psychopathologische Grundbegriffe kennt, kann das nachfolgende Kapitel natürlich überschlagen.

Eine Übersicht über die Vielzahl psychopathologischer Symptome gibt die nachstehende Tabelle 1. Die wichtigsten psychopathologischen Begriffe daraus werden im Anschluß an die Tabelle erörtert.

Die Kenntnis dieser psychopathologischen Erscheinungen ist deswegen von Bedeutung, weil man mit ihrer Hilfe das Verhalten eines Menschen beschreiben kann, über das man sich zuvor mit Hilfe der Exploration ein Bild gemacht hat. Es handelt sich bei der Psychopathologie also um eine erfahrungswissenschaftlich (empirisch) begründete Lehre.

Die Vielzahl psychopathologischer Erscheinungen beim Menschen bedarf einer möglichst umfassenden und vollständigen systematischen Ordnung. Damit liefert die Psychopathologie das Inventar, das erforderlich ist, um psychische Krankheiten reproduzierbar beschreiben zu können. Man hat die Psychopathologie auch als das Handwerkszeug des Psychiaters bezeichnet. Während die krankhaften Erscheinungen durch die Psychopathologie erfaßt werden, sind die normalen psychischen Abläufe und Zustände durch die Methodik der Psychologie zugänglich. Hier gibt es in der Praxis zwar Überschneidungen, klar ist aber, daß Psychopathologie ein medizinisches Fach, Psychologie hingegen ein außermedizinisches, allenfalls naturwissenschaftliches Fach ist.

Gerade die Psychiatrie braucht möglichst randscharf definierte Begriffsbildungen, um als medizinische Fachrichtung bestehen

Tab. 1: Psychopathologische Grundbegriffe

Bewußtseinsstörungen Bewußtseinsminderung Bewußtseinstrübung Bewußtseinseinengung Bewußtseinsverschiebung	**Befürchtungen und Zwänge** Mißtrauen Hypochondrie (nicht wahnhaft) Phobien Zwangsdenken Zwangsimpulse Zwangshandlungen
Orientierungsstörungen zeitlich örtlich situativ über die eigene Person	
Aufmerksamkeits- und Gedächtnisstörungen Auffassungsstörungen Konzentrationsstörungen Merkfähigkeitsstörungen Gedächtnisstörungen Konfabulationen Paramnesien	**Wahn** Wahnstimmung Wahnwahrnehmung Wahneinfall Wahngedanken systematisierter Wahn Wahndynamik Beziehungswahn Beeinträchtigungs- und Verfolgungswahn Eifersuchtswahn Schuldwahn Verarmungswahn hypochondrischer Wahn Größenwahn andere Wahninhalte
Formale Denkstörungen gehemmt verlangsamt umständlich eingeengt perseverierend Grübeln Gedankendrängen ideenflüchtig Vorbeireden gesperrt/Gedankenabreißen inkohärent/zerfahren Neologismen	**Sinnestäuschungen** Illusionen Stimmenhören andere akustische Halluzinationen optische Halluzinationen Körperhalluzinationen Geruchs-/Geschmacks-halluzinationen

zu können. Gerade bei der Feststellung und Beschreibung einer psychischen Krankheit ist dies unabdingbar. Die Erkennung und Beschreibung der Beschwerden eines Patienten, die Verdichtung zu Symptomen, das Zusammenfügen zum Syndrom, die Verarbeitung des Syndroms schließlich unter Hinzuziehung von Verlaufsgesichtspunkten, der Vorgeschichte und der Differentialdiagnose zur Krankheitsdiagnose bedarf klar anwendbarer Begriffe. Ein Syndrom ist in der Psychiatrie in den meisten Fällen nicht gleichbedeutend mit einer Krankheitseinheit. Gleichartige Syndrome können Ausdruck unterschiedlicher Krankheiten sein. Ein depressives Syndrom kann bei der endogenen Depression, aber auch bei der schizoaffektiven Psychose und bei der Schizophrenie, selbst bei einer symptomatischen Psychose zu beobachten sein. Bis heute trägt die zwar immer wieder zu fordernde, aber nie wirklich konsequent durchgeführte Trennung von Syndrom und (nosologischer) Krankheitseinheit zu der vielfach von außen her beklagten Unübersichtlichkeit des psychiatrischen Fachs und seiner Systematik bei, abgesehen von unterschiedlichen Betrachtungsweisen gleichartiger Sachverhalte durch verschiedene psychiatrisch-psychologische Schulen (biologische versus tiefenpsychologische Richtung). Andererseits ist sicherlich nicht zu bestreiten, daß wir auch in der Psychiatrie eine ausgewogene Kombination von Logik, Empirie, aber auch Intuition für Diagnostik und Therapie benötigen (Groß, 1988).

Da wir im nachfolgenden kein umfassendes Lehrbuch der Psychiatrie vorlegen wollen, sind wir auf eine verkürzte Darstellung angewiesen. Begriffe wie Pathoplastik und Pathogenese einer Krankheit, Querschnitt, Längsschnitt, Entwicklung, Phase und Schub sind daher im einzelnen nicht zu erläutern.

Auch die Trennung der verschiedenen Arten des Erlebens (z. B. Empfinden und Wahrnehmen, Vorstellen und Denken, Fühlen und Werten, Streben und Wollen) von den Grundeigenschaften des Erlebens (dem Ich-Erlebnis, dem Zeit-Erlebnis, dem Gedächtnis, der seelischen Reaktionsfähigkeit) und dem Hintergrund des Erlebens (mit Aufmerksamkeit, Bewußtsein, Intelligenz und Persönlichkeit) kann hier im einzelnen nicht erläutert werden; einige Begriffe haben wir nachstehend dargestellt.

2.2 Bewußtsein

Soweit es sich hier um eine klinisch-psychiatrische Begriffsbildung handelt, bezeichnet Bewußtsein einen Zustand geistiger Klarheit, Helligkeit und Beweglichkeit, der eine definierte Rangordnung inneren Erlebens und die Intaktheit der wesentlichen psychischen Funktionen beinhaltet. In einem spezifischen Sinne unterscheidet die Tiefenpsychologie Bewußtes von Vor- und Unbewußtem, zu dem sie meint, mit speziellen Verfahren Zugang gewinnen zu können.
Für die Klinik ist intaktes Bewußtsein als Funktionszustand auf der einen Seite im Gegensatz zu Bewußtlosigkeit auf der anderen Seite zu sehen. Zum Wachbewußtsein gehört die Vigilanz (Wachsamkeit, Aufmerksamkeit), deshalb ist auch der Schlafende nicht bewußtlos, sondern befindet sich lediglich in einer anderen Vigilanzstufe seines Bewußtseins als der wache Mensch. Ohne auf die vielfältigen definitorischen Erwägungen der Psychopathologie einzugehen, betrachten wir Bewußtsein als ein Organisationsgefüge des zentralen Nervensystems, das als Voraussetzung für Wahrnehmen, Erleben, Verarbeiten, Denken, Wollen und Fühlen unerläßlich ist.

Für die Klinik sind folgende **Bewußtseinsstörungen** von Bedeutung, die sämtlich mit Störungen der Beziehung zur Umwelt und des gesamten Erlebens- und Verhaltensbereiches einhergehen:
1. **Benommenheit:** Erschwerte allgemeine psychische Leistungsfähigkeit;
2. **Somnolenz** (Schläfrigkeit): Die Patienten sind apathisch, mittelschwer bewußtseinsgetrübt, dabei weckbar, Reflexe sind erhalten;
3. **Sopor:** Der Patient ist praktisch nicht mehr weckbar, reagiert auf Reize ungerichtet (z. B. durch Lallen und Abwehrbewegungen), ist desorientiert. Reflexe sind weiterhin erhalten;
4. **Präkoma:** Der Patient ist nicht mehr weckbar, zeigt aber noch Abwehrbewegungen auf starke Reize;
5. **Koma:** Stärkster Grad der Bewußtseinstrübung. Reaktions- und Bewegungslosigkeit, erloschene Reflexe. Bewußtlosigkeit im engeren Sinne.

Neben dieser quantitativen Einteilung der Bewußtseinstrübungen sind auch Verwirrtheit, delirante Bilder und die Dämmerzustände als qualitative Bewußtseinsstörungen außerhalb der vorstehenden Skala aufzufassen (siehe Kap. 5.1.5).

2.3 Orientierung

Sie bezeichnet die Fähigkeit des Menschen, sich in den elementaren Bezügen seines Lebens zu jedem Zeitpunkt zurecht zu finden. Dazu zählen sowohl die Vergangenheit und Gegenwart, die jeweilige Umgebung als auch die eigene Person in allen ihren Vernetzungen zeitlicher, räumlicher und sozialer Art. Auch bei der Orientierung handelt es sich um eine Größe, die bei intaktem Funktionieren keiner besonderen Wahrnehmung unterliegt.

Orientierungsstörungen sind vor allem bei hirnorganischen Psychosyndromen zu beoabachten (siehe Kap. 5.1.2). Sie können als unscharfe Orientierung oder auch Desorientiertheit auftreten. Es kann sowohl die zeitliche, die räumliche (örtliche) als auch die situative Orientierung und die zur eigenen Person eingeschränkt oder aufgehoben sein. Bei einem hirnorganischen Abbauprozeß ist die Orientierung zur Person am wenigsten störanfällig und wird erst zuletzt in Mitleidenschaft gezogen.

2.4 Kontakt

Als Kontakt bezeichnen wir die Beziehung eines Menschen zu seiner Umwelt, insbesondere zu anderen Menschen, und zwar auf verbaler und non-verbaler Ebene. Kontakt ist eine meist emotional getragene Form der Kommunikation, bei der auch Sympathie und Antipathie eine Rolle spielen können. Die Fähigkeit der Zuwendung zum anderen, der emotionalen Teilhabe am Partner bzw. der zwischenmenschlichen Interaktion ist eine störanfällige Funktion, die auch von der Reaktion des jeweils anderen abhängt.

Kontaktstörungen sind häufige psychische Krankheitszeichen, die sich in erster Linie als Kontaktschwäche zeigen. Solche Menschen können gefühlsmäßig nicht ausreichend an der Gemeinschaft bzw. der Umgebung teilhaben. Die Zuwendung zum anderen ist erschwert, gehemmt, es kommt zur Abkehr von der Umgebung. Das äußerlich starre, emotionskarge, scheinbar beziehungsvermeidende Verhalten schizophren

Erkrankter ist vielfach beschrieben worden, aber auch die Kontaktschwäche depressiver und vieler neurotischer Patienten und mancher abnormer Persönlichkeiten.

2.5 Stimmung

Die Stimmung bildet den gefühlhaften Teil des Erlebnishintergrunds; eine im Unterschied zum Affekt stets längerdauernde Gestimmtheit, die die verschiedenen Erlebnisinhalte anfärbt. Ein traurig gestimmter Mensch nimmt ein Ereignis oder eine Umgebung anders wahr als ein freudig gestimmter oder gereizter Mensch. Eine ausgeglichene Stimmungslage wird vom Individuum – ähnlich wie eine ausgeglichene Antriebslage – meist gar nicht wahrgenommen, sondern tritt erst dann ins Bewußtsein, wenn sie einer Verstimmung bzw. Antriebsstörung Platz macht. Zwischen Stimmung und Antrieb bestehen intensive Wechselwirkungen.
Eine **Verstimmung** ist eine Abweichung von der üblicherweise bei einem Menschen vorhandenen Stimmung. Verstimmungen sind meist flüchtiger Natur und gehen in der Regel in eine gereizt-dysphorische, selten in eine gehoben-überschwengliche (euphorische) Richtung. Angst begleitet oft eine krankhafte (Ver-)Stimmung. Als stimmungslabil bezeichnen wir Persönlichkeiten, bei denen es ohne erkennbaren äußeren Anlaß spontan zu plötzlichen Stimmungsschwankungen kommt.

2.6 Affekt

Unter Affekt verstehen wir eine meist heftig ausgeprägte kurzdauernde Gefühlsregung, die mit körperlich-vegetativen Begleiterscheinungen verbunden ist. Zwischen Gefühlen (Emotionen) und Affekten läßt sich keine scharfe Grenze ziehen. Im Zustand affektgetragener Erregung kann es zu einer vorübergehenden Einengung des Bewußtseins auf Ausschnitte der Umgebung und zu reduzierter Wahrnehmung der Realität kommen, entsprechend eingeschränkt kann auch die Fähigkeit zu besonnenem Handeln werden. Dies ist gelegentlich von forensischer Bedeutung (sog. Affektdelikte, Affektstau, Affektsturm).

Rationale und affektiv getragene Antriebselemente können gelegentlich im Widerstreit liegen. Affektbeherrschung ist eine Kulturleistung. Beispiele für Affekte sind Zorn oder Wut, Haß, Schrecken, Freude u. ä.
Störungen des Affekts spielen bei allen psychischen Krankheiten eine zentrale Rolle. Unter den Affektstörungen ist die Affektlabilität klinisch bedeutsam. Es kommt dabei besonders leicht zu einer affektiven Äußerung des Patienten, er wird z. B. schon bei objektiv geringem Anlaß weinerlich. Können affektive Regungen nicht mehr kontrolliert werden, so sprechen wir von Affektinkontinenz. Affekte können auch inadäquat sein, wenn sie das Gegenteil dessen ausdrücken, was dem Kontext des gesprochenen Wortes zugehörig wäre (Parathymie). Bezüglich affektiver Äußerungen dürfte in der gesunden Bevölkerung eine große Schwankungsbreite vorhanden sein, die durch individuelle und konstitutionelle Faktoren vorgegeben ist.

2.7 Antrieb

Antrieb ist diejenige innere Kraft des Menschen, die sein Handeln, aber auch sein Denken, Fühlen und Erleben in Gang setzt bzw. hält. In der Umgangssprache nennt man den Antrieb auch Schwung, innere Energie, Dynamik oder Elan. Es handelt sich dabei um eine Grundfunktion, deren Existenz erst bei ihrem Nachlassen bzw. bei einem Überschuß derselben und dann vor allem an ihren Ergebnissen bzw. Wirkungen vom betroffenen Menschen selbst zu erkennen ist.
Antriebsstörungen sind charakteristische Zeichen für das Vorliegen einer psychischen Erkrankung. Antriebshemmung als mangelnde Fähigkeit zur Durchführung an sich beabsichtigter Handlungsabläufe beobachten wir in ausgeprägter Form vor allem bei Depressionen, aber auch in Form allgemeiner Lustlosigkeit oder eingebettet in übergreifenden Aktivitätsmangel bei neurotischen Störungen.
Antriebsschwäche hingegen gilt als ein Symptom, das vor allem bei hirnorganischen Psychosyndromen zu beobachten ist. Wir registrieren sie gleichfalls bei neurotischen Störungen als Mangel an Interesse, Spontaneität und Aktivität, als herabgesetzte psychische Spannkraft oder auch als Gleichgültigkeit

und stumpfsinnig anmutende psychische Trägheit. Sie bildet ein charakteristisches Symptom der Schizophrenie, vor allem in deren Basisstadien, aber auch im Residualzustand und bei chronischen Verläufen.
Die Antriebsfunktion kann aber auch gesteigert sein. Dies ist vor allem bei der endogenen Manie zu beobachten. Die psychischen Abläufe haben dann ein gesteigertes Tempo, und die Patienten haben vielerlei Ideen, Einfälle, entwickeln vielfältige Aktivitäten und Kontakte, sind betriebsam und unternehmungslustig, unruhig und rastlos. Die Kranken sind dauernd unterwegs, beschäftigt mit allen möglichen spontanen Handlungsweisen, die eine längerfristige Planung vermissen lassen und sich häufig in leerlaufender Umtriebigkeit erschöpfen.

2.8 Psychomotorik

Die Psychomotorik stellt das komplexe Ergebnis psychischer Einflüsse auf die motorischen Abläufe des Menschen dar. Am Bewegungsablauf läßt sich der Zustand einer ganzen Reihe psychischer Funktionen erkennen: Antrieb, Stimmungslage, Affektlage usw. Auch hier ist die primär vorhandene individuelle Schwankungsbreite groß.
Gestik und Mimik als wesentliche Teile der Psychomotorik sind bei psychischen Krankheiten häufig verändert: Bei der Depression und der Schizophrenie meist im Sinne einer Verknappung und Verkargung, bei der Manie im Sinne einer Überschußbildung. Aber auch qualitative Veränderungen der Psychomotorik sind bei Psychosen zu beobachten: Parakinesen, mimische Entgleisungen oder auch bizarr-inadäquate Bewegungsabläufe. Besondere Beachtung verdienen auch das psychomotorische Tempo und seine Abweichungen, vor allem bei endogenen Psychosen und bei hirnorganischen Veränderungen.

2.9 Denken

Das Denken besteht in der Herstellung von Ordnungen der jeweils angetroffenen Welt und vollzieht sich an Begriffen und Gegenständen nach Kriterien der Gleichheit, Ähnlichkeit oder Unterschiedlichkeit. Wir unterscheiden anschauliches (konkretes), abstraktes und begriffliches Denken. Die Denkvorgänge führen zu nachvollziehbaren Ergebnissen, wenn sie nach klar definierten Regeln erfolgen (z. B. den Regeln der Logik). Man unterscheidet zwei Formen der Denkstörungen.

2.9.1 Formale Denkstörungen

Denkhemmung: Vor allem bei Depressionen auftretend, komplexe Verlangsamung der Denkabläufe, Einfallsarmut, Auffassungsstörungen, von der Einengung bis hin zur **Sperrung** reichend (Abbrechen des Gedankengangs).
Ideenflucht: Ist der Gegensatz zur Denkhemmung: Einfallsreichtum, die Patienten kommen vom Hundertsten ins Tausendste, erleichtertes Denken, Logorrhö ist meist damit verbunden.
Weitschweifigkeit: Leichtere Form der Ideenflucht, beispielsweise bei hypomanischen Zuständen.
Umständlichkeit: Das Wesentliche und Unwesentliche werden miteinander vermischt, Nebensächlichkeiten nicht beiseite gelassen, es kommt zu einer schleppenden Schwerfälligkeit der Denkabläufe.
Zerfahrenheit, Inkohärenz: Zusammenhang und Folgerichtigkeit des Denkens treten in den Hintergrund bzw. gehen verloren. Sprunghafte Denkabläufe treten in den Vordergrund, es kommt zum Verlust von inneren und äußeren Ordnungsgesichtspunkten des Denkens.
Konfabulation: Bei organischen Störungen auftretende Tendenz zur Ausfüllung von Erinnerungslücken mit frei erfundenem Material.
Neologismen: Unverständliche Wortbildungen bis hin zur Privatsprache Schizophrener. Selten zu beobachtende Störung.

2.9.2 Inhaltliche Denkstörungen

Überwertige Ideen: Stark affektgetragene Überzeugungen, die den Vorstellungsablauf durch Vorherrschen einer einzigen Idee dominieren.
Zwangsideen: Sich immer wieder in monotoner Weise aufdrängende, durch Gegenvorstellungen nicht zu unterdrükkende, gleichwohl als unsinnig erkannte Denkinhalte.

Wahn: Objektiv falsche, voraussetzungslos gewisse, unkorrigierbare Überzeugungsbildung, die trotz vernünftiger und gewichtiger Gegengründe aufrecht erhalten wird und die im wesentlichen auf drei Arten entstehen kann:

1. An eine bestimmte Vorstellung wird ohne erkennbaren Anlaß eine wahnhafte Überzeugung geknüpft;
2. Ein reales Phänomen wird wahnhaft verfälscht;
3. Sinnestäuschungen werden zum Ausgangspunkt für wahnhafte Deutungen.

Wahn tritt vor allem bei der Schizophrenie auf, auch bei der Depression. Nach seinem Inhalt gibt es verschiedene Wahnformen: Beziehungswahn, Beeinträchtigungswahn, Verfolgungs- oder Verarmungswahn und andere. Oft geht dem Auftreten des Wahns ein Vorstadium eigentümlicher emotionaler Gespanntheit in Gestalt der Wahnstimmung voraus.

2.10 Intelligenz

Unter Intelligenz versteht man die Fähigkeit des Menschen, geistige Leistungen zu erbringen. Dazu gehört auch die Fähigkeit, Sachverhalte verstehend zu erfassen, Erfahrungen zu sammeln und daraus sinnvolle, handlungsleitende Schlüsse zu ziehen. Schlußfolgerndes Denken und Begabung sind Stichworte in diesem Zusammenhang. Intellektuelle Fähigkeiten können angeboren sein, aber auch erworben werden. Sie bedürfen ständiger Übung, Schulung und Stützung. Der Intelligenzquotient (IQ) drückt das Verhältnis der Intelligenzleistungen eines Menschen gegenüber dem statistischen Mittelwert seiner Altersgruppe aus. Die durchschnittliche Intelligenz wird durch einen IQ von 100 ausgedrückt, unterdurchschnittliche Intelligenzleistungen liegen darunter, höhere Leistungen darüber. Intelligenz kann mit psychologischen Leistungstests (Intelligenztests) erfaßt und gemessen werden.

2.11 Gedächtnis

Gedächtnis ist die Fähigkeit des Menschen, Sinneswahrnehmungen, Denk- und Erlebensinhalte und Erfahrungen zu regi-

strieren, nach bestimmten Auswahlkriterien verschieden lange zu speichern und bei geeignetem Anlaß wieder verfügbar zu machen. Das Gedächtnis ist die Voraussetzung jedes Lernprozesses. Sinnesreize werden nach Relevanz wahrgenommen, in Ultrakurzzeit-, Kurzzeit- bzw. Langzeitspeichern aufgezeichnet und können bei Bedarf wieder mobilisiert werden.
Unter Merkfähigkeit versteht man die Fähigkeit, neuen Gedächtnisstoff zu behalten. Gelingt dies nicht, so sprechen wir von Vergeßlichkeit oder Merkschwäche.
Mit Hilfe der Erinnerungsfähigkeit geben wir früher Erlebtes oder Erlerntes wieder. Erinnerungsstörungen (Amnesien) treten vor allem bei hirnorganischen Abbauprozessen im Rahmen von Psychosyndromen auf. Die Merkfähigkeit wird meist zuerst, die Erinnerungsfähigkeit später von einem solchen Abbauprozeß reduziert.

2.12 Wahrnehmung

Wahrnehmung ist ein komplexer Vorgang, der sich aus der Registrierung von Sinnesreizen unter Hinzuziehung von Erfahrungs- und Gedächtnisinhalten zusammensetzt und uns die Auffassung von Gegenständen der Außen- und Innenwelt ermöglicht. In der Nachbarschaft von Wahrnehmung sind die etwas unschärferen Empfindungen angesiedelt. Sinnestäuschungen sind Störungen der Wahrnehmung, die zu einer vermeintlichen Wahrnehmung von etwas nicht oder so nicht Vorhandenem führen.
Verkennungen (Illusionen) gehen von realen Objekten aus, die verfälscht wahrgenommen oder mißdeutet werden. Angst, Ablenkung und Reizoffenheit begünstigen das Zustandekommen illusionärer Verkennungen.
Halluzinationen sind für wirklich gehaltene Sinneswahrnehmungen, denen jedoch kein realer Reiz zugrunde liegt. Wir unterscheiden vor allem akustische, optische, aber auch taktile Halluzinationen. Erstere kommen vor allem bei endogenen Psychosen, die beiden letzteren häufiger bei organischen Psychosyndromen vor.

3. Diagnostische Prinzipien/ Untersuchungsgang

3.1 Psychiatrische Untersuchung (Exploration)

3.1.1 Allgemeines

Die nachfolgende Darstellung gibt einen Überblick über diejenigen Vorgehensweisen, die zu einer zuverlässigen Aussage über einen psychisch Kranken führen. Wir stellen dabei ideale Verhältnisse dar, an denen wir uns orientieren sollten. In der Praxis wird es nur selten möglich sein, zwischen 20–60 Minuten für eine psychiatrische Exploration aufzuwenden, auch nicht in der nervenärztlichen Praxis. Abstriche in einzelnen Punkten werden also nötig sein.
Wir unterscheiden Erstexploration, Nachexplorationen, Beratungen und ärztliche Gespräche. Am aufwendigsten ist die Erstexploration eines Patienten, den wir noch nicht kennen. Hier lassen wir das ärztliche Gespräch, dessen Inhalt allgemeine Themen sind, in die Exploration einmünden. Zu trennen ist dieser Gesprächstypus von psychotherapeutischen Gesprächen. Aber jedes ärztliche Gespräch und jede Exploration ist zugleich auch Therapie.

3.1.2 Äußere Bedingungen/Arrangement

Der Patient sollte in einer ruhigen, ungestörten Atmosphäre exploriert werden. Mögliche ruhestörende Faktoren sollten wir ausschalten (Telefon, Unterschriftsleistungen usw.). Der Raum sollte neutral eingerichtet sein. Er sollte dem Patienten nicht die vom Arzt gewollte persönliche Note aufdrängen. In der Regel kommt der Patient zu uns in unserer Eigenschaft als Arzt/Therapeut, seltener zu uns als spezielle individuelle

Person. Die ganze Untersuchungsatmosphäre sollte spontane, ungezwungene Äußerungen des Patienten ermöglichen. Die sog. Schreibtischschranke zwischen Patient und Arzt ist oft ungünstig. Blickkontakt sollte möglich sein, aber die Blickrichtung sollten beide Gesprächspartner frei wählen können. Je nach Wunsch des Patienten können auch Begleitpersonen der Erstexploration beiwohnen.

3.1.3 Verhalten des Arztes

Es ist eigentlich überflüssig zu erwähnen, daß der Arzt dem Patienten taktvoll und freundlich, aber distanziert gegenübertreten sollte. Dazu gehört auch eine neutrale, korrekte Kleidung des Arztes, der im allgemeinen auch im nervenärztlichen Bereich einen weißen Kittel trägt. Der Kittel ist weniger aus hygienischen Gründen als vielmehr aus Erwägungen heraus, die mit den Erwartungen des Patienten zusammenhängen, erforderlich. Er unterstreicht die Funktion des Arztes als eines neutralen Zuhörers, und er läßt keinen Zweifel daran, daß hier Menschen in unterschiedlichen Rollenfunktionen gegenübersitzen, was für den oft verunsicherten Patienten eine wichtige Hilfe sein kann. Barrieren zwischen Arzt und Patient entstehen eher durch die Person und das Verhalten des Arztes als durch den weißen Kittel, den er trägt. Der Patient benötigt einen objektiven, weniger einen persönlichen Partner (Bochnik); ersterem gegenüber ist er unbefangener und offener. Er sucht nicht Vertraulichkeit, sondern Vertrauenswürdigkeit; und symbolischer Ausdruck für letzteres ist die typische Berufskleidung des Arztes.
Diese Feststellungen gelten in gleicher Weise für das Krankenpflegepersonal in der Klinik. Daß Vertrauen durch äußere Ähnlichkeit geschaffen würde, ist ein Irrtum, den die Wirklichkeit täglich korrigiert.
Der Arzt muß in der psychiatrischen Exploration zuhören, verstehen und beobachten. Er hat einen Menschen in psychischer Not vor sich, einen leidenden Menschen, der Hilfe sucht. Darauf müssen wir unser Verhalten einrichten. Die Struktur des Explorationsgesprächs bestimmt der Arzt. Den Inhalt und die Einzelheiten bestimmt der Patient. Den Fluß des Gespräches können wir in Gang halten, etwa durch Wiederholungen oder Zusammenfassungen des bereits Gesagten, durch offene Fra-

gen, die den Patienten anregen, eigene Erlebnis- und Sichtweisen zu schildern, z. B.: „Wie war das damals im Urlaub?“. Man sollte sich nicht dazu verleiten lassen, voreilig diagnostische Erwägungen zu äußern. Überhaupt sollten wir uns zunächst aller Wertungen enthalten. Freundlich, zuvorkommend, souverän und korrekt bei eingehaltener Distanz sollten wir auftreten, um das Vertrauen des Patienten gewinnen zu können.
Während des Explorationsgesprächs schreiben wir knappe Notizen nieder, ohne unsere Aufmerksamkeit davon fesseln zu lassen. Sie bleibt bei den Äußerungen des Patienten. Es bewährt sich, nach der Exploration die wesentlichen Inhalte derselben auf Band zu diktieren, weil im Laufe der Zeit Farbigkeit und Detailreichtum verblassen und wichtige Inhalte verloren gehen können.

3.1.4 Ablauf und Gliederung der Exploration

3.1.4.1 Allgemeines

Wir gliedern die Exploration in drei Teile, deren Gewicht allerdings unterschiedlich ist. In der Einleitung der Exploration finden wir zunächst Kontakt zum Patienten und verschaffen uns einen Eindruck, der vor allem auf äußeren Faktoren beruht. Im zweiten Teil erheben wir die Anamnese; und im dritten, abschließenden Teil erörtern wir diagnostische, therapeutische und prognostische Erwägungen mit dem Patienten.
Die Dauer der Erstexploration ist mit 30–45 Minuten zu veranschlagen; das sollten wir dem Patienten auch am Anfang mitteilen. Daß die Schweigepflicht für die Inhalte der Exploration gilt, sollte der Patient gleichfalls wissen.

3.1.4.2 Einleitung der Exploration

Immer wieder ist zu betonen, daß die ersten Äußerungen des Patienten von besonderer Bedeutung sein können. Deshalb greifen wir in dieser Anfangsphase der Exploration möglichst wenig ein. Wir leiten allenfalls von anfänglich neutralen Gesprächsinhalten behutsam auf die vermutete Problematik bei dem Patienten über, um ihm dann ausreichend Gelegenheit zu spontanen Äußerungen zu geben.

Eindruck

In der Einleitungsphase wenden wir uns vor allem dem äußeren Erscheinungsbild des Patienten zu. Hier sind folgende Einzelmerkmale zu beachten: seine Kleidung, Körperpflege einschließlich der Haartracht, seine Haltung, Gang, Händedruck, Redeweise und Ausdrucksverhalten.

Gesprächsführung

Wir überlassen die Initiative in der Einleitungsphase überwiegend dem Patienten. Statt dessen sehen wir unsere Aufgabe darin,

1. das Äußere des Patienten zu beobachten;
2. seine Äußerungen in Art und Inhalt zu studieren;
3. das Gespräch in Gang zu halten;
4. die vorgetragenen Inhalte durch Nachfragen zu verdeutlichen oder zu klären;
5. von ihm vorgetragene Gefühle zu verbalisieren.

Dies kann geschehen, indem wir

1. unterstützende, bestätigende, verstärkende Bemerkungen neutralen Inhalts machen;
2. das zuletzt vom Patienten Angesprochene wiederholen;
3. den emotionalen Bedeutungsgehalt verdeutlichen;
4. die vorgebrachten Gesprächsinhalte zusammenfassen.

Konflikterfassung

Viele unserer Patienten leiden unter inneren Spannungen, die aus Konflikten herrühren. Hier kommt es darauf an, die jeweiligen Lebensumstände zu klären, unter denen diese Konflikte erstmals auftraten. Denn wir müssen zugrunde legen, daß es sich dabei um Relikte unbewältigter Lebenssituationen handeln kann. Es gilt hier, Konfliktbewußtsein zu schaffen. Zugleich darf uns das Vorliegen von Konflikten, die weit verbreitet sind, nicht vom Blick auf den **ganzen** Patienten ablenken.

Zur Erfassung und Klärung von Konflikten bedarf es nicht zwingend der Verwendung tiefenpsychologischer Modellvorstellungen, da sie immer nur einen Teil der tatsächlichen Realität und dazu noch auf ihre Weise zu erklären vermögen. Konfliktfelder wie Familie, Partnerschaft, Beruf und soziale Umwelt im weiteren Sinne sind eher durch eine rational orientierte Analyse in der Exploration zu erhellen. Konflikte resultieren häufig auch aus einer unausgeglichenen Bilanz von Belastung und Belastbarkeit.

3.1.4.3 Anamnese

Krankheitsvorgeschichte

Im zweiten Teil der psychiatrischen Exploration versuchen wir, die Anamnese zu erheben, die in erster Linie eine Krankheitsvorgeschichte ist. Sie hat biographische, soziale und Krankheitsaspekte. Sie wird in der Exploration des Kranken selbst erhoben, später vertiefen wir sie durch Befragung von Angehörigen (Fremdanamnese). Der chronologische und der sachliche Zusammenhang bestimmen die Struktur der Anamnese. Der Krankheitsverlauf, die Symptomatik, das subjektive Krankheitserleben, die Auswirkungen von Therapie und ähnliches sind hier zu erfragen. Besonderes Gewicht kommt dem Beschwerdebild zu: wie es sich entwickelt hat und wie es sich jetzt bei der Exploration darstellt. Beruf, Familie und Freizeit sind Bereiche, in denen sich die Krankheit auswirkt. Die Leistungsfähigkeit ist ein sehr störanfälliger Parameter, der besonderer Beachtung und Beurteilung bedarf.

Lebensgeschichte

Es ist ein durchaus legitimes Verfahren, alle für die Beurteilung der Krankheit des Patienten wichtigen Fakten allein der Lebensgeschichte zu entnehmen und auf die manchmal künstlich wirkende Trennung von Krankheits- und biographischer Anamnese zu verzichten, zumal das eine und das andere ohnehin auf das Engste miteinander verbunden sind.

In jedem Falle sollten folgende Punkte Berücksichtigung finden:

Tab. 2: Inhalt einer psychiatrischen Anamnese

Familienanamnese

sozialer Status

familiäre Häufung von körperlichen und psychischen Krankheiten

Suizide, Suizidversuche

Suchterkrankungen

abnorme Persönlichkeiten

Eigenanamnese

Geburt

frühkindliche Entwicklung (Laufenlernen, Sprechenlernen, Sauberwerden)

Kinderkrankheiten

Unfälle, Operationen, Krankenhausaufenthalte

Eltern
Elternhaus
Erziehungsprinzipien
Geschwister
Stellung in der Geschwisterreihe
wie wird die Kindheit (und Jugendzeit) eingeschätzt?
Kindergarten
schulische Ausbildung
Kontakte, Freundschaften, Bezugspersonen
Scheidung der Eltern usw.
Interessen
Trennungserlebnisse
Wohnortwechsel
Sexualanamnese
sexuelle Praktiken
deviante Neigungen
partnerschaftliche Bindungen und Beziehungen
bei Frauen: Zyklusanamnese, Schwangerschaften und Geburten, antikonzeptive Maßnahmen
Ehe
Scheidung
außereheliche Beziehungen
Freizeitgestaltung
gesellschaftliche, politische, kulturelle, religiöse, weltanschauliche Interessen
Lebensgewohnheiten
derzeitige soziale, berufliche und familiäre Situation
Krankheiten
Medikamentengebrauch
Suchtmittelanamnese (Rauchen, Alkohol, Rauschdrogen, Medikamentenmißbrauch)

3.1.4.4 Abschluß der Exploration

Im letzten Abschnitt der psychiatrischen Untersuchung sollten wir dem Patienten mitteilen, zu welchem vorläufigen Ergebnis uns die Exploration gebracht hat. Zuvor erhält der Patient Gelegenheit, noch einige Fragen zu stellen.
Als erstes erörtern wir gemeinsam mit dem Patienten die vorläufige Krankheitsdiagnose. Wir führen ihm unsere Bewertungen und Schlußfolgerungen vor Augen und versuchen zu erklären, was für die getroffenen diagnostischen Feststellungen im einzelnen spricht. Das sollte in verständlicher Sprache geschehen.

Zweitens erörtern wir die zunächst einzuleitenden weiteren diagnostischen Maßnahmen, sei es eine Psychodiagnostik mit psychologischen Verfahren, sei es eine weitere Exploration oder seien es auch apparative Verfahren (z. B. EEG).
Drittens machen wir Vorschläge für eine evtl. schon jetzt einzuleitende Therapie. Diese kann medikamentös ausgerichtet sein, aber auch aus psychotherapeutischen Maßnahmen bestehen.
Viertens schließlich werden wir uns auch zur Prognose äußern, wobei es darauf ankommen dürfte, Hoffnung und Zuversicht statt Angst und Resignation in den Vordergrund zu rücken. Bei vielen psychischen Krankheiten ist therapeutischer Optimismus durchaus am Platze und wohl begründet. Aber auch dort, wo die Prognose eher dubios ist, sollten wir dem Patienten nicht gleich in der ersten Exploration die Hoffnung nehmen, daß sein Leiden wenn nicht geheilt, so doch gelindert werden kann.

3.2 Psychologische Untersuchungen

3.2.1 Allgemeines

In der klinischen Praxis kommt es nicht selten darauf an, bestimmte Befunde möglichst genau zu quantifizieren oder weiteren Aufschluß über bereits festgestellte Störungen oder Symptome zu erhalten. Vielfach benötigen wir genaue Angaben zum psychischen Leistungsverhalten eines Patienten, in anderen Fällen benötigen wir eine möglichst umfassende Beschreibung der Persönlichkeitsstruktur.
Wieder andere standardisierte Untersuchungsverfahren dienen der weiteren Diagnostik eines Krankheitsbildes, und hier eröffnen sich typische Fragestellungen an die klinische Psychologie, die uns insbesondere mit Hilfe der von ihr entwickelten Testverfahren die benötigten Informationen liefern kann. Nach wie vor gibt es in der Psychiatrie die Auffassung, daß der klinische Psychiater selbst eine Reihe von Testuntersuchungen durchführen und auswerten könne. Bei der fortgeschrittenen Spezialisierung der Diagnostik in unserem Fach indessen ist diese Auffassung keineswegs mehr aufrecht zu erhalten, und wie sich die neurologischen Verfahren von der Psychiatrie immer mehr

entfernt haben, so gilt dies auch für die psychologischen Untersuchungsverfahren. Gleichwohl sollten wir sie kennen, um den Stellenwert und die Bedeutung der so erhobenen Befunde richtig einzuschätzen, aber auch um dezidierte Fragestellungen im Hinblick auf das zur Verfügung stehende Inventar formulieren zu können.

Im folgenden wollen wir die am häufigsten gebrauchten Leistungs- und Persönlichkeitstests kurz ansprechen und abschließend auf einige Skalen eingehen, mit deren Hilfe bestimmte Symptome gezielt und standardisiert erhoben werden können.

Bei allen Testuntersuchungen ergibt sich das Problem der Simulation. Je intelligenter der getestete Proband ist, desto leichter wird es ihm fallen, das Ergebnis des Tests von vornherein in eine von ihm gewünschte Richtung zu verfälschen. Hingegen wird ein weniger intelligenter Mensch hier auf besondere Schwierigkeiten stoßen und weniger Möglichkeiten der Simulation zur Verfügung halten können. Auch bei Befindlichkeitsskalen und insbesondere bei Fragebogentests zur Persönlichkeitsstruktur muß mit einer entsprechenden willkürlichen Beeinflussung des Testergebnisses durch den Untersuchten gerechnet werden. Da es neuerdings gedruckte Hilfsmittel zum Erlernen von Tests, sogenannte Testknacker, im Handel gibt, müssen wir von falschen Ergebnissen auch in anderer Richtung ausgehen.

3.2.2 Leistungstests

3.2.2.1 Intelligenztests

Hamburg-Wechsler-Intelligenztest für Erwachsene (HAWIE)

Der Test besteht aus zwei Teilen, dem Verbal- und dem Handlungsteil, die aus 6 bzw. 5 Untertests bestehen. Der Verbalteil testet:

1. Allgemeines Wissen
2. Allgemeines Verständnis
3. Zahlennachsprechen
4. Rechnerisches Denken
5. Gemeinsamkeiten finden
6. Wortschatz

Der Handlungsteil testet:

1. Zahlensymboltest
2. Bilderordnen
3. Bilderergänzen
4. Mosaiktest
5. Figurenlegen

Anhand detaillierter Anweisungen werden die einzelnen Untertests mit dem Probanden durchgeführt, die Dauer der einzelnen Untertests ist begrenzt, die Gesamtuntersuchung sollte 60–65 Minuten dauern. Die einzelnen Leistungen werden mit Punkten bewertet, ihre Summe ergibt den Intelligenzquotienten (IQ), der für Verbal- und Handlungsteil getrennt berechnet wird; der Gesamt-IQ wird anhand einer Tabelle ermittelt. Die Bewertung eines Probanden erfolgt stets in Relation zur mittleren Leistung seiner Altersgruppe, der Normalwert liegt bei IQ = 100 (90–110). Folgende Richtwerte gelten nach unten hin:

70– 90	leichter Schwachsinn
50– 70	mittelgradiger Schwachsinn
20– 50 und weniger:	hochgradiger Schwachsinn

Raven-Test (progressive Matrizen)
Hier handelt es sich um einen sprachfreien Intelligenztest, den man insbesondere auch bei Ausländern anwenden kann, die der deutschen Sprache nicht ausreichend mächtig sind.
Hierbei sollen verschiedene geometrische Figuren in vorgeschriebener Weise als zusammengehörig erkannt und geordnet werden. Man mißt damit die sprach- und kulturunabhängige Grundintelligenz, vor allem die Fähigkeit zum logischen Denken, Unterscheiden und Vergleichen.
Es handelt sich um 60 Aufgaben in 5 Gruppen; es gibt hierbei keine Zeitbegrenzung, die Testdauer beträgt im allgemeinen 45 Minuten. Anhand des Lösungsschlüssels wird die Anzahl der richtig gelösten Aufgaben festgestellt und die Abweichung von der Erwartungsnorm bestimmt. Nach Altersklassen wird die jeweilige Leistung ermittelt. Danach läßt sich der Intelli-

genzgrad bestimmen. Es handelt sich hierbei um ein objektives Verfahren mit verläßlichen Ergebnissen.

Intelligenzstrukturtest (IST von Amthauer)
Hierbei handelt es sich um ein z. T. sprachgebundenes Testverfahren zur Erfassung der Intelligenzstruktur. Es sind 9 verschiedene Aufgabengruppen verbaler und non-verbaler Natur zu lösen; der Test erfaßt im einzelnen verschiedene Denkfunktionen, die Urteilsbildung, die Abstraktions- und Kombinationsfähigkeit, die Merkfähigkeit und das allgemeine Vorstellungsvermögen.
Der Test kann in etwa 90 Minuten ausgeführt werden. Die Auswertung erfolgt anhand von vorgegebenen Schablonen; es läßt sich ein Intelligenzquotient (IQ) bestimmen, der sich wiederum – wie auch bei den beiden anderen genannten Intelligenztests – an Altersnormen orientiert. Es lassen sich insbesondere Begabungsschwerpunkte bei den Probanden bestimmen.

3.2.2.2 Spezielle Leistungstests

Bentontest
Hierbei handelt es sich um einen sprachfreien Test zur Erfassung der visuomotorischen Koordinationsfähigkeit. Er arbeitet nach dem Prinzip, daß den Patienten verschiedenartige geometrische Figuren jeweils für die Dauer von 10 Sekunden dargeboten werden, sie sind anschließend aus dem Gedächtnis nachzuzeichnen. Die Komplexität der Figuren wächst im Verlauf des Tests. Die ermittelten Normwerte sind wiederum vom Lebensalter und von der Intelligenz abhängig. Der Test mißt vor allem hirnorganische Störungen und ist deshalb zur Erfassung von Hirnleistungsschwächen besonders geeignet.

Konzentrationsverlaufstest (KVT)
Hierbei handelt es sich um einen Test zur Messung der Konzentrationsleistungen im Verlauf einer vorgegebenen Zeitspanne. Gemessen werden die Sorgfaltsleistungen und die Arbeitsgeschwindigkeit. Der Patient soll 60 Zahlenkarten mit je 36 zweistelligen Zahlen nach bestimmten Kriterien sortieren. Die Konzentrationsleistung enspricht dem Verhältnis von Fehlern zu der Zeit, die aufgewandt worden ist. Der Test eignet sich auch zur Objektivierung von Hirnleistungsschwächen, sein Ergebnis ist unabhängig von der Intelligenz.

Aufmerksamkeits- und Belastungstest d 2
Auch hierbei handelt es sich um ein Verfahren zur Messung der Konzentrationsfähigkeit. Es müssen verschiedene Kombinationen der Buchstaben d und p in Kombination mit 2 kleinen Strichen in verschiedener Stellung markiert werden. Für jede Zeile darf der Patient nicht länger als 20 Sekunden aufwenden, die gesamte Testdauer beträgt ca. 8 Minuten. Die Normwerte sind altersabhängig, aber ebenfalls weitgehend unabhängig von der Intelligenz. Der Test eignet sich wie der vorhergehende auch zur Objektivierung hirnorganischer Veränderungen.

3.2.3 Persönlichkeitstests

3.2.3.1 Objektive Verfahren
MMPI (Minnesota multiphasic personality inventory)
Hierbei handelt es sich einen Fragebogen, der 566 Feststellungen enthält, die sich 10 klinischen Skalen zuordnen lassen: Hysterie, Depressivität, Hypochondrie, Psychopathie, Maskulinität/Feminität, Paranoia, Psychasthenie, Schizoidie, Hypomanie und Introversion/Extraversion. Der Patient hat die Feststellungen jeweils als richtig oder falsch anzukreuzen. Mit Hilfe von vorgefertigten Schablonen erfolgt eine Auswertung, Verfälschungstendenzen sind mit Hilfe von Kontrollskalen erkennbar. Das Testergebnis erlaubt Aussagen über die Persönlichkeitsstruktur des Untersuchten.

FPI (Freiburger-Persönlichkeits-Inventar)
Auch hierbei handelt es sich um einen Fragebogen zur Persönlichkeitsdiagnostik. Der Patient hat 212 Fragen zu beantworten, die folgenden Persönlichkeitsdimensionen zuzuordnen sind: Nervosität und Erregbarkeit, Aggressivität und Dominanzstreben, Depressivität und Gehemmtheit, Gelassenheit und Offenheit („Lügenskala“), Extraversion/Introversion, Maskulinität/Feminität, emotionale Labilität. Auch hier erfolgt die Auswertung mittels Schablone; es ergibt sich ein charakteristisches Persönlichkeitsprofil, das eine Aussage über die Persönlichkeitsstruktur des Untersuchten zuläßt.

3.2.3.2 Projektive Verfahren

Rorschachtest

Bei diesem Verfahren handelt es sich um das bekannteste projektive Verfahren zur Persönlichkeitsdiagnostik. Projektiv werden diese Verfahren deshalb genannt, weil man davon ausgeht, daß bei der Beschreibung von unbestimmtem optischem Bildmaterial Assoziationen einfließen, die eine Projektion eigener Probleme beinhalten. Es werden 10 Tafeln mit seitengleichen Zufallsbildern nach Art von Tintenklecksen auf weißem Grund vorgelegt, 5 Tafeln sind in verschiedenen Grau- und Schwarztönungen, zwei in Rot und Schwarz, die restlichen drei in mehreren verschiedenen Farben gedruckt. Die Tafeln werden dem Probanden nach festgelegten Regeln gezeigt. Der Proband soll sich dazu spontan äußern. Die Antworten werden wörtlich protokolliert, bei einem möglichen zweiten Durchgang stellt der Untersucher auch Fragen. Die Testdauer beträgt im allgemeinen 30–40 Minuten oder länger. Die Antworten werden kategorisiert und signiert. Unter psychometrischen Gesichtspunkten betrachtet gilt der Rorschachtest „begründetermaßen als ein Verfahren von zweifelhafter Verläßlichkeit" (Hiltmann). Betrachtet man es hingegen als ein ergänzendes Verfahren, so kann er manche zusätzliche Information liefern.

TAT (Thematic apperception test)

Dieses gleichfalls projektive Testverfahren zur Persönlichkeitsdiagnostik umfaßt drei Serien von je 10 Bildtafeln, die soziale Situationen darstellen, ferner eine Leertafel. Er bietet visuelle Reize von höherem Strukturierungsgrad als es bei den Klecksbildtechniken des Rorschachtests der Fall ist. Er zeigt auf 27 von den 30 Testbildern in Grau-Schwarzschattierungen menschliche Figuren in verschiedenen szenischen Zusammenhängen. Der Proband soll die Situation beschreiben, zur Interpretation existiert ein Auswertungsschema, vielfach wird jedoch „frei" interpretiert, was die Verläßlichkeit und Brauchbarkeit des Tests und seinen diagnostischen Wert naturgemäß einschränkt, aber unter Umständen eine plastische Darstellung der Probleme des Patienten ermöglicht.

Rosenzweig-Picture-Frustration-Test (RPF)

Der Test bietet spezifische Frustrationssituationen in Form von Zeichnungen, auf welchen zwei oder mehrere Personen in eine entsprechende Situation verwickelt sind, die eine der beiden verärgert. Die vorgegebenen Sprechblasen sind vom Probanden auszufüllen. Der Test dauert etwa 20 Minuten, die Auswertung erfolgt nach einem standardisierten Schema. Der Test ist als ergänzendes Verfahren zu einer psychiatrischen Untersuchung durchaus brauchbar und gibt manchen Einblick in die Persönlichkeitsstruktur des Untersuchten, besonders in die Reaktionsform bei Versagungen.

3.2.4 Andere psychologisch-diagnostische Testverfahren

Münchner Alkoholismustest (MALT)
Er dient der Erfassung von Symptomen des Alkoholismus und besteht aus einem Fremdbeurteilungs- und einem Selbstbeurteilungsteil. Der Fremdbeurteilungsteil enthält 7 Kriterien (Lebererkrankung, Polyneuropathie, Delirium, Alkoholkonsum pro Tag, Alkoholkonsum im Monat, Foetor alcoholicus, Aufsuchen von Ratgebern), der Selbstbeurteilungsteil 24 Feststellungen, die mit ja oder nein zu beantworten sind und die vor allem das Trinkverhalten betreffen. Nach einem bestimmten Schema ist die Diagnose des Verdachts auf Alkoholismus bzw. eines manifesten Alkoholismus zu stellen.

Hamilton-Depressionsskala (HAMD)
Hierbei handelt es sich um eine Fremdbeurteilungsskala zur quantifizierten Beurteilung depressiver Patienten. Sie beruht auf den Ergebnissen eines Interviews, in das auch Angaben von Außenstehenden eingehen können. Das Interview dauert gewöhnlich 30 Minuten. Bei 17 Items sind die Symptomschweregrade anhand vorgegebener Antwortangebote einzutragen, bei 5 Items ist zwischen „nicht vorhanden“ bis „extrem schwer“ zu unterscheiden. Es werden Fragen zur Stimmung, zu Schuldgefühlen, Suizidneigung, Schlafstörungen, Angst, Erregung, Hemmung, aber auch zu körperlichen Symtomen, zum Gewichtsverlust, zu Tagesschwankungen und weiteren Kriterien gestellt.
Bei der Hamilton-Depressionsskala handelt es sich um ein vielverwendetes Instrument zur Einschätzung der Tiefe einer Depression.

Befindlichkeitsskala (BfS)
Hierbei handelt es sich um eine Selbstbeurteilungsskala für Patienten mit Befindlichkeitsstörungen. Sie gibt Auskunft über den momentanen Zustand des Patienten (Querschnittsbild). Mit ihrer Hilfe können gerade vorliegende Beeinträchtigungen des subjektiven Wohlbefindens erfaßt werden. Dem Patienten wird eine Liste mit je 28 Paaren von Eigenschaftswörtern vorgelegt, denen er zustimmen kann. Der Test kann in etwa 10 Minuten durchgeführt werden. Er gibt Hinweise auf krankheitsbedingte psychische Veränderungen, bei Verlaufsbeobachtungen kann er sinnvollerweise eingesetzt werden.

3.3 Neurologische Untersuchungen

3.3.1 Voraussetzungen und Ziele

Die neurologische Untersuchung sollte jede psychiatrische Erstuntersuchung ergänzen. Es ist unerläßlich, die Diagnose auf eigene, selbst erhobene Befunde zu stützen, auch dann, wenn Befunde aus neurologischen Voruntersuchungen zur Verfügung stehen.
Die Untersuchung erfolgt am weitgehend entkleideten Patienten. Es bleibt dem untersuchenden Arzt überlassen zu entscheiden, ob alle Kleidungsstücke abgelegt werden müssen oder ob etwa bei der Untersuchung weiblicher Patienten durch den Arzt auf das Ablegen von Slip und BH verzichtet werden kann. Das Klopfen von Reflexen durch die Strumpfhose oder hautenge Jeans ist jedenfalls zu vermeiden. Sind Mißverständnisse bei der Untersuchung einer weitgehend entkleideten Patientin bzw. eines Patienten zu erwarten, so empfiehlt sich die Hinzuziehung einer Drittperson für die Dauer des Untersuchungsvorgangs.
Das Ziel der Untersuchung ist die Erhebung zumindest eines neurologischen Übersichtsbefundes. Die Reihenfolge der Befunderhebung ist nicht zwingend vorgeschrieben, doch hat es sich als zweckmäßig erwiesen, beim Kopf zu beginnen und in Richtung der Füße voranzuschreiten. Man vergißt auf diese Weise nicht so leicht die Erhebung eines Einzelbefunds, wenn man sich jeweils an einem bestimmten eingefahrenen Untersuchungsschema orientiert.

3.3.2 Umfang und Reihenfolge

Der Umfang der Untersuchung sollte von der Zielsetzung der neurologischen Untersuchung und ihrem Stellenwert innerhalb des gesamten Untersuchungsvorgangs mitbestimmt werden. Bei einer strafrechtlichen Begutachtung, deren Ergebnis von einer klar festzustellenden endogenen Psychose bestimmt wird, kommt der neurologischen Befunderhebung nicht die gleiche Bedeutung zu wie bei einem Patienten, der mit einer symptomatischen Psychose bei einem Schädel-Hirn-Trauma zur Untersuchung kommt.
Grundsätzlich sollten sich die neurologischen Untersuchungen auf die folgenden **fünf Bereiche** erstrecken:

Reflexe
Hirnnerven
Motorik
Sensibilität
Koordination

Daneben existiert ein **Minimalprogramm** für Nicht-Neurologen (Finke):

Gang
Sprache und Mimik
Eigenreflexe
Babinski
Bauchhautreflexe
Vibrationsempfindung
Pupillen
Augenmotilität, Blickrichtungsnystagmus

Fällt eine der vorstehend genannten Prüfungen pathologisch aus oder äußert der Patient von vornherein Beschwerden neurologischer Art, so ist das komplette neurologische Untersuchungsprogramm auszuführen.

3.3.3 Reflexe

Ohne die tatsächliche – vom Untersucher selbst zu bestimmende – Reihenfolge der einzelnen Untersuchungsschritte hier wiedergeben zu wollen, prüfen wir die in Tabelle 3 aufgeführten Reflexe.

3.3.4 Hirnnerven

Die Prüfung der Hirnnervenfunktionen erfolgt folgendermaßen:

I. **Hirnnerv** (Nervus olfactorius): Geruchsprüfung.

II. **Hirnnerv** (Nervus opticus): Spiegelung des Augenhintergrundes, Inspektion der Papille, orientierende Seh- und Gesichtsfeldprüfung.

III. **Hirnnerv** (Nervus oculomotorius): Pupillenprüfung auf Weite, Seitenrelation, Form, Reaktion auf Licht und Nahesehen.

IV. **Hirnnerv** (Nervus trochlearis): Geringfügige Abweichung des Bulbus nach oben, wird am deutlichsten beim Blick nach unten.

V. **Hirnnerv** (Nervus trigeminus): Enthält sensible und motorische Anteile. Die drei Äste (Stirn-, Oberkiefer- und Unterkieferast) versorgen sensibel vor allem die Gesichtshaut, aber auch Teile der Mundschleimhaut, des Gehörgangs und des Auges. Der motorische Anteil verläuft im dritten Ast (Unterkieferast) und innerviert vor allem die Kaumuskulatur. Wir prüfen in erster Linie die Austrittsstellen der drei Äste an der Nasenwurzel, am Ober- und am Unterkiefer.

VI. **Hirnnerv** (Nervus abducens): Abduktion des Auges (Blick nach außen) ist erschwert oder aufgehoben, zugleich treten Doppelbilder auf.

VII. **Hirnnerv** (Nervus facialis): Er besorgt die motorische Innervation der Gesichtsmuskulatur. Bei der peripheren Fazialisparese sind alle Äste betroffen, die genannte Gesichtshälfte ist gelähmt. Bei der zentralen Fazialisparese ist in der Regel nur der Mundwinkel betroffen. Wir prüfen die mimische Innervation durch Beobachtung des unwillkürlichen Mienenspiels, die willkürliche Innervation hingegen anhand von

1. Stirnrunzeln
2. Lidschluß
3. Zähnezeigen
4. Backenaufblasen

Tab. 3: Reflexprüfungen bei der neurologischen Untersuchung (nach Finke)

Bezeichnung	Auslösung	Effekt	Lokalisation der angezeigten Läsion
Bizepssehnenreflex (BSR)	Schlag auf Untersucherfinger, der auf der Bizepssehne liegt	Beugung im Ellenbogengelenk	C 5–C 6
Radiusperiostreflex (RPR)	Schlag gegen das distale Ende des Radius	Beugung im Ellenbogengelenk	C 5– C 6
Trizepssehnenreflex (TSR)	Schlag gegen Trizepssehne dicht über dem Olekranon	Streckung im Ellenbogengelenk	C 6–C 8
Patellarsehnenreflex (PSR)	Schlag gegen Patellarsehne (unterhalb der Patella)	Streckung im Kniegelenk	L 2–L 4
Achillessehnenreflex (ASR)	Schlag gegen Achillessehne	Plantarflexion des Fußes	S 1–S 2
Babinski	Bestreichen des lateralen Anteils der Fußsohle	tonische Dorsalflexion der Großzehe bei gleichzeitiger Beugung und Spreizung der Zehen 2 bis 4	Pyramidenzeichen (Pyramidenbahnläsion)

Tab. 3 (Fortsetzung)

Bezeichnung	Auslösung	Effekt	Lokalisation der angezeigten Läsion
Oppenheim	kräftiges Bestreichen der Tibiakante	tonische Dorsalflexion der Großzehe bei gleichzeitiger Beugung und Spreizung der Zehen 2 bis 4	Pyramidenzeichen (Pyramidenbahnläsion)
Gordon	Drücken und Kneten des unteren Teils der Wadenmuskulatur	tonische Dorsalflexion der Großzehe bei gleichzeitiger Beugung und Spreizung der Zehen 2 bis 4	Pyramidenzeichen (Pyramidenbahnläsion)
Bauchhautreflex (BHR)	Bestreichen der Bauchhaut in verschiedenen Etagen von lateral nach medial	Bauchmuskelkontraktion	Pyramidenbahnläsion
Lasègue	Anheben des gestreckten Beins durch Beugung im Hüftgelenk bei auf dem Rücken liegendem Patienten	Schmerzen an der Rückseite des Oberschenkels	Dehnungsempfindlichkeit des Nervus ischiadicus

VIII. Hirnnerv (Nervus stato-acusticus): Er wird untersucht durch Hörprüfung (Ticken einer mechanischen Armbanduhr vor dem Ohr) bzw. durch Prüfung des Nystagmus, vor allem des Blickrichtungsnystagmus (Blick nach den vier Seiten).

IX. Hirnnerv (Nervus glossopharyngeus): Er wird durch Prüfung der Funktion der Gaumensegelfunktion geprüft („Ah-Sagen“).

X. Hirnnerv (Nervus vagus): Schluckstörungen und Heiserkeit können auf Läsionen des X. Hirnnerven hinweisen.

XI. Hirnnerv (Nervus accessorius): Hier müssen die Funktionen des Musculus sternocleidomastoideus und des Musculus trapezius geprüft werden.

XII. Hirnnerv (Nervus hypoglossus): Bei einseitigen Läsionen des Nervus hypoglossus zeigt die Zunge Seitenabweichungen beim Herausstrecken bzw. auch einseitige atrophische Veränderungen.

3.3.5 Motorik

Hier ist die Muskulatur des Patienten sorgfältig zu inspizieren, die vergleichende Messung von Gliedmaßenumfängen kann hilfreich sein. Wir achten auf faszikuläre Zuckungen, Tremor und Myoklonien (ruckartige Muskelkontraktionen), prüfen den Tonus der Muskulatur (Spastik, Rigor) und die grobe Kraft des Patienten, indem wir gegen seinen Widerstand Beugung oder Streckung z. B. von Extremitäten vornehmen und die sog. Halteversuche durchführen, vor allem den Armvorhalteversuch (AVH), bei dem insbesondere auf eine Absinktendenz und auf Seitenunterschiede zu achten ist.

3.3.6 Sensibilität

Im Rahmen der psychiatrischen Untersuchung wird es auch hier in der Regel nicht darauf ankommen, sämtliche Details zu prüfen und zu erfassen, es sei denn, daß sich Hinweise auf Störungen in diesem Bereich ergeben sollten. Im allgemeinen genügt eine orientierende Untersuchung der Berührungsempfindlichkeit an Körper, Gesicht und Gliedmaßen. Auf das taktile Zahlenerkennen sollten wir nicht verzichten, auch im Hinblick auf psychogene Störungen. Auch die Tiefensensibilität sollte orientierend geprüft werden (passive Bewegungen der Gliedmaßen müssen vom Patienten erkannt werden können; Prüfung der Vibrationsempfindung).

3.3.7 Koordination

Hierunter verstehen wir die zusammenfassende Ordnungsfähigkeit des Organismus, aus einzelnen Muskelkontraktionen bzw. -erschlaffungen einen harmonischen Bewegungsablauf herzustellen. Zur Untersuchung verwenden wir vor allem die verschiedenen Gangproben (Normalgang, Blindgang, Seiltänzergang), die Prüfung der Zielbewegungen (Finger-Nasen-Versuch, FNV; Finger-Finger-Versuch, FFV; Knie-Hacken-Versuch, KHV) und den Rombergschen Versuch, bei dem der Patient mit geschlossenen Augen und Füßen bei vorgehaltenen Armen stehen soll. Hierbei ist besonders auf psychogene Symptomproduktionen zu achten.

3.3.8 Zusätzliche Untersuchungen

3.3.8.1 Periphere Nerven

Bei Hinweisen auf Nervenläsionen sind die entsprechenden peripheren Nerven zu untersuchen. Hier wird es am häufigsten um die in Tabelle 4 aufgeführten Nerven gehen.

Auf die jeweils zugehörigen sensiblen Störungen bei Läsionen einzelner peripherer Nerven soll hier nicht eingegangen werden.

3.3.8.2 Aphasieprüfung

Bei Sprachstörungen kann eine Aphasieprüfung notwendig werden. Wir unterscheiden motorische und sensorische Aphasien. Im erstgenannten Fall versteht der Patient das gesprochene Wort, kann aber selbst keine geordneten und zutreffenden sprachlichen Äußerungen hervorbringen. Bei der sensorischen Aphasie kann er zwar sprechen, aber das gesprochene Wort nicht verstehen. Er redet zwar viel und auch meist verständliche Worte, die Rede ist aber inhalts- und informationsarm oder -leer. Häufig sehen wir auch gemischte Aphasien.

Tab. 4: Funktionsprüfungen wichtiger peripherer Nerven

Nerv	Segmenthöhe	motorische Störungen
N. ulnaris	C 8–Th 1	Spreizung und Adduktion der Finger gegen Widerstand
N. medianus	C 5–Th 1	Abspreizung, Opposition und Beugung des Daumens Beugung des 2. und 3. Fingers
N. radialis	C 5–C 8	Hand- und Fingerstreckung
N. peronaeus	L 4–S 2	Pronation und Hebung des äußeren Fußrandes, Dorsalflexion und Supination des Fußes, Dorsalflexion der Zehen im Grundgelenk
N. tibialis	L 4–S 3	Plantarflexion des Fußes, Zehenbewegung und -spreizung
N. ischiadicus	L 4–S 3	wie kombinierte Läsion des N. peronaeus und des N. tibialis mit unterschiedlicher Akzentuierung

3.3.8.3 Untersuchung Bewußtloser

Bei der Untersuchung Bewußtloser kommt der Erhebung der Fremdanamnese besondere Bedeutung zu. Sodann ist die Bewußtseinslage zu beurteilen. Wichtig ist die Erhebung des körperlichen Allgemeinbefundes. Von entscheidender Bedeutung ist indessen die Begleitung des Patienten, ggf. die Sicherung und Aufrechterhaltung von Basisfunktionen, bis der Patient in die Betreuung des zuständigen Fachmannes übergeht.

3.4 Neurophysiologische Untersuchungen

3.4.1 EEG

Das Hirnstrombild (EEG) ist die wichtigste zusätzliche neurophysiologische Untersuchung im Rahmen einer psychiatrischen Diagnoseerhebung. Es gehört zur klinischen Routine. Auch in der Praxis des niedergelassenen Nervenarztes wird bei der Erstdiagnostik nur selten auf die Ableitung des EEG verzichtet, obgleich sein Aussagewert begrenzt ist. Daß wir mit Hilfe dieser relativ groben Untersuchungsmethode feinere, vermutlich in tieferliegenden Hirnarealen lokalisierte Funktionsstörungen darstellen können, ist vom Ansatz her auch eher unwahrscheinlich.

Das EEG dient vor allem dem Ausschluß organischer Prozesse am Gehirn. Manche psychischen Erkrankungen zeigen häufig auch EEG-Veränderungen, vor allem solche, die mit Bewußtseinsstörungen einhergehen, wie symptomatische Psychosen und Anfallsleiden. Hingegen ist trotz mancher anderslautender Untersuchungsergebnisse in der klinischen Praxis bei endogenen Psychosen nur im Ausnahmefall einmal mit EEG-Veränderungen zu rechnen. Der Umstand, daß unsere Medikamentengaben zu starker Betaüberlagerung der Hirnstrombilder führen, schwächt die Anwendungsbreite des EEG als diagnostisches Hilfsmittel zusätzlich.

3.4.2 Dopplersonographie

Liegt der Verdacht auf eine Hindurchblutungsstörung vor, so empfiehlt sich die Untersuchung des Patienten mit Hilfe der Dopplersonographie. Sie gibt Auskunft über Verengungen oder gar Verschlüsse an hirnversorgenden Arterien außerhalb des Schädels, insbesondere der Halsschlagadern (Karotiden).

3.5 Neuroradiologische Untersuchungen

3.5.1 Leeraufnahme des Schädels

Sie dient nach wie vor zur Ausschlußdiagnostik intrakranieller raumfordernder Prozesse und gibt Hinweise auf Fehlbildungen bzw. Asymmetrien, oft als Ausdruck einer frühkindlichen Hirnschädigung. Bei speziellen Fragestellungen können Spezialaufnahmen vorgenommen werden (z. B. nach Stenvers). Vielfach ist auch eine Übersichtsaufnahme der Halswirbelsäule

(HWS) sinnvoll, z. B. bei Kopfschmerz und Schwindel als Leitsymptom der vorliegenden Erkrankung.

3.5.2 Echoenzephalographie

Mit diesem Ultraschallverfahren läßt sich vor allem die Weite des 3. Ventrikels bestimmen, ferner eine erste Aussage über eventuelle Asymmetrien infolge raumfordernder Prozesse treffen. Als nicht-invasives, strahlenfreies Verfahren eignet sich die Echoenzephalographie trotz ihrer Ungenauigkeiten durchaus als Suchverfahren.

3.5.3 Hirnszintigraphie

Sie wurde vor der Einführung der Computer-Tomographie (CT) vor allem bei Verdacht auf das Vorliegen raumfordernder Prozesse durchgeführt. Sie erfordert die intravenöse Verabreichung eines radioaktiven Isotops und die anschließende Messung der Verteilung im Gehirn.

3.5.4 Pneumenzephalographie

Die Hirnkammerluftfüllung war vor der Einführung der Computer-Tomographie (CT) ein häufig angewandtes Verfahren, mit dessen Hilfe wir Auskunft über die Lage und Gestalt der Hirninnenräume erhielten. Ihre Durchführung ist relativ aufwendig, nicht frei von Nebenwirkungen (Kopfschmerzen) und Komplikationen, dafür aber im Ergebnis verläßlich und exakt. Sie wird heute vor allem bei speziellen neurologischen Fragestellungen noch durchgeführt.

3.5.5 Karotis- und Vertebralisangiographie

Hier werden durch Kontrastmitteldarstellung einzelne charakteristische Gefäßverläufe sichtbar gemacht. Abweichungen der Verläufe, z. B. der Arteria cerebralis media, lassen auf Strukturveränderungen der zugehörigen Gehirnareale schließen, z. B. durch Verdrängung der Gefäße. Außerdem ist der Zustand der

Gefäße zu erkennen (Stenosen, Verschlüsse). Es handelt sich um ein Verfahren, das vor allem zur Abklärung neurologischer Fragestellungen angewandt wird.

3.5.6 Computer-Tomographie (CT)

Es handelt sich dabei um ein computergesteuertes Röntgenverfahren, bei dem die Gewebsdichte des Schädels und des Gehirns schichtweise erfaßt und in Grautönen, wie ein herkömmliches Röntgenbild, wiedergegeben wird. Es entsteht eine Serie meist horizontaler Qerschnittsbilder, die die jeweiligen Dichteverteilungen wiedergeben. Durch intravenöse Gabe von Kontrastmitteln kann die Aussagekraft gesteigert werden. Die CT ist seit ihrer Einführung Mitte der 70er Jahre zu einem unentbehrlichen Routineverfahren auch in der Psychiatrie geworden, vor allem bei Fragen nach hirnatrophischen Prozessen bei den verschiedensten Krankheiten (Alkoholismus, Schizophrenie, hirnorganisches Psychosyndrom), aber auch bei Verdacht auf raumfordernde Prozesse. Bei den erstgenannten Fragestellungen stoßen wir naturgemäß auf das Problem der Normgrenzen, die sicherlich altersabhängig sind, ohne daß wir hier bereits über zuverlässige altersklassenspezifische Normalwerte verfügten. Mit Hilfe verschiedener Indizes lassen sich jedoch Aussagen zum Vorhandensein bzw. Ausmaß einer Hirnatrophie treffen (Huckmann-Zahl, Ventrikelindex, Ventrikelfläche u. a.).

3.5.7 Kernspintomographie (Magnetresonanztomographie, MRT)

Dieses Verfahren nutzt den Drehimpuls (Spin), den Atomkerne in unterschiedlichem Ausmaß besitzen und der ein spezifisches Magnetfeld aufbaut, das durch von außen kommende Hochfrequenzimpulse modifiziert werden kann. Das Verfahren läßt eine exaktere Differenzierung von grauer und weißer Substanz auch in tieferliegenden Hirnabschnitten zu. Das Verfahren hat vor allem für neurologische Fragestellungen Bedeutung gewonnen.

3.5.8 Speziellere Verfahren

Auf die derzeit vor allem zu Forschungszwecken verwendeten Verfahren der Single-Photonen-Emissions-Computer-Tomographie (SPECT) bzw. der Positronen-Emissions-Tomographie (PET) wollen wir hier im einzelnen nicht eingehen, da diese Techniken bis heute noch keine klinische Bedeutung erlangen konnten.

3.6 Laborchemische Untersuchungsverfahren

3.6.1 Dexamethason-Suppressionstest (DST)

Er beruht auf der Feststellung, daß sich die endogene Kortisol-Sekretion bei der Mehrzahl der endogenen Depressionen durch die Gabe von 1–2 ml Dexamethason nicht hemmen läßt. Allerdings ist die Treffsicherheit dieses Tests nicht perfekt, sondern liegt allenfalls bei 70–80 %. Er ist als differentialdiagnostisches Hilfsmittel deshalb nur mit großer Zurückhaltung zu gebrauchen, zumal er sich auch durch eine Vielzahl von Faktoren stören läßt, etwa durch Alkoholentzug, Gabe von Östrogenen, Antikonvulsiva und Barbituraten bzw. Carbamazepin. Andererseits ist er gelegentlich auch positiv bei anderen als depressiven Psychosen und bei Gewichtsabnahme. Die Hoffnung, ein klinisch brauchbares diagnostisches Instrument in diesem Test zu besitzen, hat sich deshalb bis heute nicht erfüllt.

Praktische Durchführung: Am Abend ca. 22.00 Uhr orale Gabe von 1–2 mg Dexamethason, Serum-Kortisol-Bestimmung ca. 10–18 Stunden später: positiver Wert höher als 0,5 µ g/ml.

3.6.2 Lithium-Spiegelbestimmungen

Salze des Alkalimetalls Lithium werden zur Prophylaxe des Auftretens von Phasen aller Art bei affektiven Psychosen eingesetzt. Die erforderlichen Lithiumspiegel im Serum betragen etwa 0,7 mmol/l, bei älteren Patienten etwa 0,6 mmol/l, das prophylaktische Fenster dürfte zwischen 0,5 bis 0,8 liegen. Wir bestimmen den Lithiumspiegel bei der Neueinstellung auf eine Lithiumprophylaxe in den ersten Wochen wöchentlich, danach seltener, schließlich alle 3–6 Monate. Die Blutentnahme zur Lithiumbestimmung sollte zu konstanter Tageszeit, möglichst morgens erfolgen, und zwar 11–13 Stunden nach der letzten Einnahme des lithiumhaltigen Medikaments (s. auch Kap. 4.1.5).

3.6.3 Carbamazepin-Spiegelbestimmungen

Eine prophylaktische Alternative bei phasischen Psychosen stellt das Carbamazepin dar, das insbesondere bei manischen Phasen wirksam ist. Wir geben es in einer täglichen Dosierung von 400 bis 1000 mg und erzielen damit wirksame Spiegel von 4–12 µg/ml. Hier sind allerdings für die erste Behandlungszeit Blutbilduntersuchungen zu empfehlen, weil es doch gelegentlich zu einer Leukopenie bzw. Agranulozytose kommen kann.
Bei Einsatz des Carbamazepins zur Behandlung des alkoholischen Prädelirs bzw. auch zum Entzug bei Benzodiazepinabhängigkeit liegen noch keine verläßlichen Angaben über die hierbei wirksamen Serumspiegel vor.

3.6.4 Spiegelbestimmungen bei Antidepressiva

Bei einer Reihe von Antidepressiva sind wirksame Serumspiegel (sog. therapeutische Fenster) festgestellt worden, die in Tabelle 5 aufgeführt sind.
Verläßliche therapeutische Fenster für Neuroleptika sind bisher noch nicht bekannt, die Ergebnisse zeigen eine große allgemeine Schwankungsbreite.

3.6.5 Laboruntersuchungen bei Gabe von Clozapin (Leponex®)

Eine Besonderheit stellen die Laboruntersuchungen dar, die bei Gabe des trizyklischen Neuroleptikums Clozapin (Leponex®) erforderlich sind. Wir verwenden es dann, wenn alle anderen

Tab. 5: Sogenannte therapeutische Fenster bei Antidepressiva

Generic-Name	Handelsname	Therapeutischer Serumspiegel (ng/ml)
Amitriptylin	Saroten®	80–200
Nortriptylin	Nortrilen®	50–150
Imipramin	Tofranil®	>100
Desipramin	Pertrofran®	100–300
Doxepin	Aponal®	100–200
Maprotilin	Ludiomil®	200–600
Viloxazin	Vivalan®	>100

Tab. 6: Wirksame Serumspiegel bei Antikonvulsiva

Substanz	Handelsname	mittl. Tagesdosis (μg/ml)	therap. Fenster
Phenobarbital	Luminal®	200– 300	10 – 40
Barbexaclon	Maliasin®	300– 400	10 – 50
Primidon	Liskantin® Mylepsinum®	750–1250	5 – 15
Carbamazepin	Tegretal® Timonil®	600–1200	4 – 12
Diphenylhydantoin	Epanutin® Zentropil® Phenhydan®	200– 400	3 – 20
Valproat	Ergenyl®	1200–1800	50 –100
Ethosuximid	Petnidan® Suxinutin®	750–1500	40 –100
Clonazepam	Rivotril®	2– 6	0,02– 0,07

therapeutischen Möglichkeiten ausgeschöpft sind und haben damit oft gute Erfolge erzielt, vor allem bei symptomarmen schizophrenen Verläufen jüngerer Menschen. Hier ist eine wöchentliche Blutbildkontrolle als Vorsorge gegen eine Leukopenie bzw. Agranulozytose erforderlich. Bei Werten unter 3000 Leukozyten/mm^3 muß die Therapie mit trizyklischen Neuroleptika nach den Hinweisen des Bundesgesundheitsamtes (BGA) abgebrochen werden.

3.6.6 Therapeutische Fenster für Antikonvulsiva

Für antiepileptisch wirkende Medikamente gelten die wirksamen Serumspiegel in Tabelle 6.

4. Therapeutische Prinzipien

4.1 Pharmakotherapie

4.1.1 Tranquilizer

4.1.1.1 Substanzen

Tranquilizer bilden mit den Neuroleptika die Gruppe der psychisch vorwiegend dämpfenden Medikamente. Sie gehören ganz überwiegend der Stoffgruppe der Benzodiazepine an. Tranquilizer sind die weltweit am häufigsten verordneten Pharmaka und werden in erster Linie von Allgemeinärzten und Internisten verschrieben. Insgesamt sind folgende sechs Gruppen von Tranquilizern zu unterscheiden:

1. Benzodiazepine
2. niedrigdosierte, vor allem niederpotente Neuroleptika
3. Barbiturate
4. Betablocker
5. tri- bzw. tetrazyklische Tranquilizer (z. B. Insidon®)
6. andere Tranquilizer (z. B. Bespar®)

Benzodiazepine

Bei den Benzodiazepinen unterscheiden wir im wesentlichen drei Gruppen nach ihrer Hauptwirkung:

1. Tranquilizer
2. Schlafmittel
3. Antikonvulsiva

Die folgende Tabelle 7 stellt die wichtigsten als Tranquilizer verwendeten Benzodiazepine dar, die derzeit auf dem deutschen Markt erhältlich sind.

Tab. 7: Marktübliche Benzodiazepin-Tranquilizer

Substanz	Handelsname (z. T. Auswahl)	Dosis mg/Tag	Halbwertszeit in Stunden
Alprazolam	Tafil®	0,75– 4	10–15
Bromazepam	Lexotanil®	1 – 6	5–24
Camazepam	Albego®	10 – 60	5–24
Chlordiazepoxid	Librium®	5 – 50	>24
Clobazam	Frisium®	20 – 30	>24
Clotiazepam	Trecalmo®	5 – 30	> 5
Diazepam	Valium®	5 – 15	>24
Dikaliumclorazepat	Tranxilium®	10 – 20	>24
Ketazolam	Contamex®	15 – 30	5–24
Lorazepam	Tavor®	1,5 – 7,5	5–24
Medazapem	Nobrium®	10 – 30	>24
Nordazepam	Tranxilium N Tropfen	2,5 – 15	>24
Oxazepam	Adumbran® Praxiten®	20 – 40 (50 –150)	5–24
Oxazolam	Tranquit®	20 – 60	>24
Prazepam	Demetrin®	10 – 30	>24

Niedrigdosierte Neuroleptika
Viele Neuroleptika gleichen in ihrer Wirkung den Tranquilizern, wenn man sie niedrig dosiert. Die folgende Tabelle 8 führt eine Auswahl davon auf.

Tab. 8: Neuroleptika in der Dosierung als Tranquilizer (Auswahl)

Substanz	Handelsname (z. T. Auswahl)	Form (mg)	Tageshöchstdosis (mg)
Chlorprothixen	Taractan®	1 Drg. = 5	bis 45
Chlorprothixen	Truxal®	1 Drg. = 15	bis 45
Chlorprothixen	Truxaletten®	1 Drg. = 5	bis 45
Clopenthixol	Ciatyl®	1 Drg. = 10	bis 10
Dixyrazin	Esucos®	1 Tbl. = 10	bis 20
Flupentixol	Fluanxol®	1 Drg. = 0,5	bis 3
Fluphenazin	Lyogen®	1 Tr. = 0,03	bis 30 Tr. = 1 mg
Fluphenazin	Omca®	1 Tr. = 0,1	bis 10 Tr. = 1 mg
Fluspirilen	Imap®	0,75 ml = 1,5 i. m.	1 x pro Woche 1–1,5 mg
Haloperidol	Haldol®	1 Tr. = 0,1	bis 10 Tr. = 1 mg
Levomepromazin	Neurocil®	1 Tbl. = 25	bis 50
Oxypertin	Forit®	1 Tbl. = 40	bis 40
Perazin	Taxilan®	1 Drg. = 25	bis 50
Periciazin	Aolept®	1 Tb. = 10	bis 10
Perphenazin	Decentan®	1 Drg. = 4	bis 8
Pimozid	Orap®	1 Tbl. = 1	bis 1
Sulforidazin	Inofal®	1 Tbl. = 50	bis 50
Thioridazin	Melleretten®	1 Drg. = 10	bis 50
Thioridazin	Melleril®	1 Drg. = 25	bis 50
Tiotixen	Orbinamon®	1 Tbl. = 10	bis 10
Trifluoperazin	Jatroneural®	1 Drg. = 2	bis 4

Barbiturate
Hier ist vor allem an das Luminal® (Phenobarbital) zu erinnern, das vor allem in den U. S. A. häufig als Tranquilizer benutzt wird, und zwar in einer Dosierung von 45–90 mg (eine Luminalette® enthält 15 mg Phenobarbital).

Betablocker
Betablocker wurden zunächst für die Hochdruckbehandlung entwickelt. Es zeigten sich aber bald – wie auch bei anderen Hochdruckmedikamenten, etwa dem Reserpin – Wirkungen gegen psychopathologische Symptome wie Nervosität, Angst, Unruhe und Reizbarkeit. Bei lipophilen Substanzen, die die

Bluthirnschranke leichter passieren und bei beta-1-selektiv wirkenden Stoffen ist die Tranquilizerwirkung besonders stark ausgeprägt. Nachfolgend ist eine Auswahl aufgeführt.

Tab. 9: In der Psychiatrie verwendete Betablocker mit Tranquilizerwirkung

Substanz	Handelsname (z. T. Auswahl)	Beta-1-Selektivität	Hydrophilie/ Lipophilie
Acebutolol	Neptal®, Prent®	+	mäßig lipophil
Alprenolol	Aptin®	–	lipophil
Atenolol	Tenormin®	+	hydrophil
Betaxolol	Kerlone®	+	lipophil
Bisoprolol	Concor®	+	lipophil
Bunitrolol	Stresson®	–	mäßig lipophil
Bupranolol	betadrenol®	–	lipophil
Carazolol	Conducton®	–	lipophil
Carteolol	Endak®	–	mäßig lipophil
Celiprolol	Selectol®	+	hydrophil
Labetalol	Trandate®	–	lipophil
Mepindolol	Corindolan®	–	lipophil
Metipranolol	Disorat®	–	lipophil
Metoprolol	Beloc®, Lopresor i. v.®	+	mäßig lipophil
Nadolol	Solgolg®	–	hydrophil
Oxprenolol	Trasicor®	–	lipophil
Penbutolol	Betapressin®	–	lipophil
Pindolol	Visken®	–	mäßig lipophil
Propranolol	Dociton®	–	lipophil
Sotalol	Sotalex®	–	hydrophil
Timolol	Temserin®	–	mäßig lipophil

Tri- und tetrazyklische Tranquilizer

Diese Stoffgruppe wird derzeit relativ wenig verwendet. Die bekanntesten Medikamente aus dieser Gruppe sind das Benzoctamin (Tacitin®) und das Opipramol (Insidon®). Letzteres hat auch eine antidepressive Wirkungskomponente und wird in einem Bereich von 3 x 50 mg dosiert, stationär bis etwa 3 x 100 mg.

Andere Tranquilizer

Hier ist vor allem das Buspiron (Bespar®) zu nennen, das eine kurze Halbwertszeit (von ca. 2–3 Stunden) aufweist, und das vor allem eine gewisse angstlösende Wirkungskomponente besitzt. Dosierung: 15–30 mg täglich, eine Dosissteigerung bis auf 60 mg täglich kann im Einzelfall versucht werden.

4.1.1.2 Wirkungen und Indikationen

Unter den viel verordneten Tranquilizern zählen Benzodiazepine zu den am häufigsten rezeptierten Arzneimitteln in der Bundesrepublik Deutschland. Marktführer waren 1985 das Lexotanil® 6 und das Adumbran®. Mit jeweils ca. 4,5 Millionen verordneten Packungen lagen diese beiden Benzodiazepin-Tranquilizer gleichauf mit Stoffen wie dem Calcium-Antagonisten Adalat® und dem Koronarpräparat Isoket®, lediglich übertroffen von den Digitalispräparaten Novodigal® und Lanitop® (siehe Tab. 10). Knapp 40 % aller verordneten Psychopharmaka entfallen auf Tranquilantien dieses Typs. Etwa ein Drittel aller Patienten von Allgemeinärzten bzw. Internisten erhalten Benzodiazepine verordnet. 15 % der Gesamtbevölkerung, also jeder 7. Einwohner der Bundesrepublik, nimmt während eines Jahres Benzodiazepine ein. In den vergangenen Jahren sind die Umsätze der Benzodiazepine allerdings zurückgegangen.

Tab. 10: Die meistverkauften rezeptpflichtigen Arzneimittel des Jahres 1985 (Verkäufe über Apotheken)

1. Novodigal®	7,5 Mill. Packungen
2. Lanitop®	6,0 Mill. Packungen
3. Lexotanil® 6	4,5 Mill. Packungen
4. Adumbran®	4,5 Mill. Packungen
5. Adalat®	4,5 Mill. Packungen
6. isoket®	4,5 Mill. Packungen

Die weite Verbreitung von Benzodiazepinen ist nur aus ihrem Wirkungsspektrum heraus erklärlich (Tab. 11): Sie wirken angstlösend und beruhigend, beseitigen Spannungszustände, Unruhe und innere Unausgeglichenheit, Erregung und Verstimmung, und sie sind deshalb fachübergreifend einzusetzen. Ihre sedierende Wirkungskomponente kann zur Behandlung von Schlafstörungen genutzt werden, ohne daß eigentliche Schlafmittel im engeren Sinne zur Anwendung kommen müssen. Ihre große therapeutische Breite macht sie als Suizidmittel wenig geeignet.

Tab. 11: Wirkungsspektrum von Tranquilizern

Angstlösung
Beruhigung
innerer Ausgleich
antiaggressive Wirkung
Schlafanstoß
Muskelentspannung

Aus diesem breit gefächerten Wirkungsspektrum folgt ein entsprechend weiter Indikationsbereich (Tab. 12). Die Domäne der Anwendung von Tranquilizern sind die Krankheiten der sog. „kleinen Psychiatrie“, also vor allem die psychogenen und neurotischen Störungen. Sie bilden häufig die Basis einer wie immer ausgerichteten Psychotherapie. Angstzustände gehören zu den am weitesten verbreiteten psychopathologischen Syndromen, die wir aus der täglichen Praxis kennen. Schlafstörungen sind als ebenso häufig anzusehen, und die Unlustzustände allgemeiner Prägung finden in unserer Zeit besondere Beachtung. Diese drei Störungsbilder stellen auch die Hauptindikationsbereiche für die Anwendung von Tranquilizern dar. Die sedierende Wirkungskomponente vieler Tranquilizer ist dabei durchaus erwünscht.
Tranquilizer sind auch als Zusatzmedikament bei der Behandlung der Depression einzusetzen. Sie mildern die Angstsymptomatik und innere Erregung über die Wirkung der ohnehin angewandten Antidepressiva hinaus. In der Krisenintervention, der Notfallmedizin (z. B. Herzinfarkt), in der Anästhesiologie (Prämedikation) und in der Frauenheilkunde und Geburtshilfe sind Tranquilizer unentbehrliche Arzneimittel. Wir

Tab. 12: Indikationsspektrum von Tranquilizern

Angst
Unruhe
Spannung
innere Erregung
Aggressivität
Unlust
Verstimmung
Schlafstörungen
Muskelverspannungen

sollten uns jedoch immer daran erinnern, daß die Gabe von Tranquilizern allein in der Regel keine ausreichende Therapie darstellen kann, sondern daß es vor allem bei psychischen Krisen stets um die konsequente Symptombereinigung gehen muß, für die Tranquilizer allenfalls günstige Voraussetzungen schaffen können, wenn sie planvoll und gewissenhaft angewandt werden.

4.1.1.3 Allgemeine Behandlungshinweise

Dosierung

1. Vor Beginn der Behandlung ausführliche Informationen über Wirkungen, Nebenwirkungen und Risiken des betreffenden Tranquilizers.
2. Vor Beginn der Behandlung ausführliche Information über die Art und Dauer der Tranquilizerbehandlung.
3. Vor Beginn der Behandlung Festlegung der oberen Dosierungsgrenze.
4. Beginn der Therapie mit der Dosierung, die unter der vom Hersteller angegebenen Tagesdosis liegt.
5. Individuelle Festlegung der Dosierung nach Bedarf innerhalb des vom Hersteller angegebenen Dosierungsbereichs.
6. Überschreitung der vom Hersteller angegebenen Tagesdosis nur kurzzeitig und vorübergehend möglich.
7. Compliance (Einnahmezuverlässigkeit) sicherstellen, möglichst durch engmaschige Kontakte mit dem Patienten.
8. Dosisüberschreitungen deuten auf unzureichende Wirkung des eingesetzten Tranquilizers hin, hier ist meist ein Wechsel der therapeutischen Strategie erforderlich.
9. Benzodiazepintranquilizer sollten nur dann verordnet werden, wenn zugleich eine psychotherapeutische Führung des Patienten erfolgen kann, so daß die Zielsymptomatik mehrgleisig angegangen wird.
10. Benzodiazipine sollten in möglichst niedriger, aber ausreichender Dosierung verordnet werden, nach dem Grundsatz: So viel wie nötig, so wenig wie möglich.

Behandlungsdauer

1. Vor Beginn der Behandlung Information des Patienten, daß Tranquilizer nur für eine begrenzte Zeit verordnet werden können; möglichst Dauer der Behandlung vorplanen.

2. Am frühestmöglichen Zeitpunkt sollten wir von kontinuierlicher Gabe des Tranquilizers auf eine Intervallbehandlung übergehen, spätestens nach sechs Wochen.
3. Routinemäßig ist die Möglichkeit der Dosisreduktion schon nach der ersten Woche zu nutzen.
4. Wo es nicht gelingt, die Medikation durch diskontinuierliche Gabe allmählich zu beenden, ist ein Wechsel der therapeutischen Strategie zu erwägen (z. B. andere Medikamentengruppe).
5. Kontrollierte Bedarfsmedikationen sind kontinuierlicher Dauermedikation vorzuziehen.
6. Im allgemeinen ist die Behandlung mit Tranquilizern ausschleichend zu beenden.
7. Bei Konsumdauer von einem Jahr und mehr sollten wir über sechs bis acht Wochen hinweg schrittweise absetzen.
8. Die begleitende Psychotherapie und die Dauer der Tranquilizerverordnung sind aufeinander abzustimmen.
9. Im allgemeinen sollten wir versuchen, eine Behandlungsdauer von drei bis vier Wochen nicht zu überschreiten.
10. Gerät die Tranquilizerbehandlung aus der Kontrolle des verordnenden Arztes, sollte eine Klinikeinweisung erwogen werden.

4.1.1.4 Nebenwirkungen

Bei kurzfrister Verordnung sind Nebenwirkungen im Sinne einer relativen Überdosierung denkbar:

Benommenheit
Schwindel
Müdigkeit
Einschränkung der Aufmerksamkeit
Konzentrationsschwäche
Muskelschwäche
Sprachstörungen
sexuelle Störungen (Libido- und Potenzstörungen)
paradoxe Wirkungen (Erregung, Unruhe)
Blutdruckabfall
Ataxie
Obstipation
verminderter Blasentonus

Eine typische Nebenwirkung bei kontinuierlicher längerdauernder Einnahme von Benzodiazepinen ist die Ausbildung einer **Abhängigkeit.** Ihre Häufigkeit wird unterschiedlich eingeschätzt. Tranquilizer vom Benzodiazepintyp haben zwar insgesamt ein niedriges suchterzeugendes Potential, bei der großen Häufigkeit ihres Konsums indessen ist aber doch mit einem gelegentlichen Auftreten dieses Abhängigkeitstyps zu rechnen. In der Klinik sehen wir solche Fälle relativ häufig.
Eine Besonderheit der Benzodiazepine ist die Erzeugung einer Abhängigkeit bei kontinuierlicher Gabe im therapeutischen Bereich, wir sprechen von Niederdosisabhängigkeit (low-dose-dependence). Es handelt sich dabei um eine kompensierte psychische Abhängigkeit bei konstant gehaltener Dosierung eines Medikaments. Dieser Abhängigkeitstypus scheint häufiger als die eigentliche Abhängigkeit vom Barbiturat-Alkoholtyp vorzukommen, der von den suchttypischen Erscheinungen der Toleranzentwicklung und Dosissteigerung begleitet ist. Primäre Benzodiazepinabhängigkeit scheint relativ selten vorzukommen. Den größten Teil der Fälle von Benzodiazepinsucht stellen polytoxikomane Patienten, die im Verlauf ihrer Mehrfachabhängigkeit auch auf Benzodiazepine zurückgreifen und Alkoholiker, die zusätzlich oder als „Umsteiger“ derartige Tranquilizer mißbrauchen bzw. süchtig konsumieren (Tab. 13).

Tab. 13: Benzodiazepinabhängigkeiten

1. High-dose-dependence (Toleranzentwicklung, Dosissteigerung) 2. Low-dose-dependence (therapeutischer Dosisbereich, keine Dosissteigerung)	ca. 10 %
3. Kombinierte Abhängigkeit bei Polytoxikomanen und Alkoholikern	ca. 90 %

Das Abhängigkeitspotential von Benzodiazepintranquilizern scheint von folgenden Faktoren abzuhängen:

1. Hohe Wirkdosis pro Tablette
2. Hohe Resorptionsgeschwindigkeit
3. Hohe im ZNS verfügbare Dosis
4. Intensive Anxiolyse bei niedriger Sedierung
5. Langsame Eliminationsgeschwindigkeit und damit Kumulation der Substanz im Organismus.

Daß bei einem Patienten eine Benzodiazepinabhängigkeit vorliegt, erkennen wir am Auftreten von Entzugserscheinungen bei plötzlichem Absetzen des Tranquilizers. Wir beobachten folgende **Entzugssymptomatik**:

1. Reboundphänomene: Angst, Schlaflosigkeit
2. Vegetative Symptome: Schwitzen, Zittern, Tachykardie, Herzklopfen
3. Dysphorie
4. Schwindel
5. Unruhe, Erregung
6. Kopfschmerzen
7. Übelkeit, Erbrechen
8. selten: Derealisations- und Depersonalisationserscheinungen, Verkennungen, delirante Bilder mit Halluzinationen und Verwirrtheit
9. sehr selten: Krampfanfälle, schizophrenieähnliche Psychosen

4.1.2 Neuroleptika

4.1.2.1 Substanzen

Neuroleptika sind „nervendämpfende", mehr oder weniger stark beruhigend wirkende Mittel, die wir seit Anfang der 50er Jahre zur Verfügung haben und von denen mittlerweile eine Vielzahl auf dem Markt ist. Sie weisen ein gemeinsames Wirkungsspektrum auf, das sie als geeignet zur Behandlung vor allem schizophrener Psychosen erscheinen ließ. Mit dieser Indikation werden sie heute auch vorwiegend eingesetzt. Um eine gezielte Verwendung dieser Mittel zu ermöglichen, ist es sinnvoll, sie nach praktischen Gesichtspunkten zu klassifizieren. Das ist einmal nach der chemischen Struktur möglich. Wir unterscheiden dann 6 Gruppen (vgl. Tab. 14).
Eine Einteilung ist aber auch nach der neuroleptischen Potenz möglich. Dann unterscheiden wir im wesentlichen 3 Gruppen (Tab. 15).
Vergleichen wir verschiedene Neuroleptika nach ihrer neuroleptischen Wirksamkeit, so benötigen wir unterschiedliche Mengen, um die gleiche Neurolepsie zu erzielen. Dies hängt mit ihrer unterschiedlichen Bioverfügbarkeit zusammen, die

Tab. 14: Einteilung nach der chemischen Struktur

Grundstruktur		Beispiele von bekannten Präparaten
1. Phenothiazine		Megaphen®, Neurocil®, Atosil®, Melleril®, Taxilan®, Decentan®
2. Thioxanthene	trizyklisch	Truxal®, Fluanxol®, Sedanxol®
3. Dibenzoepine		Leponex®, Dominal®
4. Butyrophenone		Haldol®, Glianimon®, Eunerpan®
5. Diphenylbutylpiperidine		Imap®, Orap®
6. Benzamide		Dogmatil®

Tab. 15: Einteilung nach ihrer sogenannten neuroleptischen Potenz

	Grundstruktur	Substanz	Handelsname (z. T. Auswahl)
schwache Neuroleptika	Thioxanthen	Chlorprothixen	Truxal®
	Phenothiazin	Thioridazin	Melleril®
	Phenothiazin	Promethazin	Atosil®
mittelstarke Neuroleptika	Phenothiazin	Levomepromazin	Neurocil®
	Benzamid	Sulpiride	Dogmatil®
	Phenothiazin	Chlorpromazin	Megaphen®
	Phenothiazin	Perazin	Taxilan®
starke Neuroleptika	Thioxanthen	Flupentixol	Fluanxol®
	Phenothiazin	Fluphenazin	Lyogen®/Dapotum©
	Butyrophenon	Haloperidol	Haldol®
	Butyrophenon	Benperidol	Glianimon®

durch Faktoren wie Geschlecht, Körpergewicht und Alter des Patienten, aber auch durch Interaktionen mit anderen Medikamenten und Nahrungsmitteln (s. Tab. 29) bestimmt wird. Die Tabelle 16 gibt dafür Beispiele.

Tab. 16: Orale Bioverfügbarkeit verschiedener Neuroleptika (nach Sieberns)

Neuroleptikum Handelsname (z. T. in Auswahl)	Generic name	orale Bioverfügbarkeit (in %)
Decentan®	Perphenazin	40 (15–100)
Dogamtil®	Sulpiride	35 (15– 65)
Fluanxol®	Flupentixol	55 (30– 60)
Haldol®	Haloperidol	50 (30– 60)
Impromen®, Tesoprel	Bromperidol	50
Neurocil®	Levomepromazin	55 (35– 75)
Sedanxol®	Zuclopenthixol	45

4.1.2.2 Wirkungen und Indikationen

Neuroleptika weisen ein weitgehend übereinstimmendes Wirkungsspektrum auf, dessen einzelne Anteile von Medikament zu Medikament unterschiedlich stark ausgeprägt sein können. Dazu gehören folgende Hauptwirkungen (Tab. 17).

Tab. 17: Hauptwirkungen von Neuroleptika

1. Psychomotorische Dämpfung (antiaggressive Wirkung)
2. Emotionaler Ausgleich
3. Dämpfung von Trugwahrnehmungen, vor allem akustischer Halluzinationen, Denkstörungen und Wahnerlebnisse (antipsychotische Wirkung)

Aus dieser allgemein dämpfenden, befriedenden, beruhigenden Wirkung der Neuroleptika ergeben sich zwanglos die Hauptindikationen für die Anwendung derartiger Substanzen.

4.1.2.3 Allgemeine Behandlungshinweise

Die Wahl des Neuroleptikums für die Behandlung richtet sich in erster Linie nach der Zielsymptomatik. Hier ist die Klärung

Tab. 18: Hauptindikationen von Neuroleptika

a) **bei akuten Psychosen**
   1. Akute produktiv-psychotische Symptomatik mit Wahrnehmungs- und Denkstörungen (Wahn, Halluzinationen)
   2. Unruhe und Erregungszustände, Antriebsstörungen, auch Schlafstörungen
   3. Störungen des Affekts und der Psychomotorik
   4. Autistisches Verhalten

b) **bei chronisch verlaufenden Psychosen**
   1. Zur Beeinflussung von Residualzuständen
   2. Zur Rezidivprophylaxe bei phasisch bzw. schubförmig verlaufenden Psychosen

Tab. 19: Weitere Indikationen von Neuroleptika (nach Laux)

1. **Psychiatrie:**
   Neben der Anwendung bei endogenen Psychosen (Schizophrenien, schizoaffektiven Psychosen, Manien):
   - Erregungszustände jeglicher Art
   - Schlafstörungen
   - Verwirrtheitszustände bei organischen Psychosen, vor allem bei älteren Menschen
   - Angstzustände auch nicht-psychotischer Art
   - Delirien
   - Zwangssyndrome
   - Verhaltensstörungen im Kindes- und Jugendalter

2. **Neurologie:**
   Schmerzsyndrome (gegebenenfalls in Kombination mit Antidepressiva), hyperkinetische Zustandsbilder (z. B. Chorea Huntington)

3. **Anästhesiologie:**
   - Neuroleptanalgesie
   - Prämedikation
   - Postoperatives Erbrechen

4. **Allgemeinmedizin**
   - Schlafstörungen
   - Übelkeit
   - Erbrechen

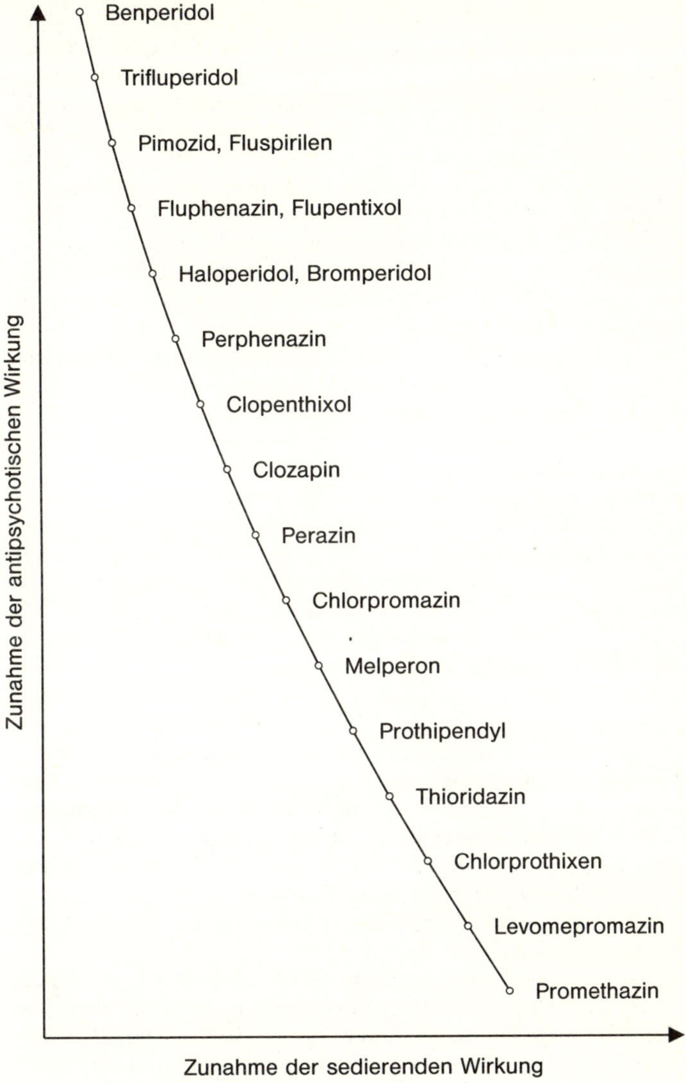

Abb. 1: Sedierende versus antipsychotische Wirkung von Neuroleptika

der Frage von richtungweisender Bedeutung, ob eine Sedierung erforderlich ist, weil der Patient beispielsweise erregt ist, oder ob eine antipsychotisch wirkende Medikation ausreichend ist, weil z. B. eine paranoid-halluzinatorische Symptomatik ohne innere Spannung oder erkennbare Erregung vorliegt. In der Regel werden wir das eine Symptom (paranoid-halluzinatorische Symptomatik) nicht ohne das andere (Erregung, Unruhe) antreffen. Dann ist die kombinierte Gabe zweier Neuroleptika sinnvoll, eines niedrig- bis mittelpotenten und eines hochpotenten Neuroleptikums. Hier bieten sich Kombinationen zwischen Haldol® oder Glianimon® einerseits in Kombination mit Neurocil®/Atosil®/Truxal®/Melleril® andererseits an. Die vorstehende Tabelle 17 ist zu beachten, aus der die vorwiegend sedierend bzw. die überwiegend antipsychotisch wirkenden Substanzen zu entnehmen sind.

Praktische Durchführung, Dosierung

Es bedarf einer gewissen Erfahrung im Umgang mit Neuroleptika, um die Dosis bei einem Patienten mit einem psychotischen Erregungszustand, einer paranoid-halluzinatorischen Symptomatik oder anderen psychotischen Störungen so festzulegen, daß es zunächst keiner Dosisänderungen bedarf, um die Zielsymptomatik wirkungsvoll zu beeinflussen. Die Beachtung der Dosierungshinweise durch die Herstellerfirmen kann hier hilfreich sein. In jedem Falle muß die Dosis individuell angepaßt werden, da die Wirksamkeit einer Substanz von Patient zu Patient um den Faktor 2–10 schwanken kann (first-pass-Metabolismus beim Durchgang durch die Leber!). Dabei ist in besonderem Maße auf die Verträglichkeit eines Medikamentes zu achten. Man versucht, bei einer akuten Symptomatik schon mit einer hohen Dosis die Behandlung einzuleiten, um nicht bereits nach wenigen Tagen die verabreichte Menge des Neuroleptikums erhöhen zu müssen. Hierdurch würde wertvolle Behandlungszeit vertan.
Erweist sich ein Neuroleptikum als wenig wirksam, so ist nach ca. 14 Tagen auf ein anderes überzugehen, das möglichst einer anderen Substanzgruppe entstammen sollte. Die neuroleptische Äquivalenz der beiden Substanzen ist zu beachten. Gegebenenfalls kann auch ein anderes Medikament zu dem bisher verabreichten dazugegeben werden. Bei Eintritt einer befriedigenden Wirkung kann die Dosis soweit reduziert werden, daß der gewünschte Effekt gerade noch erhalten bleibt.

Die Dauer der Akutbehandlung ist individuell festzulegen, ebenso ist zu entscheiden, ob eine Langzeittherapie zur Rezidivprophylaxe erforderlich ist.
In besonders akuten Fällen endogener paranoid-halluzinatorischer Psychosen empfiehlt sich die intravenöse Gabe hochpotenter Neuroleptika über einen initialen Zeitraum von etwa 7–10 Tagen (z. B. 3-bis 4mal 2 Ampullen Glianimon® oder Haldol® i. v.). Darunter können auch mit hoher innerer Spannung bzw. starker äußerer Erregung verlaufende Schizophrenien in ein ruhiges, leichter beherrschbares Stadium übergehen. Eine Begleitmedikation ist dann meist nicht erforderlich. Nach 7–10 Tagen kann auf orale Gaben umgestellt werden.
Die Bestimmung von Neuroleptika-Serumspiegeln ist noch nicht als Routinemethode anwendbar, weil wir noch keine sicheren Kenntnisse über entsprechende „therapeutische Fenster" bei dieser Medikamentengruppe verfügen.

Begleitmedikation
Hier kommen folgende Substanzen in Betracht, die bei Auftreten entsprechender Begleitsymptome anzuwenden sind, nicht schon prophylaktisch, ohne daß Zielsymptome vorhanden sind:

1. **Antiparkinsonmittel,** vor allem Akineton®: Bei Hyper- und Hypokinesen, auch bei akuten Dyskinesien als Ausdruck extrapyramidalmotorischer Störungen.
2. **Tranquilizer:** Bei Akathisien vorübergehend einzusetzen.
3. **Kreislaufmittel:** Bei Blutdruckabfall z. B. Dihydergot® oder Effortil®.
4. **Antidepressiva:** Bei depressiv gefärbten Verstimmungen und zur Antriebssteigerung.
5. **Lithium:** Zur Dämpfung manischer Erregungszustände und des manischen Antriebsüberschusses.
6. **Betarezeptorenblocker:** u. a. bei Akathisien anzuwenden (Dociton®)

Depotneuroleptika
Zur Erhöhung der Einnahmezuverlässigkeit (Compliance) ist die Gabe von Depotneuroleptika zu erwägen, wenn eine Langzeittherapie erforderlich ist. Dazu steht eine ansehnliche Palette von Substanzen zur Verfügung, von denen nachfolgend einige aufgeführt werden sollen (Tab. 20).

Tab. 20: Depotneuroleptika

Substanz	Handelsname (z. T. Auswahl)	Dosis in mg	Abstand zwischen den i. m. Injektionen (in Wochen)
Fluphenazindecanoat	Dapotum® D	12,5– 50	2–3
Perphenazinenantat	Decentan®-Depot	50 –200	2–3
Flupentixoldecanoat	Fluanxol® Depot	20 – 80	2–3
Haloperidoldecanoat	Haldol®-Janssen Decanoat	50 –200	2–4
Fluphenazindecanoat	Lyogen® Depot	12,5– 50	2–3
Fluspirilen	Imap®	1 – 10	1 Woche
Zuclopenthixoldecanoat	Ciatyl® Depot	100 –400	2–3

Depotneuroeleptika sollten dann gegeben werden, wenn feststeht, daß der Patient auf die orale Gabe der gleichen Substanz gut anspricht. Langzeitbehandlungen sind vor allem dann notwendig, wenn es sich um mehrfache Wiedererkrankungen handelt. Die Wirkung der Langzeitmedikation scheint auf der Reizabschirmung des Patienten zu beruhen, die psychosefördernden Streßsituationen werden auf diese Weise möglicherweise eher kompensiert.
Bei der Umsetzung einer oralen Medikation auf eine Behandlung mit Depotneuroleptika ist von festen Relationen auszugehen, die in der folgenden Tabelle 21 dargestellt sind.

Tab. 21: Bei Umsetzen von Kurz- auf Langzeitneuroleptika werden folgende Dosierungen empfohlen (nach Haase)

Es entsprechen:

	4 mg	Imap® i. m. (einmal pro Woche)
=	25 mg	Dapotum® D i. m. (einmal alle 2 Wochen)
=	25 mg	Lyogen® Depot i. m. (einmal alle 2 Wochen)
=	40 mg	Fluanxol® Depot i. m. (alle 2 Wochen)
=	200 mg	Ciatyl® Depot (alle 2 Wochen)
=	100 mg	Decentan® Depot i. m. (alle 2 Wochen)

etwa der mittleren Tagesdosis von (Auswahl)

Glianimon®	3 mg
Triperidol®	4 mg
Haldol®	7,5 mg
Lyogen®, Omca®	6 mg
Orap®	8 mg (1 x täglich!)
Orbinamon®	10 mg
Decentan®	24 mg
Ciatyl®	75 mg

Faustregel: Eine Tagesdosis Haldol®-Janssen entspricht einer Wochendosis Imap® in mg.

4.1.2.4 Nebenwirkungen

1. Frühdyskinesien

Symptome
Zungenschlundkrämpfe, Blickkrämpfe, Verkrampfungen der Halsmuskulatur und daraus resultierende choreatiforme Torsionen des Kopfes, aber auch der Extremitäten.

Auftreten
Vor allem am Beginn der Neuroleptikabehandlung bzw. bei starker Dosierung.

Therapie
1 Ampulle Akineton® i. v.

2. Neuroleptisches Parkinsonoid

Symptome
Rigor, Hypokinese, Amimie, kleinschrittiger Gang, gebeugte Körperhaltung, Tremor.

Auftreten
Nach 7–10 Tagen der Neuroleptikabehandlung, vor allem bei mittlerer und hoher Dosierung stark wirkender Substanzen.

Therapie
Vorübergehend Akineton®, Wechsel auf ein Neuroleptikum einer anderen Stoffgruppe, Dosisänderung.

3. Akathisie

Symptome
Bewegungsunruhe, Trippeln, unwiderstehlicher Drang, herumlaufen zu müssen, die Patienten können keine längere Zeit (Minuten) still sitzen, stehen oder liegen.

Auftreten
Meist nach mehrwöchiger Therapie mit stark wirkenden Neuroleptika, gelegentlich auch schon in den ersten Tagen.

Therapie
Reduktion der Dosis, gegebenenfalls vorübergehendes Absetzen des Neuroleptikums (wenn möglich), danach Übergang auf andere Neuroleptika einer anderen Stoffgruppe. Versuch mit 10–20 mg Valium® täglich als Begleitmedikation, auch Antiparkinsonmittel erwägen, daneben Betarezeptorenblocker, z. B. Dociton® 30–90 mg!

4. Spätdyskinesien

Symptome
Periorale bzw. orale Unruhe, später choreatische Hyperkinesien im Kopfbereich und an den Extremitäten, bei massiver Ausprägung groteske Bewegungsabläufe am ganzen Körper von athetotisch-dystonem Charakter.

Auftreten
Nach monate- bis jahrelanger Behandlung mit meist hochpotenten Neuroleptika in bis zu 20 % aller Fälle.

Vorbeugung
1. Bei chronischem Verlauf mit möglichst niedriger Neuroleptikadosis auszukommen trachten!
2. Überwachung des Patienten auf eventuell im Zungenbereich beginnende Dyskinesien.
3. Plötzliches Absetzen von Neuroleptika nach jahrelangen Gaben vermeiden.
4. Gegebenenfalls medikamentenfreie Wochenenden einschalten.

Therapie
1. Übergang auf schwächer wirkende Neuroleptika, gegebenenfalls Leponex®. Versuch mit Benzodiazepinen (Valium®).
2. Tiapridex®, Nitoman (Tetrabenazin)
3. Keine Antiparkinsonmittel, auch kein Akineton® geben.
4. Insgesamt sind Spätdyskinesien prognostisch ungünstig.

5. Pharmakogene Depression

Symptome
Depressive Verstimmung mit Antriebsstörungen, Hemmung, Niedergeschlagenheit.

Auftreten
Nach länger dauernder Neuroleptikatherapie.

Therapie
Symptomatische Behandlung mit antidepressiver Begleitmedikation, etwa Aponal®, Saroten®.

6. Vegetative Nebenwirkungen

Symptome

1. Hypotonie, Schwindel
2. Mundtrockenheit bzw. vermehrter Speichelfluß
3. Blasenentleerungsstörungen bis hin zur Harnverhaltung. Daneben auch: Tachykardie, Obstipation/Diarrhö, Hitzewallungen.
4. Akkomodationsstörungen.

Auftreten

Meist relativ rasch nach Beginn der Behandlung, vor allem mit mittel- und niederpotenten Neuroleptika.

Therapie

1. Hypotonie: Begleitmedikation von Dihydergot® bzw. Effortil® oder anderen blutdruckanhebenden Medikamenten.
2. Mundtrockenheit: Mucinol®, Anticholinergika (Akineton®), symptomatische Maßnahmen (Kaugummi). Speichelfluß: Anticholinergika (z. B. Akineton®, PK-Merz®, Tremarit®).
3. Blasenentleerungsstörungen: Cholinergika wie z. B. Doryl®, Ubretid®.
4. Akkomodationsstörungen: Anticholinergika.

Cave! Anticholinergika nicht bei Prostataadenom und Engwinkelglaukom!

7. Andere (selten) auftretende Nebenwirkungen

Delirante Syndrome
Intrahepatische Cholestase
Abfall der Granulozytenzahl
Galaktorrhö bei Frauen
Gynäkomastie bei Männern
Libido- und Potenzverlust
Ejakulationsverzögerung
Menstruationsstörungen
Appetitanregung und daraus resultierende Gewichtszunahme
Allergische Reaktionen
Große epileptische Anfälle

Die Behandlung dieser selten auftretenden Nebenwirkungen sollte – womöglich – kausal durch Absetzen der entsprechenden Neuroleptika erfolgen.

Tab. 22: Antidepressiva
Einteilung nach der chemischen Struktur

Substanzen	Handelsname	Tagesdosis* in mg
Trizyklische Antidepressiva		
Amitriptylin	Laroxyl®, Saroten®, Tryptizol®	75– 300
Amitriptylinoxid	Equilibrin®	75– 300
Clomipramin	Anafranil®	75– 300
Desipramin	Pertofran®	75– 300
Dibenzepin	Noveril®	240– 720
Dosulepin	Idom®	75– 200
Doxepin	Aponal®, Sinquan®	75– 400
Imipramin	Tofranil®	75– 300
Lofepramin	Gamonil®	70– 210
Melitracen	Trausabun®	75– 250
Nortriptylin	Nortrilen®	30– 300
Tetrazyklische Antidepressiva		
Maprotilin	Ludiomil®	75– 225
Mianserin	Tolvin®	30– 120
Andere chemische Strukturen		
Fluvoxamin	Fevarin®	100– 300
Trazodon	Thombran®	100– 600
Viloxazin	Vivalan®	150– 500
MAO-Hemmer		
Tranylcypromin	Parnate®	10– 100
Aminpräkursoren		
Oxitriptan	Levothym®	100– 300
L-Tryptophan	Kalma®	2000–8000

* Die angegebenen höheren Dosierungen sollten in der Regel klinisch-stationären Behandlungen vorbehalten bleiben.

4.1.3 Antidepressiva

4.1.3.1 Substanzen

Antidepressiva stehen uns seit 1957 zur Verfügung. Aus den sogenannten trizyklischen Antidepressiva wurde eine ganze Reihe derartiger Substanzen entwickelt, und es folgten darauf die tetrazyklischen und die chemisch anders aufgebauten Antidepressiva (Tab. 22). Im Zentrum der biochemischen Eigen-

schaften der Antidepressiva steht ihre Fähigkeit, die Speicherung der Neurotransmitter Serotonin, Noradrenalin und Dopamin in den Rezeptoren der Nervenzellen zu beeinflussen. Ein wesentlicher Wirkmechanismus der Antidepressiva ist die Erhöhung der Konzentration der Überträgerstoffe Noradrenalin und/oder Serotonin im synaptischen Spalt durch Hemmung der Wiederaufnahme.
Den Antidepressiva ist die stimmungsaufhellende und die antriebsnormalisierende (auch -steigernde) Wirkung gemeinsam. Die meisten Antidepressiva enthalten auch eine sedierende Wirkungskomponente. Beim Gesunden bleibt die Stimmung unbeeinflußt; Antidepressiva sind deshalb auch nicht bei einfühlbaren Tauerreaktionen oder Stimmungsvariationen anzuwenden, sondern nur bei wirklich krankhaften depressiven Verstimmungen.

4.1.3.2 Wirkungen und Indikationen

Die Hauptwirkung der Antidepressiva zielt gegen Depressionen und damit gegen die folgenden Symptome:

Niedergeschlagenheit
Traurigkeit
Hemmung
Antriebsarmut
Angst
Unruhe

Neben der Zuordnung der einzelnen Antidepressiva nach der chemischen Struktur ist noch eine Einteilung nach den Hauptwirkungen der jeweiligen Substanz verbreitet, die als sogenanntes Dreikomponentenschema bezeichnet wird:

1. Amitriptylintyp: Depressionslösend, dämpfend
2. Imipramintyp: Depressionslösend, leicht aktivierend
3. Desipramintyp: Depressionslösend, stark aktivierend

Die derzeit verfügbaren Antidepressiva sind nach ihrer Wirkung den vorstehend genannten drei Wirktypen folgendermaßen zuzuordnen (Tab. 23).

Tab. 23: Wirktypen von Antidepressiva

Amitriptylintyp	Imipramintyp	Desipramintyp
Amptriptylin	Imipramin	Desipramin
Amitriptylinoxid	Clomipramin	Nortriptylin
Doxepin	Dibenzepin	Tranylcypromin
	Lofepramin	
	Maprotilin	
	Melitracen	
	Mianserin	
	Trazodon	
	L-Tryptophan	
	Viloxazin	

Aus dem Wirkungsspektrum der Antidepressiva folgen die jeweiligen Indikationen für ihre Anwendung. Folgende **Zielsymptome** können wir durch Gabe von Antidepressiva beeinflussen:

Depressive Verstimmung (Niedergeschlagenheit, Traurigkeit)
Antriebsmangel
Angst
Hoffnungslosigkeit
Innere Leere
Schuldgefühle
Verarmungsideen
Versündigungsideen
Suizidgedanken

Auch weniger spezifische Symptome können durch die Verabreichung von Antidepressiva positiv beeinflußt werden, etwa innere Spannung, Unruhe, Gleichgültigkeit, Passivität, Apathie und Schlafstörungen. Die Domäne der Anwendung von Antidepressiva sind aber die gehemmt-depressiven und die ängstlich-agitierten depressiven Syndrome. Damit ist klar, daß die verschiedenen Formen der endogenen Depression, vor allem im Rahmen einer manisch-depressiven Krankheit (MDK), aber auch die depressiven Komponenten von Schizophrenien das Hauptindikationsgebiet für den Einsatz von Antidepressiva darstellen.

Weitere Indikationsgebiete:
Panikattacken
Phobien
Zwangssyndrome
Entzugssyndrome, vor allem bei Opiatsucht
Chronische Schmerzzustände

Bei den vorstehend genannten Krankheitszuständen handelt es sich vor allem um solche, die überwiegend in der Klinik zu behandeln sind; das gilt vor allem für Entzugssyndrome. Beim Vorliegen chronischer Schmerzzustände können Antidepressiva mit Neuroleptika kombiniert werden, etwa 75 mg Amitriptylin, Clomipramin, Imipramin, Doxepin einerseits zusammen mit 25–75 mg Levomepromazin, Chlorpromazin bzw. Promethazin andererseits, in Kombination auch mit einem Schmerzmittel (erweiterte Neuroleptanalgesie).

4.1.3.3 Allgemeine Behandlungshinweise

Auswahl des Medikaments

Zuverlässige Kriterien, nach denen die Auswahl eines Antidepressivums bei einem bestimmten Patienten mit einer depressiven Symptomatik erfolgen könnte, existieren bis heute nicht. Es gibt lediglich Anhaltspunkte und Erfahrungswerte, die indessen schwer zu quantifizieren sind. Das Problem der Spontanremission und der Placebowirkung überschattet auch hier die Erfahrungsbildung sowohl beim Patienten als auch beim behandelnden Arzt. Stets sollten wir die Notwendigkeit einer antidepressiven Behandlung am Ausmaß der depressiven Symptomatik messen und uns vor Augen führen, daß depressive Patienten leidende Menschen sind, bei denen auch eine Vielzahl teilweise existenzbedrohender sozialer Komplikationen im Raum steht, bis hin zum Suizid.

Im Gesamtkonzept der antidepressiven Behandlung kommt der Pharmakotherapie eine vorrangige Rolle zu. Die Wahl des Antidepressivums richtet sich vor allem nach der Zielsymptomatik. Wichtig ist die Unterscheidung, ob es sich um eine mehr gehemmte oder um eine mehr agitierte Depression handelt. Ein weiteres wesentliches Kriterium bei der Auswahl eines Antidepressivums stellen die bisherigen Erfahrungen mit der Wirksamkeit einer bestimmten Substanz bei dem gleichen Patienten in früheren Krankheitsphasen dar. Ferner ist natür-

lich das Nebenwirkungsprofil eines Antidepressivums zu beachten. Hier ist bei den häufig älteren Patienten insbesondere auf Prostatahypertrophie, Herzrhythmusstörungen und Glaukome zu achten. Da Nebenwirkungen gerade in diesen Organbereichen bei nicht-trizyklischen Antidepressiva weniger häufig sind, empfiehlt sich im ambulanten Bereich öfter ein Behandlungsbeginn mit diesen Substanzen. Bei ausbleibendem Therapieerfolg wird man auf ein trizyklisches Antidepressivum übergehen, erst danach bei Nichtansprechen auf einen sogenannten MAO-Hemmer.
Folgende **Auswahlkriterien** sind also von Bedeutung:

> Zielsymptomatik,
> früheres Ansprechen auf eine Substanz,
> Nebenwirkungsprofil bzw. vorbestehende
> Erkrankungen des Patienten.

Praktische Durchführung, Dosierung
Hat man sich für die Verwendung eines bestimmten Medikamentes zur Behandlung der vorliegenden Depression entschieden, so muß man die individuelle Dosis festlegen. Hierfür gibt es – wie bei den Neuroleptika bereits beschrieben – keine feststehenden Regeln. Die Dosierungshinweise der Hersteller bieten Anhaltspunkte. Während wir bei den Neuroleptika möglichst von vorneherein mit der wirksamen Dosis beginnen und eine Dosiserhöhung in der ersten Behandlungsphase zu vermeiden suchen, können wir bei den Antidepressiva mit einer Dosis beginnen, die unter der empfohlenen Tagesdosis liegt und dann allmählich die zugeführte Substanzmenge steigern, bis eine Wirkung eintritt. Wir vermeiden auf diese Weise vielfach die als unangenehm empfundenen Nebenwirkungen, die bei vielen Antidepressiva auftreten können. Innerhalb der ersten Woche sollten wir die ausreichende Tagesdosis erreicht haben. Wir versuchen stets, mit **einem** Antidepressivum auszukommen. Bei ausgeprägtem „Morgentief" kann die Gabe eines zusätzlichen Antidepressivums in Retardform (z. B. Saroten® retard) am Abend hilfreich sein.
Antidepressiva können wie auch viele Neuroleptika ein- bis zweimal täglich verabreicht werden, weil ihre Halbwertszeit relativ lang ist. Dosen vor dem Schlafengehen sind zu bevorzugen, weil dann die Nebenwirkungen teilweise „verschlafen"

werden. In seltenen Fällen kann es notwendig werden, die Medikation tagsüber bis spätestens 15.00 oder 16.00 Uhr zu geben, weil anderenfalls Schlafstörungen verstärkt werden oder erstmalig auftreten.

Ein Antidepressivum ist als unwirksam anzusehen, wenn nach drei- bis vierwöchiger Gabe in ausreichender Dosierung keine ausreichende Wirkung einsetzt. In diesem Falle gehen wir auf ein anderes Antidepressivum mit einem anderen – auch gegensätzlichen – Wirkungsspektrum über. Setzt auch damit kein überzeugender Behandlungserfolg ein, so kann eine Kombination zweier Antidepressiva angewandt werden, z. B. Clomipramin und Maprotilin oder Desipramin und Amitriptylin. Eine Infusionstherapie ist zu erwägen. Grundsätzlich kommt auch die Anwendung von MAO-Hemmern in Betracht; schließlich sollten wir an die Elektrokrampfbehandlung denken.

Bei therapieresistenten Depressionen ist also folgende Vorgehensweise zu empfehlen:

1. Anderes Antidepressivum mit einem Wirkungsspektrum
2. Complianceüberprüfung (Serumspiegelbestimmung)
3. Kombination zweier Antidepressiva
4. Dosisüberprüfung bzw. -erhöhung
5. Infusionstherapie
6. Absetzversuch
7. Schlafentzug
8. MAO-Hemmer
9. Elektrokrampftherapie

Wie lange eine Antidepressivabehandlung auch nach Erfolg der Remission fortzuführen ist, steht ebenfalls nicht fest. Allerdings spricht die durch empirische Untersuchungen gestützte klinische Erfahrung dafür, daß 3–6 Monate lang mit der Gabe von Antidepressiva fortzufahren ist, nachdem die Symptome abgeklungen sind. Das Absetzen erfolgt schließlich schrittweise und keinesfalls abrupt. Ob unter der weitergeführten Behandlung mit Antidepressiva die Depression vollständig abgeklungen ist, gehört zu denjenigen Fragen, die schwer zu beantworten sind und die ganze Erfahrung des Behandlers erfordern.

Begleitmedikation
Abgesehen von den bereits angesprochenen Kombinationen zweier Antidepressiva, z. B. in der Mischinfusion, besteht gelegentlich der Bedarf, die Wirkung eines Antidepressivums noch weiter zu modifizieren. Hier kommen folgende Möglichkeiten in Betracht:

1. Schlafstörungen: Niederpotente Neuroleptika, Benzodiazepintranquilizer
2. Angst/Unruhe: Benzodiazepintranquilizer (z. B. Tafil®), Neuroleptika in Tranquilizerdosierung
3. Schwindel, Blutdruckabfall: z. B. Dihydergot, Effortil®
4. Tremor: Betablocker, z. B. Dociton®
5. Harnverhaltung: Ubretid®, Doryl®
6. Tachykardie: Betablocker
7. Suizidalität: Tranquilizer, z. B. Valium®, 4–5mal täglich

Serumspiegelbestimmung bei Antidepressivabehandlung
Hierzu verweisen wir auf das Kapitel 3.6.4. Dort sind die einzelnen therapeutischen „Fenster“ für gängige Antidepressiva dargestellt. Entsprechende Werte liegen derzeit lediglich für folgende Antidepressiva vor (s. auch Tab. 5):

Amitriptylin	Doxepin
Nortriptylin	Maprotilin
Imipramin	Viloxazin
Desipramin	

Die Serumspiegelbestimmungen können eine Hilfe bei der richtigen Dosierung von Antidepressiva sein, sie können auch Hinweise auf die Einnahmezuverlässigkeit bei einem Patienten geben (Compliance). Da sie bis heute aber wenig scharf sind, ist ihr Wert bislang nur als begrenzt anzusehen.

Infusionsbehandlung mit Antidepressiva
Ob die Zufuhr von Antidepressiva per Infusion eine greifbare Wirkungsverbesserung herbeiführen kann, steht objektiverweise nicht fest. Gleichwohl spricht die klinische Erfahrung

dafür, daß bei vielen depressiven Patienten der therapeutische Durchbruch mit einer Infusionsbehandlung eher gelingt als bei lediglich oraler Anwendung eines Medikamentes, zumal bei einem klinisch-stationären Aufenthalt. Bei der i. v.-Verabreichung eines Antidepressivums wird der first-pass-Effekt der Leber vermieden und bei manchen Antidepressiva das Wirkprofil verändert.

Die Infusionstherapie mit Antidepressiva ist mittlerweile beträchtlich verfeinert worden. So geht man heute mit wohlabgewogenen Dosissteigerungen, Mischinfusionen und zusätzlichen oralen Gaben von Antidepressiva in individuell abgestufter Weise vor, so daß sich für die Behandlung ein ganzes Repertoire von Verfahrensweisen eröffnet hat. Wir infundieren in der Regel morgens, die Substanz wird in 250 bis 500 ml Infusionslösung gegeben (5 % Glucose, physiologische Kochsalzlösung).

An **Vorteilen** der Infusionstherapie ist aufzuführen:

1. Keine Resorptionsunsicherheiten
2. Die Muttersubstanz gelangt direkt an die Wirkorte (first-pass-Effekt!)
3. Die Compliance ist gesichert
4. Rasche Wirkung
5. Suggestivwirkung durch Infusionssetting

Dem stehen folgende **Nachteile** gegenüber:

1. Täglicher Aufwand der Infusionsvorbereitung
2. Täglicher Aufwand des Anlegens der Infusion, besonders bei schwer zugänglichen Venen
3. Tägliche Demobilisierung des Patienten über Stunden hinweg
4. Zuverlässige Infusionstherapie nur bei stationärer Aufnahme gesichert

Nicht alle Antidepressiva stehen in Ampullenform zur Infusionsbehandlung zur Verfügung. Im folgenden stellen wir einige infundierbare Antidepressiva vor:

1. Amitriptylin (Saroten®)

Langsame Steigerung von einer Ampulle à 50 mg auf 3–4 Ampullen täglich, Erhaltung eines Plateaus von ca. 1 Woche, danach Reduktion der infundierten Substanzmenge zugunsten einer oralen Medikation von 75–225 mg (in speziellen Fällen bis 500 mg) und Einregulierung der individuellen Erhaltungsdosis.

2. Clomipramin (Anafranil®)
Langsame Steigerung von 2 Ampullen auf 6 Ampullen à 25 mg, Beibehaltung eines Plateaus über ca. 1 Woche, langsame Reduktion der infundierten Anafranil®-Menge und Ersatz durch langsam steigende orale Dosis, etwa nach folgendem Schema:

Tage:	1	2	3	4	5	6	7	8	9	10	11	12	13	14	15	16
Ampullen:	2	3	4	5	6	6	6	6	6	6	5	4	3	2	0	0
Dragees:												2	4	6	6	6
(à 25 mg)																individuelle Dosisanpassung

3. Dibenzepin (Noveril®)
Steigerung der Dosis von 1 Ampulle (120 mg) auf 3 Ampullen (360 mg), Einhaltung eines Plateaus für die Dauer von ca. 1 Woche, danach schrittweiser Ersatz der parenteralen Medikation durch orale Gabe von Dibenzepin bis zu einer Höchstdosis von 720 mg täglich, Einregulierung einer individuellen Erhaltungsdosis.

4. Doxepin (Aponal®)
Vorgehensweise wie beim Clomipramin: Steigerung der parenteralen Dosis auf 150 mg (6 Ampullen). Beibehaltung der Höchstdosis für ca. 1 Woche, danach langsamer Ersatz durch orale Medikation von höchstens 300 mg, Einregulierung der individuellen Erhaltungsdosis.

5. Maprotilin (Ludiomil®)
Steigerung um täglich 1 bis 2 Ampullen (25 mg) auf 6 Ampullen täglich über ca. 1 Woche hinweg, dann Erhalt eines Plateaus von ca. 1 Woche, danach langsamer Ersatz durch orale Medikation von ca. 150 bis 225 mg täglich, schließlich auf individuelle Erhaltungsdosis einstellen.

6. Trazodon (Thombran®)
Steigerung der Dosis von 2 auf 4 Ampullen (1 Ampulle entspricht 50 mg), Beibehaltung der parenteralen 200-mg-Dosierung für ca. 1 Woche, danach schrittweiser Ersatz durch orale Medikation von in der Regel 300 mg täglich als Erhaltungsdosis.

7. Viloxazin (Vivalan®)
Chemisch mit Betablockern verwandtes Mittel mit antriebssteigernder Wirkung, wirksam vor allem auch bei organisch überlagerten Depressionen im Alter. Vorgehensweise wie beim Trazodon: Steigerung der infundierten Dosis von 1 bis 2 auf 4 Ampullen täglich (1 Ampulle à 100 mg), Einhaltung eines Plateaus über ca. 1 Woche, danach schrittweiser Ersatz der infundierten Dosis durch orale Medikation, individuelle Einregulierung der Erhaltungsdosis zwischen 200 bis 400 mg.

4.1.3.4 Nebenwirkungen der Antidepressiva

Vegetativ-anticholinerg:
Blutdrucksenkung
Schwitzen (Hitzewallungen/Frösteln)
Mundtrockenheit/Speichelfluß
Miktionsstörungen/Polyurie
Akkomodationsstörungen
Obstipation/Diarrhö
Hautrötung/Blässe
Miosis/Mydriasis

Zerebral:
Tremor
Ataxie
Krampfanfälle
Delir
Dysarthrie
Dyskinesie
Hyperthermie/Fieber

Kardial:
Repolarisationsstörungen
Rhythmusstörungen
Brady-/Tachykardie
Stenokardische Beschwerden

Psychisch:
Sedierung/Müdigkeit
Schlafstörungen
Unruhe
Suizidale Impulse
Provokation produktiv-psychotischer Symptome

Tab. 24: Risiken der Antidepressivabehandlung bei verschiedenen Vorerkrankungen

Vorerkrankungen	Risiko	vermeidbar durch
Glaukom	weitere Erhöhung des Augeninnendruckes	konstante Messung des Augeninnendrucks, Umsetzung auf Antidepressiva ohne anticholinerge Wirkung (z. B. Thombran®, Fevarin®, Vivalan®)
Prostatahypertrophie	Miktionsstörungen bis hin zur Harnsperre	Flüssigkeitszufuhr bilanzieren, Blase perkutieren, Antidepressiva wechseln: z. B. Thombran®, Fevarin®, Vivalan®
Obstipation	Verstärkung bis hin zum Ileus	symptomatische Maßnahmen; Wechsel des Antidepressivums wie oben angegeben
Blutdruckabfall	Verstärkung bis hin zu Schwindelanfällen und Kreislaufdysregulationen	Blutdruckkontrolle, Dosiskontrolle, Kreislaufmittel (z. B. Dihydergot®, Effortil®)
Herzinsuffizienz	Kreislaufstörungen	Wechsel des Antidepressivums in eine andere Substanzklasse
Erregungs- bzw. Reizleitungsstörungen	Verstärkung, Arrhythmien	EKG-Kontrolle, Substanz wechseln
Epilepsie	Senkung der Krampfschwelle	antikonvulsive Basismedikation überprüfen, gegebenenfalls anpassen (erhöhen)
Fortgeschrittenes Alter mit psychoorganischen Veränderungen	Verwirrtheit, delirante Bilder, nächtliche Desorientiertheit	Wechsel des Antidepressivums zu anticholinerg inaktiven Substanzen: z. B. Thombran®, Fevarin®, Vivalan®

Der Schwerpunkt muß bei der Vermeidung, weniger bei der Behandlung unerwünschter Nebenwirkungen liegen. Viele Nebenwirkungen der Antidepressiva ähneln denen der Neuroleptika. Das Vorgehen beim Auftreten von Nebenwirkungen während der Antidepressivabehandlung kann deshalb unter 4.1.2.4 nachgeschlagen werden.
Bei verschiedenen Vorerkrankungen, insbesondere bei älteren Menschen, entstehen allerdings gelegentlich besondere Risiken, die nachstehend aufgeführt werden sollen (Tab. 24).
Unerwünschte Nebenwirkungen können auch durch **Wechselwirkungen** mit anderen Pharmaka entstehen, insbesondere bei gleichzeitiger Einnahme der folgenden Substanzen (Tab. 25):

Tab. 25: Wechselwirkungen mit Antidepressiva

Substanzgruppe	Effekt
Antihypertensiva	verstärkter Blutdruckabfall
Alkohol orale Kontrazeptiva Barbiturate Nikotin	Senkung des Serumwirkspiegels
Sympathomimetika	hypertensive Krisen
Neuroleptika	Anstieg des Serumwirkspiegels
Anticholinergika und Neuroleptika mit anticholinerger Wirkung (z. B. Perazin)	Erregungszustände, delirante Symptome

4.1.4 Schlafmittel (Hypnotika)

4.1.4.1 Substanzen

Als schlaffördernde Medikamente verwenden wir chemisch sehr unterschiedliche Substanzen. Gerade bei Schlafmitteln kommt es auf eine exakte und den individuellen Verträglichkeiten angepaßte Dosierung an. Denn hypnotische bzw. narkotische Eigenschaften entfalten viele Stoffe, wenn man sie nur hoch genug dosiert. Vielfach führt man dann allerdings Intoxikationszustände herbei, die von langen Abklingphasen gefolgt sind, was für eine praktische Handhabung problematisch ist;

Tab. 26: Gängige Schlafmittel, Einteilung nach der chemischen Struktur

Chemische Struktur (Stoffgruppen)	Substanz	Handelsname (z. T. Auswahl)	wirksame Dosis (mg)	Eliminations-Halbwertszeit (Std.)
Benzodiazepine	Flunitrazepam	Rohypnol®	0,5 – 2	10–30
	Flurazepam	Dalmadorm®	15 – 30	2*
	Lormetazepam	Noctamid®	1 – 2	10–13
	Nitrazepam	Mogadan®/Somnibel®	5 – 10	25
	Temazepam	Remestan/Planum®	10 – 60	5–10
	Triazolam	Halcion®	0,25– 1	2– 5
	Brotizolam	Lendormin®	0,25– 0,5	4– 6
	Midazolam	Dormicum®	10 – 20	2– 3
	Oxazepam	Adumbran® forte/ Praxiten® forte/ Sigacalm® forte	30 – 60	8–10
	Diazepam	Valium®	5 – 30	26–70
Neuroleptika	Chlorprothixen	Truxal®	50 – 100	8–12
	Levomepromazin	Neurocil®	50 – 100	24
	Promethazin	Atosil®	50 – 100	12
	Thioridazin	Melleril®	100 – 200	16
	Perazin	Taxilan®	50 – 100	35
	Prothipendyl	Dominal®	40 – 80	
	Promazin	Protactyl	50 – 100	

* aber der aktive Metabolit des Alkylflurazepam: 40–290 Stunden

Tab. 26 (Fortsetzung)

Chemische Struktur (Stoffgruppen)	Substanz	Handelsname (z. T. Auswahl)	wirksame Dosis (mg)	Halbwertszeit (Std.)
Antidepressiva	Amitriptylin	Saroten®	25 - 75	15**
	Doxepin	Aponal®	10 - 50	15- 20***
	Trimipramin	Stangyl®	25 - 100	13
Barbiturate	Cyclobarbital	Phanodorm®/Somnupan® C	100 - 200	7- 10
	Pentobarbital	Neodorm®/Repocal®	100 - 200	15- 48
	Phenobarbital	Luminal®/Phenaemal®	100 - 200	24–120
	Vinylbital	Speda®	100 - 200	15- 24

** Aktiver Metabolit Notriptylin: 30 Stunden
*** aber der aktive Metabolit des Methyldoxepin: 30–80 Stunden

Tab. 26 (Fortsetzung)

Chemische Struktur (Stoffgruppen)	Substanz	Handelsname (z. T. Auswahl)	wirksame Dosis (mg)	Halbwertszeit (Std.)
andere Hypnotika				
Bromharnstoffderivate	Carbromal	Mirfudorm®	500 -1500	288 (Eliminations-HWZ)
Aldehydderivate	Chloralhydrat	Chloraldurat®	500 - 200	7- 9
Thiazolderivate	Clomethiazol	Distraneurin®	500 -1000	4- 6
Antihistaminika	Diphenhydramin	Betadorm®-A, -N, Dormigoa®	50 - 100	
Aminpräkursoren	L-Tryptophan	Kalma®	500 -4000	
Chinazolinonderivate	Methaqualon	Normi-Nox®	200 - 400	10–40
Piperidinderivate	Methyprylon	Noludar®	200 - 400	4- 6
pflanzliche Substanzen	Baldrian	Valdispert®	nach Angaben des Herstellers	
	Baldrian/Hopfen-kombination	Hovaletten®		

ganz abgesehen davon, daß Intoxikationen keine therapeutisch angestrebten Wirkungszustände sein können.
Bei der Behandlung von **Schlafstörungen** ist einer kausalen Therapie gegenüber symptomatischen Maßnahmen immer der Vorzug zu geben. Suggestive bzw. nicht-medikamentöse Vorgehensweisen rangieren stets vor Medikamentengaben, wenn auf diese Weise ein Erfolg zu erzielen ist. Auch hier gilt bezüglich der Dosierung: so wenig wie möglich, so viel wie nötig. Die Gabe von Schlafmitteln ist zeitlich streng zu limitieren, wie wir dies bei Tranquilizern ebenfalls schon dargestellt haben. Die Begründung ist die gleiche, zumal wir vielfach die gleichen Wirksubstanzen vor uns haben, nämlich Benzodiazepine. Die abhängigkeitserzeugende Wirkung dieser Substanzen ist auf andere Weise als durch restriktive Verordnung und konsequente Überwachung der Einnahme nicht zu steuern. Da die Wirkung von Monosubstanzen besser zu kontrollieren ist als die auf Interaktionen beruhende Wirkungspalette von Kombinationspräparaten, geben wir ersteren den Vorzug. Kombinationspräparate sind in der Mehrzahl entbehrlich, weil sie gegenüber exakt dosierten Monosubstanzen keine greifbaren Vorteile bieten. Folgende Substanzen werden heute als Schlafmittel verwendet (Tab. 26).

4.1.4.2 Wirkungen und Indikationen

Wir kennen nach ihrer Wirkung im wesentlichen zwei Gruppen von Schlafmitteln: die sedativ-hypnotischen, die man auch „schlaferzwingende" Medikamente nennt, und die sedativ-hypnogenen, die man auch als „schlafanstoßende" Substanzen bezeichnen kann (Leutner, 1984).
Nach diesem Wirkungsbild ergibt sich die folgende Einteilung (Tab. 27).
Die Gruppe der **sedativ-hypnotischen** („schlaferzwingenden") Medikamente zeigt eine abgestufte dosisabhängige Wirkung: geringe Mengen führen zur Beruhigung, steigende Dosen zu Schlaf, Narkose, Koma und schließlich zum Tod. Sie wirken praktisch auf das gesamte Zentralnervensystem ein, und zwar im Sinne einer mehr oder minder ausgeprägten Narkose. Sie führen zu einer Reduzierung der Traumschlafanteile (REM-Schlafanteile) im Schlafprofil. Sie wirken auch auf vegetative Funktionen ein, so auf die Atmung, den Blutdruck und die Herzfrequenz. Sie führen Schlaf herbei, erzwingen ihn, ob ein Schlafbedürfnis (Müdigkeit) besteht oder nicht. Sedativ-

Tab. 27: Einteilung von Schlafmitteln nach der Wirkung

Substanzgruppe	Handelsname (z. T. Auswahl)
Sedativ-hypnotisch	
Barbiturate	Luminal®
Sedativ-hypnogen	
Benzodiazepin	Mogadan®
Neuroleptika	Dominal®
Antidepressiva	Aponal®
Aminpräkursoren	Kalma®
Andere Hypnotika	
Bromharnstoffderivate	Mirfudorm®
Aldehydderivate	Chloraldurat®
Thiazolderivate	Distraneurin®
Antihistaminika	Betadorm®-A
Chinazolinonderivate	Normi-Nox®
Piperidinderivate	Noludar®

hypnotische Substanzen sind bei Überdosierung schnell toxisch wirksam, d. h. die therapeutische Breite ist relativ gering.

Hingegen ist bei der Gruppe der **sedativ-hypnogenen** („schlafanstoßenden“) Mittel auch in höherer Dosierung keine narkotische Wirkung zu beobachten. Sie wirken nicht auf das gesamte zentrale Nervensystem, sondern bevorzugt auf gabaerge Hemmechanismen. Sie beeinflussen den REM-Schlafanteil nur geringfügig und lassen die wesentlichen vegetativen Funktionen intakt. Unter der Wirkung von schlafanstoßenden Mitteln bleibt der Patient weckbar, der Wirkung dieser Pharmaka geht im allgemeinen keine Schläfrigkeit voraus bzw. nach. Die Toxizität der Stoffgruppe ist relativ gering, die therapeutische Breite groß.

Dieses unterschiedliche Wirkungsspektrum der beiden Gruppen hat in der Praxis zu einer Abwendung von dem erstgenannten Schlafmitteltyp geführt. Heute werden vor allem Hypnotika der zweiten Gruppe verwendet. Dabei spielt auch der Umstand eine wichtige Rolle, daß die abhängigkeitserzeugende Potenz der sedativ-hypnogenen Stoffe geringer ist bzw. bei den Antidepressiva und Neuroleptika sogar ganz zu fehlen scheint.

Die **Indikation** zur Verordnung von Schlafmitteln ist klar: Wenn bei hartnäckigen Schlafstörungen nicht-medikamentöse Maßnahmen ausgereizt sind, kann ein Versuch mit Hypnotika unternommen werden. Nicht-medikamentöse Maßnahmen bei Schlafstörungen sind unter anderem die folgenden:

1. Ruhiger Schlafort, angemessene Zimmertemperatur, Lüftung.
2. Keine Überlastung des Magens vor dem Schlafengehen.
3. Keine Flüssigkeitsbelastung vor dem Schlafengehen; Kaffee und Tee vermeiden.
4. Kultivierung fester Einschlafgewohnheiten.
5. Nicht zu früh ins Bett gehen.
6. Keine zu hohe Erwartung an die Schlafdauer hegen.
7. Konfliktfeldbereinigung.
8. Ausschluß anderer kausaler Faktoren (organische Krankheiten, Depressionen, Schizophrenie, hirnorganische Psychosyndrome, Abhängigkeitserkrankungen).
9. Körperliche Auslastung (Radfahren, Schwimmen, Spazieren, Gartenarbeit).
10. Entspannungsübungen, Suggestivverfahren.

4.1.4.3 Allgemeine Behandlungshinweise

Man hat davon gesprochen, daß zur Therapie von Schlafstörungen ein Umerziehungs- bzw. Lernprozeß gehöre. Die konsequente Regulierung des Lebens – und damit auch der Schlafgewohnheiten – ist sicherlich genauso wichtig wie die Auswahl des geeigneten Medikaments, wie wir bereits dargestellt haben. Der nicht-medikamentöse Teil der Behandlung geht dem medikamentösen zunächst voraus und dann parallel. Während der zuletzt genannte Teil der Behandlung zeitlich und von der Dosierung her strengen Begrenzungen zu unterziehen ist, bedarf die nicht-medikamentöse Seite solcher Limitierung nicht. Psychotherapie im weitesten Sinne ergänzt in hartnäckigen Fällen das Behandlungskonzept. Erwartungsangst, innere Anspannung, Leistungsdruck, Versagensängste, Konfliktsituationen, Belastungen, Versagungen, Enttäuschungen und Mißerfolgserlebnisse, manchmal aber auch gerade Erfolgserlebnisse stehen einem geordneten Schlafverhalten im Wege.

Für die Frage, welches Schlafmittel man schließlich einsetzt, ist das Wirkungs- und vor allem das Nebenwirkungsspektrum der betreffenden Substanz entscheidend. Wie erwähnt, wird man in erster Linie mit sedativ-hypnogenen, schlafffördernden Pharmaka arbeiten. Insbesondere bei älteren Menschen ist die Tendenz zur Dosissteigerung von Medikamenten mit abhängigkeitserzeugender Potenz am geringsten ausgeprägt. Man kann sich in solchen Fällen, bei denen auch nächtliche Verwirrtheitszustände das Bild mitbestimmen, für die Verwendung von Clomethiazol (Distraneurin®) entscheiden. Chloraldurat kann häufig als wirksame Substanz angewandt werden. Schließlich stehen gerade bei älteren Menschen auch Aminpräkursoren (Kalma®) bzw. pflanzliche Sedativa (Suggestivwirkung?) zur Verfügung. Monosubstanzen sind zu bevorzugen. Pflanzliche Substanzen mit typischen, pflanzlich aussehenden Handelsbezeichnungen sind oft mit Barbituraten oder anderen nichtpflanzlichen Wirkstoffen kombiniert (z. B. Vegomed®, Sedovegan®, Pronervon®, Plantival® plus). Die zeitliche Begrenzung der Medikation auf höchstens einige Wochen sollte vom Arzt kontrolliert werden. An die Möglichkeit der Intervallbehandlung sollten wir denken.

4.1.4.4 Nebenwirkungen

Bei der Verwendung von Schlafmitteln ist mit folgenden Nebenwirkungen zu rechnen:

1. Überdosierung
2. Abhängigkeit
3. Hang-over
4. Enzyminduktion (Interaktion mit anderen Medikamenten)
5. Paradoxe Wirkungen (v. a. bei älteren Patienten).

Die Überdosierung eines Schlafmittels kann beabsichtigt oder unbeabsichtigt sein. Im ersteren Falle handelt es sich meist um Suizidversuche. Im zweiten Falle spielt Unkenntnis über die Kumulationseffekte bzw. auch toxischen Dosen eines Schlafmittels die Hauptrolle.

Die meist verwendeten Schlafmittel führen bei länger dauerndem Gebrauch zu Dosissteigerung, Toleranzentwicklung und Abhängigkeit vom Barbiturat-Alkoholtyp. Dieser Abhängig-

keitstyp ist durch psychische und körperliche Abhängigkeit gekennzeichnet. Bei den Benzodiazepinen gibt es noch die Besonderheit der Niederdosisabhängigkeit (Low-dose-dependence), die bei konstantem Gebrauch des Mittels im therapeutischen Dosisbereich eintreten kann (siehe hierzu auch Kap. 4.1.1.4).
Die Kumulationsneigung der meisten Schlafmittel, vor allem der Barbiturate, aber auch mancher Benzodiazepine, kann dazu führen, daß am Morgen nach der Einnahme noch Müdigkeit, Antriebsmangel, Interesselosigkeit und allgemeine psychomotorische Verlangsamung vorherrschen. Wir sprechen von sogenanntem „Hang-over", also dem Überhang der Medikamentenwirkung noch zu einem unerwünschten Zeitpunkt. Hier kommt es darauf an, durch exakte Dosierung gegenzusteuern, gegebenenfalls auch das Mittel zu wechseln.
Schließlich ist zu berücksichtigen, daß vor allem Barbiturate mit anderen Substanzen im Organismus interagieren können. Die Barbiturate zählen zu den stärksten bekannten Enzyminduktoren. Sie beschleunigen beispielsweise den Abbau von Methadon, Marcumar, Kortisol, Nortriptylin und Kontrazeptiva, aber auch von antikonvulsiv wirkenden Medikamenten (Phenytoin). Sie können selbst in ihrer Wirkung durch Alkohol, andere Schlafmittel und Analgetika verstärkt werden. Diese Eigenschaft gerade der Barbiturate schränkt ihre Verwendbarkeit deutlich ein.

4.1.5 Lithiumsalze

Die Verwendung von Lithiumsalzen in der Medizin geht auf die Erfahrung zurück, daß sie bei phasischen Psychosen das Auftreten erneuter Krankheitszeichen in einem ansehnlichen Teil der Fälle verhindern bzw. die Häufigkeit des Auftretens erneuter Phasen deutlich reduzieren. Eine sichere theoretische Begründung für diese empirisch gesicherte Feststellung existiert bis heute nicht. Lithiumsalze zur Phasenprophylaxe bei manisch-depressiver Krankheit (MDK) bzw. manischen und depressiven Phasen im Rahmen unipolarer Verläufe gehören zum festen Medikamentenschatz in der Psychiatrie, zumal sie auch eine therapeutische Wirkung gegenüber manischen Phasen entfalten.

Es stehen fünf verschiedene Salze dieses Alkalimetalls zur Verfügung: die Salze dreier organischer und zweier anorganischer Säuren (Tab. 28).

Tab. 28: Lithiumpräparate

Substanzen	Handelsname
Lithiumacetat	Quilonum®(-retard)
Lithiumorotat	Lithiumorotat
Lithiumaspartat	Lithiumaspartat
Lithumcarbonat	Hypnorex® retard
Lithiumsulfat	Lithium-Duriles®

Lithiumsalze haben keine therapeutische Eigenwirkung, außer bei der Manie, wo sie einen gegen die manische Erregung gerichteten Effekt entfalten. Die phasenverhütende Wirkung der Lithiumsalze tritt in der Regel mit ca. 1/2jähriger Verzögerung ein. Eine Dosierung zur Erzielung eines konstanten Wirkspiegels ist wegen der geringen therapeutischen Breite der Lithiumsalze vonnöten. Das prophylaktische Fenster liegt zwischen 0,5 bis 0,8 mmol/l. Bei der Therapie der manischen Phase liegt das therapeutische Fenster zwischen 1,0 bis 1,2 mmol/l.
Vor Beginn der Einstellung auf ein Lithiumsalz ist eine Reihe von Untersuchungen zu empfehlen, so neben der internistischen und neurologischen Untersuchung des Patienten die Untersuchung des Blutbildes, der Nierenfunktion und der Schilddrüsenfunktion, daneben sollten auch EKG, Blutdruck und Puls, EEG, Körpergewicht und Halsumfang untersucht werden. Während der Schwangerschaft sollten Lithiumsalze nicht gegeben werden, zumindest nicht in der ersten Hälfte.
Bei Einstellung auf Lithiumsalze ist folgendermaßen vorzugehen: nach Durchführung der vorgenannten Untersuchungen wird zunächst mit 1 x 1 bzw. 2 x 1 Tablette eines Präparates begonnen, danach erfolgt ca. 7 Tage später (also nach Erreichen des steady-state) eine erste Blutentnahme zur Bestimmung des Serum-Lithiumspiegels. Danach erfolgt die Steigerung der Dosis und erneute Untersuchung des Lithiumspiegels, bis man

eine Erhaltungsdosis herausgefunden hat, mit der man im therapeutischen Bereich liegt.
Die Blutentnahme zur Spiegelbestimmung sollte 12 Stunden nach der letzten abendlichen Gabe von Lithiumsalzen erfolgen, also am darauffolgenden Morgen, an dem noch kein Lithiumpräparat genommen wurde. Die erste Einnahme am Blutentnahmetag erfolgt also nach der Blutentnahme.
Unter der Wirkung der prophylaktisch wirksamen Dosis können folgende **Nebenwirkungen** auftreten:

1. Übelkeit
2. Durchfall, Erbrechen
3. Feinschlägiger Händetremor
4. Grobschlägiger Händetremor
5. Polyurie, Durst
6. Gewichtszunahme
7. Vergrößerung der Schilddrüse
8. Wassereinlagerung, Ödeme
9. Müdigkeit
10. Schwindel, Sprachstörungen

Die Überdosierung von Lithiumsalzen (z.B. auch bei einer Dehydratation, etwa durch große Hitze, Erbrechen und anderes) kann zu folgenden Symptomen führen:

1. Erbrechen, Durchfall
2. Grobschlägiger Händetremor
3. Müdigkeit
4. Schwindel
5. Verwaschene Sprache
6. Ataxie

Im fortgeschrittenen Stadium können typische Symptome der Vergiftung auftreten:
Rigor, Muskelfibrillationen, Krampfanfälle, Bewußtseinsstörungen, Schock, Koma und schließlich Herzversagen.
Bei der **Dauerbehandlung** mit Lithiumsalzen ist die vierteljährliche Serumspiegelbestimmung mit folgenden Untersuchungen zu verbinden:

1. Serumkreatinin
2. Körpergewicht/Halsumfang
3. T 3-, T 4-Test, TSH-Bestimmung
4. Jährliche Kontrolle der Serumelektrolyte, der Kreatininclearance, des EKG und des EEG sind zu empfehlen.

Kontraindikationen für Lithiumsalze bestehen bei folgenden Vorerkrankungen:

1. Störungen der Nierenfunktion
2. Schwere Herz-Kreislaufstörungen
3. Störungen der Serumelektrolyte, besonders des Kalium-und Natriumhaushaltes
4. Störungen der Nebennierenrindenfunktion.

Schließlich stellt – wie erwähnt – die Schwangerschaft eine Kontraindikation der Gabe von Lithiumsalzen dar, zumindest in ihrer ersten Hälfte.

4.1.6 Wechselwirkungen

Der Tatsache, daß verschiedene, zugleich verordnete Medikamente Wirkungen entwickeln können, die über die ursprünglichen Einzelwirkungen hinausreichen, müssen wir in Zukunft mehr Beachtung schenken. Solche Erfahrungen sind vom einzelnen Arzt schwer zu machen, weil die vielfältigen individuellen Größen, die die Wirkung eines Arzneimittels zusätzlich bestimmen, von Wechselwirkungen mehrerer Arzneistoffe nur schwer abzugrenzen sind. Grundsätzlich sind Steigerungen bzw. Abschwächungen der ursprünglichen Wirkung durch die gleichzeitige Gabe mehrerer Pharmaka möglich. Auf die zugrundeliegenden pharmakologischen Mechanismen (Inkompatibilität, Enzyminduktion bzw. -hemmung, Absorptionsstörungen, Einfluß auf Rezeptorenempfindlichkeit, kompetitive Hemmechanismen usw.) wollen wir hier im einzelnen nicht eingehen. Wir stellen auch nur Auswirkungen von Medikamenten auf die Effekte von gleichzeitig gegebenen Psychopharmaka dar, nicht der Psychopharmaka auf andere Substanzen, etwa Antikoagulantien, Herzglykoside oder Kortikosteroide, die naturgemäß besonderer Beachtung bedürfen.

Tab. 29: Wechselwirkungen von Psychopharmaka (nach Kopera)

A. Neuroleptika (Phenothiazine, Butyrophenone) Verminderung der Wirkung durch:	Mechanismus
Fruchtsäfte Milch Tee, Kaffee Caolin, Tierkohle Cholestyramin, Pektin Antacida (Aluminium- bzw. Magnesiumhydroxidverbindungen) Hexobarbital Heparin Penicillin	Inkompatibilität, Komplexbildung
Barbiturate Rifampizin Doxycyclin Griseofulvin Phenylbutazon Phenytoin Carbamazepin Lithium Vitamin C Tabakrauch	Enzyminduktion
Levodopa Amphetamin Methylphenidat Kokain Phenzyklidin Cannabis	Konträre Eigenwirkung, konkurrierende Wirkung an den Rezeptoren
Anticholinergika	Hemmung der Darmmotilität, Resorptionsverminderung

Tab. 29: Fortsetzung

Verstärkung der Wirkung durch:	Mechanismus
Chloramphenicol Disulfiram Isoniazid MAO-Hemmer orale Kontrazeptiva Propanolol Sulfiram	Enzymhemmung
Methyldopa Chloroquin Carbamezepin	nicht bekannt
trizyklische Antidepressiva	Wirkungsaddition im sedativen Bereich
Sedativa Analgetika Tranquilizer Antihistaminika Narkotika Opiate Alkohol	additive bzw. potenzierende Wirkung

B. Trizyklische Antidepressiva Verminderung der Wirkung durch:	Mechanismus
Tierkohle, Caolin Antacida (Aluminium- bzw. Magnesiumhydroxid)	Inkompatibilität
Barbiturate orale Kontrazeptiva Antihistaminika Methaqualon Chloralhydrat Lithium Alkohol Antikonvulsiva Tabakrauch	Enzyminduktion
Urinsäuernde Substanzen (Ascorbinsäure, Diamox)	Beschleunigung der renalen Elimination

Tab. 29: Fortsetzung

Verstärkung der Wirkung durch:		Mechanismus
Neuroleptika Benzodiazepine Disulfiram Methylphenydat orale Kontrazeptiva Cimetidin		Enzymhemmung
Phenytoin Phenylbutazon Aspirin Aminopyrin Scopolamin Phenothiazine		Verdrängung aus der Eiweißbindung
Schilddrüsenhormon		Erhöhung der Rezeptorempfindlichkeit
Urinalkalisierende Substanzen (z. B. Natriumbikarbonat)		Verzögerung der renalen Elimination
Anticholinergika Antiparkinsonmittel Antiemetika Antihistaminika Phenothiazine Mao-Hemmer	Verstärkung der **atropin**artigen Effekte	Wirkungsaddition
Alkohol Barbiturate Sedativa Tranquilizer	Verstärkung der **dämpfenden** Wirkung	Wirkungsaddition
Lidokain (Verstärkung der **chinidin**artigen Wirkung)		Wirkungsaddition

C. Lithium Wirkungsverminderung durch:	Mechanismus
Acetazolamid Aminophyllin Natriumbikarbonat	vermehrte Ausscheidung

Tab. 29: Fortsetzung

Wirkungs*verstärkung* durch:		
natriumarme Kost Thiacid		Abnahme der Lithiumclearance
Phenylbutazon Indometacin Ketoprophen Diclophenac Ibuprophen Piroxicam	nicht-steoridale Antiphlogistika	Hemmung der renalen Prostaglandinsynthese, Verminderung der Nierendurchblutung
Antibiotika, vor allem Tetracyclin		

D. Tranquilizer (Benzodiazepine) Wirkungs*verminderung* durch:	Mechanismus
gelartige Antacida (Aluminium- bzw. Magnesiumhydroxid) Anticholinergika	Absorptions- verminderung
Rifampicin Barbiturate Antikonvulsiva Tabakrauchen Alkohol	Enzyminduktion
Wirkungs*steigerung* durch:	
Cimetidin orale Kontrazeptiva Disulfiram Isoniacid Propanolol Mao-Hemmer Alkohol	Enzymhemmung
Cimetidin Alkohol	first-pass-effect
Pentazocin	Wirkungssummation

4.2 Psychotherapie

4.2.1 Allgemeines

Unter Psychotherapie verstehen wir die therapeutische Beeinflussung von regelwidrigen seelischen Zuständen durch psychologische Verfahrensweisen. Psychotherapie ist ein nichtmedikamentöses Verfahren, wird aber durch Psychopharmakotherapie häufig erst ermöglicht. Psychotherapie wenden wir vor allem bei neurotischen und reaktiven Störungen an, während sie bei endogenen und organischen psychischen Krankheiten die Funktion einer begleitenden Therapie erfüllen kann. Mit psychologischen Mitteln beeinflussen wir vor allem Störungen, die eine psychische Ursache haben. Psychotherapie ist auf der einen Seite von unspezifischen Vorgehensweisen abzugrenzen wie z. B. gutem Zureden oder Erklären einer Medikamentenwirkung oder einer chirurgischen Operationstechnik oder etwa der Zielsetzung bei deren Anwendung. Allerdings kann man in einem weitgefaßten Sinne auch solche Maßnahmen als psychotherapeutische Verfahren bezeichnen. Auf der anderen Seite grenzen wir Psychotherapie von Erziehung oder auch Indoktrination ab, die mit Belohnungen bzw. Sanktionen, Interventionen im täglichen Leben und der Durchsetzung von Wünschen der Erzieher, aber auch konkreten Hilfen als wesentlichen Prinzipien arbeiten.

Psychotherapie in einem klassischen Sinne hingegen verzichtet auf konkrete Hilfen, Geschenke, Strafen oder Sanktionen. Der Psychotherapeut interveniert nicht in der konkreten Lebenswirklichkeit des Patienten, hält sich mit eigenen Meinungen zurück, tritt als Person in den Hintergrund, erfüllt keine Vorbildfunktion, belohnt nicht, fordert nichts und läßt dem Patienten Raum, selbst aus seiner Störung/Krankheit hinauszufinden.

Psychotherapie versucht, dem Patienten die Möglichkeit zu verschaffen, die eigene Problemsituation zu erkennen, zu durchdringen, zu bewältigen und schließlich zu überwinden. Der Patient ist unter der Anleitung des Psychotherapeuten der aktive Teil. Die Themen der Psychotherapie liefert der Patient anhand seiner Störungen und Leiden. Wesentliches Element der Psychotherapie ist das Gespräch zwischen Patient und Therapeut; hierzu ist eine vertrauensvolle Beziehung erforderlich. Vertrauen des Patienten zum Psychotherapeuten auf der einen Seite, Kompetenz und Beherrschung der Regeln der angewandten Psychotherapie in Theorie, Methodik, Zielsetzung und praktischer Durchführung auf der anderen Seite sind Voraussetzungen erfolgreicher Psychotherapie.

4.2.2 Ärztlich-psychotherapeutisches Gespräch

Das ärztliche Gespräch ist eine sowohl diagnostische als auch therapeutische Methode. Auf die diagnostische Zielsetzung beim ärztlichen Gespräch sind wir bereits eingegangen. Hier geht es uns um seine therapeutische Bedeutung. Wir meinen weder die üblich informelle Unterredung mit dem Patienten noch die nach strengen Regeln durchgeführte (Gesprächs-)Psychotherapie. Uns geht es vielmehr um den verstehenden Kontakt zum Patienten, den wir dazu nützen, eine Arzt-Patient-Beziehung aufzubauen und zu erhalten, die für den Patienten Führung und Stützung beinhaltet. Solche ärztlich-psychotherapeutischen Gespräche können auch längerfristig durchgeführt werden und den Charakter einer führenden und stützenden Psychotherapie annehmen. Dabei geht es einerseits um die Entlastung des Patienten, andererseits um das Angebot von Verhaltensänderung, die der Therapeut aufzeigen kann. Es gehört zur ärztlichen Kunst, dabei ein ausgeglichenes Verhältnis von Distanz und Nähe einzuhalten.

4.2.3 Gesprächspsychotherapie (klientenzentrierte Therapie nach Rogers)

Die Gesprächstherapie nach Rogers geht von drei Voraussetzungen aus: Positive emotionale Zuwendung zum Patienten, Echtheit und Aufrichtigkeit der Haltung des Therapeuten und Bereitschaft zu einfühlendem Verstehen des Patienten. Die praktische Vorgehensweise ist durch Regeln strukturiert, die flexibel gehandhabt werden können. Der Patient berichtet über seine Erlebensweisen und Wahrnehmungen, und der Therapeut wiederholt vor allem den emotionalen Gehalt des Gesprochenen. Er hält den Gedankengang des Patienten in Fluß und versucht, die Inhalte zu präzisieren und zu verdeutlichen, so daß der Patient sich selbst mit seinen

Erlebnissen und Konflikten in neuer Sichtweise betrachten kann.
Gesprächstherapie (GT) ist sinnvoll bei neurotischen und reaktiven Störungen, bei Suchtkrankheiten sowie bei ausklingenden endogenen Psychosen. Sie führt zu einer empirisch nachprüfbaren Symptomreduktion und emotionalen Stabilisierung bei dieser Klientel.

4.2.4 Verhaltenstherapie

Sie beruht auf der Vorstellung, daß alles Verhalten gelerntes Verhalten ist, damit also auch wieder verlernt werden kann. Auch unerwünschtes Verhalten im Rahmen einer psychischen Störung kann damit wieder beseitigt werden. Grundlage der Verhaltenstherapie ist die Lerntheorie. Verhaltenstherapie ist eine stark systematisierte, problemorientierte Psychotherapieform, die sich in den letzten Jahren zu einer vor allem kognitiv orientierten Psychotherapie entwickelt hat.
Ihre **Strategie** kann in fünf Phasen aufgeteilt werden:

1. Problemanalyse
2. Beziehungsanalyse, Motivationsanalyse
3. Indikationsstellung für verhaltenstherapeutische Interventionen
4. Durchführung verhaltensändernder Interventionen (Verhaltenstherapie im engeren Sinne)
5. Stabilisierungsphase, Evaluation.

Die Verhaltenstherapie wendet unter anderem folgende **Verfahren** an:

1. Operante Methoden (Lernen durch Bekräftigung)
2. Selbstkontrolle, Selbststeuerung
4. Systematische Desensibilisierung, ggf. unter Einsatz von Entspannungsmethoden
4. Problemlösungstraining.

Verhaltenstherapie kann vor allem bei Phobien und Zwängen, aber auch bei sozialen Störungen vielfältiger Art und bei sexuellen Funktionsstörungen angewandt werden. Selbst bei endogenen Psychosen können Elemente der Verhaltenstherapie sinnvoll zum Einsatz kommen. Sie hat gegenüber anderen Psychotherapieformen den Vorteil der Ökonomie und relativ leichten Erlernbarkeit, ist rational-empirisch ausreichend begründet und führt zu nachprüfbaren Ergebnissen.

4.2.5 Psychoanalyse

Diese von Freud entwickelte Form der Psychotherapie beruht auf der Grundvorstellung, daß psychische Störungen ihre Ursache in Kindheitserlebnissen und Triebkonflikten haben. Diese Erlebnisse geraten im Laufe des Lebens in Vergessenheit, die daraus erwachsenden Störungen jedoch bleiben bestehen. Sie können dadurch beseitigt werden, daß es gelingt, die zugehörigen Kindheitserlebnisse aufzuspüren und auszusprechen, also zu bearbeiten. Um nun an diese zunächst nicht zugänglichen Erlebnisse der frühen Kindheit heranzukommen, bedient man sich der Methode der freien Assoziation. Dadurch kann nach Auffassung der Psychoanalyse das Unterbewußte des Menschen bewußt gemacht werden. Der Therapeut hält den Fluß der Einfälle und Gedanken in Gang, ohne indessen aktiv ins Geschehen einzugreifen. Weitere Zugänge zum Unbewußten sind nach Auffassung der Psychoanalyse die Traumdeutung und die Deutung von Fehlleistungen, vor allem von Versprechern. Die Psychoanalyse beschreibt ihre Lehre in einem eigenen Vokabular. Widerstand und Übertragung gehören ebenso hinzu wie das Schichtenmodell der Persönlichkeit von Es, Ich und Über-Ich. Mit Hilfe der ihr eigenen Methode des Deutens nähert sich der Therapeut dem Inhalt und der Bedeutung von freien Assoziationen, Träumen, Übertragungs- und Widerstandsphänomenen. Damit gelingt es, neurotische Konflikte und Störungen auf ihre frühkindlichen Ursachen zurückzuführen, so daß der Patient die Konflikte schließlich bewältigen kann. Auf diese Weise versucht die Psychoanalyse, bewußtes Leben und die Fähigkeit zu zielstrebiger und freier Konfliktbewältigung an die Stelle der Einengung durch neurotische Störungen zu setzen.
Gegen diese Therapieform ist einzuwenden, daß sich ihre theoretischen Grundlagen empirisch nicht erfassen und ihre Methodik und Effizienz nur schwer operationalisieren lassen.

Einer Überprüfung ihrer Vorgehensweisen entzieht sich die Psychoanalyse unter anderem dadurch, daß sie jeden Zweifel an ihrem Erfolg als „Widerstand“ bezeichnet und den Zweifler damit in ihr Lehrgebäude einbezieht, ob er es will oder nicht. Die Vorstellung von den verschiedenen Schichten der Psyche (Es, Ich, Über-Ich) bzw. von den verschiedenen psychischen Instanzen und Trieben hat bis heute keine experimentelle Stütze gefunden. Erkenntnisvorgänge sind für die Psychoanalyse eine Form subjektiver Aneignung, um Objektivierung bemüht sie sich deshalb nicht. Inwieweit in der Analyse tatsächlich verschüttete Erinnerungen wieder bewußt gemacht werden oder aber Indoktrination durch den Therapeuten erfolgt, der bestimmte Inhalte als eigene Erinnerungen des Patienten vorspiegelt, muß in manchen Fällen offen bleiben. Die Beliebigkeit der Deutungsverfahren und -ergebnisse macht die Psychoanalyse zu einer unsicheren, langwierigen, unzuverlässigen, aufwendigen und letztlich angreifbaren Methode, die in der jüngeren Vergangenheit deshalb auch auf massive Kritik gestoßen ist.

4.2.6 Familientherapie

Sie geht von der Hypothese aus, daß familiäre Beziehungen des Individuums während des ganzen Lebens seine psychosoziale Entwicklung wesentlich mitbestimmen und daß deshalb verhaltensändernde (therapeutische) Maßnahmen nur sinnvoll sein können, wenn sie die Struktur der familiären Beziehung mit einschließen, ja sogar zur Therapie nutzen. Dieser Ansatz ist in der „klassischen“ Psychiatrie immer berücksichtigt worden. Durch Einbeziehung von Modellvorstellungen aus der System- und Kommunikationstheorie, wonach biologisch-psychisch-gesellschaftliche Zusammenhänge das Verhalten des Menschen bestimmen, ist daraus freilich ein modernes, vielfach anwendbares Therapieprinzip geworden. Die therapeutische Arbeit mit der Familie hat auf dieser Basis breiten Eingang in die tägliche psychiatrische Praxis gefunden.

4.2.7 Entspannungsverfahren

Hier ist in erster Linie an das autogene Training zu denken. Dabei handelt es sich um ein sog. autosuggestives Verfahren,

das mit formelhaften Abläufen den Patienten zu innerer Ruhe, Gelassenheit, Ausgeglichenheit und Entspannung hinführen soll. Der Patient lernt stufenweise, sich bei einer bestimmten Körperhaltung selbst schwer, warm und vollkommen locker zu fühlen. Es gelingt im allgemeinen schon nach wenigen Übungen, vegetative Funktionen zu beeinflussen und zu innerer Ruhe zu finden. Das Verfahren kann im Liegen oder im Sitzen, allein oder unter Anleitung, auch in Gruppen durchgeführt werden und zeichnet sich nicht zuletzt durch seine Ökonomie aus (ohne Aufwand an jedem Ort, in fast jeder Situation durchführbar, schon 5 Minuten autogenes Training führen beim Geübten zur Entspannung).
Gerade bei Erschöpfungszuständen, Leistungsnachlaß, Schlafstörungen, Angst, innerer Unruhe, Verstimmungen, Verspannungen und sogar bei Schmerzzuständen kann autogenes Training angezeigt sein. Bei endogenen Psychosen ist Zurückhaltung bei der Anwendung des autogenen Trainings angebracht, eine Gegenanzeige besteht indessen allenfalls bei produktiven Schizophrenien und tiefen Depressionen.

4.2.8 Psychodrama

Hierbei handelt es sich um eine Methode des Rollenspiels in der Gruppe, durch die Konflikte und Fantasien in Handlung und dramatische Darstellung umgesetzt werden, um Haltungen, Einstellungen und Verhaltensweisen der Beteiligten sichtbar darzustellen. Das Ziel dieser Form der Gruppentherapie besteht in einer Förderung der Selbstkontrolle, der Einsicht in eigene innere Abläufe und der Eröffnung einer Möglichkeit der Wandlung eigenen Verhaltens. Es werden Alltagssituationen gespielt, die in der Regel der Lebensgeschichte eines der beteiligten Patienten entnommen sind. Mit Hilfe verschiedener Darstellungstechniken werden zentrale Konflikte der Patienten bearbeitet.
Wesentliche Elemente des Psychodramas: Die Bühne oder Spielfläche, die vom Gruppenkreis deutlich abgesetzt ist; der Protagonist, der seinen Konflikt darstellt; der Leiter des Psychodramas, der die Funktion hat, in der Gruppe ein Klima herzustellen, in dem der Protagonist schließlich aktiv werden kann (er hat die Leitung des Spiels und verdeutlicht im Zusammenwirken mit dem Darsteller dessen Absichten); die psychodra-

matischen Techniken, die man in Initialtechniken (zum Ingangsetzen des Spiels), Handlungstechniken (zum Darstellen und Realisieren der Spielinhalte), Abschlußtechniken und Rahmentechniken unterteilen kann; Assistenten (Hilfstherapeuten), die bei der Realisierung des Psychodramas helfen und die Rollen von Personen aus dem sozialen Umfeld (Konfliktfeld) des Protagonisten zu übernehmen haben; die Teilnehmer der Gruppen, die ein Klima des Vertrauens und der Kommunikation herzustellen haben, in welchem das Psychodrama als Darstellung persönlicher Konflikte realisierbar wird. Das Psychodrama kann vor allem bei reaktiven und Persönlichkeitsstörungen sowie bei Suchtkrankheiten angewandt werden, nicht hingegen bei endogenen Psychosen.

4.2.9 Gestalttherapie

Darunter verstehen wir das von Perls entwickelte Behandlungsverfahren, das auf der Grundannahme fußt, wonach der menschliche Organismus ganzheitlich organisiert sei und Leib, Seele und Geist untrennbare Aspekte des Gesamtorganismus seien, die stets nach einem Zustand innerer Ausgeglichenheit strebten. Ein Bedürfnis tritt als dominierende Gestalt in den Vordergrund, und nach seiner Befriedigung kommt es zu einem erneuten inneren Homöostasezustand durch Selbstregulation. Hat der Organismus diese Fähigkeit nicht, dann ist er krank, er kann seine Wirklichkeit nicht mehr gestalten.
Die Gestalttherapie enthält konzeptionelle Elemente der Psychoanalyse und der Existenzphilosophie und benutzt eine Mischung aus Einzel- und Gruppentechniken (Einzeltherapie auf dem Hintergrund der Gruppe, „hot-seat"-Position des Patienten). Das Behandlungsziel der Gestalttherapie ist die Freilegung verschütteter Lebensmöglichkeiten im Hier und Jetzt.

4.2.10 Logotherapie

Logotherapie ist ein von der Existenzphilosophie beeinflußtes Psychotherapieverfahren, bei dem der Versuch der Sinngebung menschlichen Daseins im Mittelpunkt steht. Dabei versucht der Therapeut dem Patienten die Fähigkeit zu vermitteln, selbst die Verantwortung für seine Existenz und die für ihn sinngebenden Werte seines Lebens zu übernehmen. Voraussetzung für eine solche Form der Psychotherapie sind ein hoher Differenzierungsgrad des Patienten und die Fähigkeit zur Selbstreflexion. Bei depressiven Verstimmungen und Angstsyndromen nicht-psychotischer Genese ist die Logotherapie unter Umständen ein sinnvolles Verfahren.

4.2.11 **Suggestivverfahren** (Hypnose)

Der klinische Wert dieses fremdsuggestiven Verfahrens wird vielfach überschätzt. Es handelt sich dabei um einen fremdbeeinflußten schlafähnlichen Zustand bei eingeengter Bewußtseinslage und erhöhter Reizoffenheit gegenüber dem Therapeuten. Dieser geht so vor, daß er nach einer Prüfung der Beeinflußbarkeit des Patienten diesen einen kleineren Gegenstand fixieren läßt, bis der Patient in einen Zustand der Somnolenz verfällt, in welchem ihm dann verbale Suggestionen im Rahmen des angestrebten therapeutischen Ziels gegeben werden. Danach wird der Patient im Zustand der Hypnose belassen, nach ca. 30 Minuten jedoch durch klar gegebenen Anweisungen wieder „zurückgeholt“ (Desuggestion). Die Indikation kann bei Angst- und Unruhezuständen, innerer Anspannung, Schmerzzuständen und psychovegetativ gefärbten Bildern, auch im Rahmen psychosomatischer Erkrankungen, gegeben sein. Eine Kontraindikation liegt hingegen bei Psychosen und hysterischen Zustandsbildern vor.

4.2.12 Katathymes Bilderleben

In Entspannung erhält der Patient die Anregung, sich bestimmte Situationen intensiv vorzustellen und sich gefühlsbetont hineinzuversetzen. Die dann vom Patienten beschriebenen Phantasien werden vom Therapeuten interpretiert. Über seine Erlebnisse soll der Patient zur Erkenntnis eigener Konflikte und der eigenen Persönlichkeit kommen. Solche Übungen sind bei Angstzuständen, neurotischen Störungen und abnormen Entwicklungen sinnvoll, zu den Kontraindikationen zählen vor allem endogene Psychosen und hysterische Störungen. Ziel ist die Aufdeckung und Bearbeitung zunächst unbewußter Konfliktherde.

4.2.13 Ergänzende Therapieverfahren

Beschäftigungstherapie ist eine in der Klinik angewandte Form der Werktherapie (Ergotherapie). Sie betont das gestalterische, kreative, aber auch produktorientierte Werken, den ergebnisorientierten Umgang mit dem Material, meist in der Gruppe. Sie dient der Förderung von Antrieb und Selbstvertrauen, der Stimmungshebung, der Konfliktfindung und der Fähigkeit, in der Gruppe tätig zu sein und zielstrebig an einer Sache zu arbeiten. Verfahren wie Malen, Flechten, Schnitzen, Töpfern oder Drucken finden breite Anwendung.

Arbeitstherapie ist eine weitere in der Klinik angewandte Form der Werktherapie. Sie betont stärker die Arbeitsleistung als Mittel der Therapie, ist damit dem rehabilitierenden Vorgehen näher als die Beschäftigungstherapie, führt an handwerkliche und auch einfache industrielle Verfahren heran, betont ebenfalls die Gruppenaktivität, das Kontaktverhalten und das Prinzip der stufenweisen gesteigerten Belastung, enthält Elemente der Belohnung von Leistung und fördert das Selbstvertrauen und die Belastbarkeit des Patienten.

In der **Physiotherapie** kommt die Anwendung des Repertoires der physikalischen Verfahren in Betracht: Krankengymnastik (einzeln und in Gruppen), Sport, Massage, Bäderbehandlung (Kneippanwendungen zur morgendlichen Aktivierung), aber auch die Anwendung von Wärme (Fango). Stets steht die Steigerung des körperlichen Wohlbefindens im Vordergrund unserer Zielsetzungen.

4.2.14 Spezielle Verfahren

Elektrokrampftherapie ist ein unspezifisches Therapieverfahren, das wir in der Bundesrepublik – im Gegensatz zu vielen unserer west- und nordeuropäischen Nachbarn und zu den Geflogenheiten in den U. S. A. – nur selten anwenden. Die Indikation besteht **in erster Linie bei:**

1. wahnhaften Depressionen, depressivem Stupor, schizoaffektiven Psychosen mit depressiver Verstimmung;
2. endogenen Depressionen mit hoher Suizidalität oder Nahrungsverweigerung;
3. akuter lebensbedrohlicher Katatonie;

in zweiter Linie bei:
1. therapieresistenten Depressionen;
2. therapieresistenten Manien;
3. akuten schizophrenen Psychosen (nach Sauer und Lauter).

Der Vorteil besteht in der einfachen Durchführung (in Vollnarkose mit subtotaler Muskelrelaxation, die zugleich das wesentliche Risiko des Verfahrens ausmacht) und in dem Umstand, daß es praktisch keine Nebenwirkungen gibt. Zu nennenswerten hirnorganischen Veränderungen kommt es in der Regel nicht. Es wird bei unilateraler Elektrodenplazierung auf der nicht-dominanten Kopfseite eine kurzzeitige Stromdurchflutung des Gehirns bewirkt. Meist werden Serien von drei oder sechs künstlichen Krampfanfällen angewandt, die über ein bis zwei Wochen verteilt werden.

Schlafentzug (Wachtherapie) wird bei Depressionen als Ergänzung der Therapie empfohlen. Entscheidend scheint das konsequente Durchwachen der zweiten Nachthälfte für den Erfolg zu sein. Die Therapie mit Antidepressiva wird daneben weitergeführt. Manche Autoren empfehlen dagegen Absetzen der Medikation an Tagen vor dem Schlafentzug.
Schlafentzug kann man zweimal pro Woche durchführen, in der Regel einmal pro Woche. Am Tag danach kommt es häufig zu einer deutlichen Aufhellung der Depression mit Stimmungsanhebung und Antriebsvermehrung. Eine eigenständige Therapieform ist der Schlafentzug natürlich nicht. Möglicherweise wirkt der Schlafentzug über eine vorübergehende Regulierung des gestörten Biorhythmus bei Depressiven.

Lichttherapie besteht aus Betrahlung depressiver Patienten zweimal täglich mit 2 500–3 000 Lux über mehrere Stunden hinweg. Besonders bei jahreszeitlich gebundenen Depressionen ist ein Versuch mit konsequenter Belichtung des Patienten angezeigt. Die Wirkungsweise ist noch unklar (Melaninstoffwechsel?).

4.2.15 Spezielle Institutionen

Im Rahmen ihrer sozialpsychiatrischen Ausrichtung hat die Psychiatrie außer ihren klassischen Institutionen (Nervenarztpraxis, Poliklinik, Klinik) eine Vielzahl außerklinischer Einrichtungsformen entwickelt, ohne die sie heute nicht mehr wirkungsvoll behandeln könnte. Hier ist in erster Linie an eine Vielzahl von **Beratungsstellen** zu denken, die häufig Zuständigkeiten für spezielle Fragestellungen entwickelt haben: Suchtberatung, Ehe- und Partnerberatung, Konfliktberatung. Häufig stehen Laienhelfer neben professionellen Kräften zur Verfügung. **Sozialpsychiatrische Dienste** betreuen in größeren Regionen psychisch Kranke und machen Freizeitangebote. **Angehörigengruppen** dienen der Information der Familie des psychisch Kranken. **Selbsthilfegruppen** spielen vor allem im Suchtbereich eine wesentliche Rolle, um die Patienten zu stabilisieren und eine Nachbehandlung und Therapiemotivierung zu bewirken. In **therapeutischen Wohngruppen** leben viele psychisch Kranke, die den Anschluß an die Familie (noch) nicht wiedergefunden haben. Alle diese psychosozialen Institutionen sollten dem behandelnden Arzt bekannt sein, damit er rechtzeitig die richtige und hilfreichste Weichenstellung vornehmen kann.

5. Psychiatrische Krankheitsbilder

5.1 Organische Psychosen/Psychosyndrome

5.1.1 Allgemeines, Abgrenzung

Die Gruppe der organischen Psychosen/Psychosyndrome ist in erster Linie von der Gruppe der endogenen Psychosen abzugrenzen. Symptome organischer Psychosen treten auch bei endogenen Psychosen auf, spezifisch „organische“ Symptome gibt es nicht. Die Symptomzusammensetzung (das Syndrom) läßt im Regelfall eine Unterscheidung zwischen organischen und endogenen Psychosen nicht zu; zur Differentialdiagnostik sind auch Verlaufsgesichtspunkte heranzuziehen.

Bei den organischen Psychosen/Psychosyndromen unterscheiden wir akute und chronische Verläufe. Zu den akuten organischen Psychosen rechnen wir jene, bei denen das psychopathologische Erscheinungsbild Ausdruck (Symptom) einer körperlichen Erkrankung ist, die die Hirnfunktionen beeinträchtigt. Wir sprechen deshalb auch von körperlich begründbaren bzw. exogenen Psychosen. Alle diese Bezeichnungen besagen im Grunde dasselbe. Wenn wir von einer exogenen Psychose sprechen, so meinen wir nicht, daß Erlebnisse oder Ereignisse als Ursache der Psychose in Betracht kommen, denn in einem solchen Falle sprächen wir von einem reaktiven Krankheitsbild. Stattdessen bezieht sich die Begriffsbildung „exogen“ auf solche Faktoren, die identifizierbar von außerhalb des Gehirns oder aus dem Organismus selber stammen oder auch als eine Intoxikation oder ein Trauma auf dieses einwirken.

Symptomatische Psychosen stellen also psychische Krankheiten dar, die durch Intoxikationen, körperliche Allgemeinerkrankungen und periphere Hirnerkrankungen zustande kommen. Diese Erkrankung kann sowohl das Gehirn selbst befallen (z. B. Neurolues) und dadurch zu psychopathologischen Veränderungen führen, aber auch eine andere Organerkrankung, eine Intoxikation (Alkohol, Drogen) oder eine Infektion (z. B. Typhus abdominalis) kann über eine Einwirkung auf das zentrale Nervensystem zu psychopathologischen Veränderungen im Sinne einer symptomatischen Psychose führen.

Wenn wir in diesem Zusammenhang von Psychosen sprechen, so meinen wir damit definitionsgemäß psychiatrische Erkrankungen, die zu einer Beeinträchtigung der psychischen Funktionen in einem solchen Ausmaß geführt haben, daß dadurch Grundfähigkeiten der Lebensbewältigung oder der realitätsgerechten Auseinandersetzung mit der Umwelt entsprechend kritischen Einsichten nachhaltig gestört sind. Zu dieser Krankheitsgruppe gehören die hier zu besprechenden organischen, aber auch die endogenen Psychosen, definitionsgemäß aber nicht die Oligophrenien (Schwachsinnszustände, geistige Mangelzustände).

Zwar ist der Begriff der Psychose nicht scharf definiert, im Grunde jedoch ist klar, daß Sinnestäuschungen oder Wahnerlebnisse, erhebliche Gedächtnisstörungen oder stärker ausgeprägte Antriebs- und Affektstörungen (Zwangserscheinungen allein aber im allgemeinen nicht) in der Regel im Rahmen von Psychosen auftreten. Diese sog. „großen psychiatrischen Erkrankungen" stehen den Erkrankungen der „kleinen Psychiatrie" der Neurosen gegenüber, was aber nichts über die Häufigkeit des Auftretens beider Krankheitsgruppen aussagt. Denn in der Praxis des niedergelassenen Arztes sind neurotisch Kranke viel häufiger als Patienten mit Psychosen, im Unterschied zu den großen psychiatrischen Kliniken. Psychosekranke werden häufiger zu stationärer Behandlung eingewiesen.

Da körperliche Krankheit also zu psychopathologischen Störungen, vor allem zu organischen Psychosen führen kann, kommt der Abklärung der körperlich-organischen Situation jedes Patienten in der Psychiatrie große Bedeutung zu. Auch wenn Patienten wegen zunächst ausschließlich psychischer Beschwerden in Behandlung kommen, müssen wir sie eingehend körperlich und neurologisch untersuchen; denn die meisten psychopathologischen Symptome sind von der Ursache her unspezifisch und kommen – wie erwähnt – sowohl bei endogenen wie auch bei organischen Psychosen vor. Zwischen einer symptomatischen und einer endogenen Psychose läßt sich nicht sicher unterscheiden, wenn nur das querschnitthaft erhobene Befundbild herangezogen wird. Vielfach erlauben erst Verlaufsgesichtspunkte oder anamnestische Erhebungen eine sichere Differentialdiagnose. Auch eine zunächst vordergründig als Neurose, Sucht oder reaktiv imponierende Erkrankung kann im Einzelfall Folge einer über das Gehirn vermittelten, beispielsweise hormonellen Störung sein. Diese Zusammenhänge muß auch derjenige kennen, der einen vom ärztlichen Beruf unabhängigen Therapeutenberuf schaffen möchte.

Symptomatik

Bei organischen Psychosen haben wir mit Störungen folgender psychischer Funktionen zu rechnen:

1. Verlangsamung des psychischen Tempos: Nicht nur die motorischen Funktionen, sondern auch die psychischen Leistungen sind verlangsamt, insbesondere die Auffassung.
2. Antriebsstörungen: Die verschiedenen Grade der Antriebsminderung enden schließlich bei demjenigen Zustand, den wir als Stupor bezeichnen. Er ist durch das weitgehende Fehlen jeglicher körperlicher und psychischer Aktivität gekennzeichnet. Ein stuporöser Kranker verharrt also ausdruckslos, meist unbeweglich und reagiert nicht auf Versuche, mit ihm in Beziehung zu treten. Seine Mimik bleibt starr, der Blick ausdruckslos, emotionale Erregung läßt sich nicht erkennen, Spontanbewegungen fehlen. Zumeist wird auch die Nahrung verweigert, und gelegentlich ist der Patient inkontinent. Gleichwohl liegt Wachheit vor, die Umwelt wird durchaus wahrgenommen. Bleiben hingegen allein die sprachlichen Äußerungen aus, so sprechen wir von Mutismus.
   Antriebs**steigerung** beobachten wir im Delir, bei Drogenentzugssyndromen oder auch als manifeste Bilder bei Intoxikationen bzw. bei der Hyperthyreose.
3. Gedächtnisstörungen: Im Zusammenhang mit der Erschwerung von Wahrnehmung und Auffassung wird schließlich auch das Gedächtnis in Mitleidenschaft gezogen, es treten typische Denkstörungen in Gestalt von Umständlichkeit, Perseverationen (Hängenbleiben bei ein und demselben Gedanken) und Konfabulationen auf.
4. Wahrnehmungsstörungen: Hierzu gehören alle Schattierungen und Schweregrade von Sinnestäuschungen, also Verkennungen, Pseudohalluzinationen und Halluzinationen. Bei symptomatischen Psychosen kommen optische

und szenenhafte Halluzinationen häufiger vor als akustische.

5. Verminderung der Aufmerksamkeit: Unter Aufmerksamkeit verstehen wir in diesem Zusammenhang die auf die Beobachtung eines Objekts gerichtete Bewußtseinshaltung. Dabei muß zwangsläufig von anderen Objekten der Wahrnehmung abgesehen werden (Ausblendung, selektive Wahrnehmung).
6. Erhöhte Ablenkbarkeit: Hierbei handelt es sich um keine Wahrnehmungs-, sondern um eine Denkstörung, bei deren Vorliegen der Gedankengang gestört ist und das Denkziel nur schwer zu erreichen ist.
7. Orientierungsstörungen: Unter Orientierung verstehen wir die Fähigkeit, Ort, Zeit und Situation richtig zu bestimmen. Hieraus ergibt sich ein zutreffendes, „richtiges" Bewußtsein von der herrschenden Situation. In die Orientierung gehen auch Kenntnisse über die eigene Person ein. In der psychiatrisch-klinischen Praxis unterscheidet man demnach zeitliche, örtliche, situative Orientierung und solche zur Person. Die Orientierung kann unscharf sein oder fehlen (Desorientiertheit). Die Orientierung eines Patienten ist durch entsprechende Fragen leicht zu prüfen.
8. Störungen des Wachbewußtseins: Unter Wachbewußtsein verstehen wir das normale Bewußtsein im Wachzustand. Mit Bewußtsein ist der eigentümliche Grad von Helligkeit, Klarheit, Fülle, Beweglichkeit, Ablauf, Tempo und Rangordnung des inneren Erlebens und der psychischen Funktionen gemeint.
9. Affektstörungen: z. B. bei hirnorganischen Psychosyndromen, auch i. S. von Affektlabilität bei Alkoholentzugssyndromen.
10. Wahnphänomene: bei Intoxikationen, deliranten Bildern, Drogenentzugssyndromen (Alkohol, Kokain).

Grundsätzlich können alle Symptome, die wir bei endogenen Psychosen beobachten, auch bei organischen (exogenen) Psychosen auftreten.
Praktisch bedeutsam sind die einzelnen Stufen der Bewußtseinsstörung von der Somnolenz über den Sopor bis zum Koma. Hingegen meint Besinnung das ruhige, ordnende Überdenken von Eindrücken und Erinnerungen, das auch mit der Fähigkeit des Abwägens und Abwertens verbunden ist. Zum

normalen Bewußtsein im psychiatrischen Sinne gehört auch die Vigilanz, womit Wachheit und Wachsamkeit, also auch Aufmerksamkeit gemeint sind.

5.1.2 Hirnorganische Psychosyndrome (Senile und präsenile organische Psychosen; chronische organische Psychosen) (ICD 290)

5.1.2.1 Allgemeines

Die ICD-Klassifikation ist im Bereich der organischen Psychosyndrome insgesamt nicht von überzeugender innerer Logik. Darauf wollen wir hier aber im einzelnen nicht eingehen. Wir folgen dem ICD-Schema, soweit es klinisch, praktisch und unter Berücksichtigung auch der traditionellen Einteilung in der deutschsprachigen Psychiatrie begründet erscheint.
Bei der Krankheitsbezeichnung „hirnorganisches Psychosyndrom" handelt es sich um eine Syndromdiagnose; denn die zugrundeliegende Krankheit kann auf sehr verschiedenartige Weise zustandekommen. Das Bild der einfachen senilen Demenz (ICD 290.0) kann dem einer präsenilen Demenz (ICD 290.1) bzw. Demenz vom Alzheimer-Typ (DAT) oder dem einer Multiinfarktdemenz (Synonym: vaskulärbedingte Demenz, arteriosklerotische Demenz, ICD 290.4) oder einem Psychosyndrom nach Hirntrauma sehr stark ähneln. In der Regel ist die Ursache eines chronischen organischen Psychosyndroms die Hirnatrophie, von der vor allem die Hirnrinde betroffen ist. Mit der zunehmenden Lebenserwartung unserer Bevölkerung haben wir in wachsendem Umfang mit den psychopathologischen Folgen hirnatrophischer Prozesse zu rechnen.

5.1.2.2 Krankheitsbild

Der Unterteilung der ICD-Klassifikation folgen wir im nachstehenden Teil unserer Darstellung nicht. Für praktisch-klinische Zwecke ist eine Gesamtdarstellung des hirnorganischen Psychosyndroms in unserem Rahmen zweckmäßiger.

Symptomatik

Grundsätzlich kann jede psychische Funktion betroffen sein. Im Beginn treten folgende Symptome auf: rasche Ermüdbarkeit, Kopfschmerzen, Schwindel, Ohrensausen, Reizbarkeit.

In einem zweiten Stadium treten die Störungen des Gedächtnisses und der Merkfähigkeit sowie der kognitiven Funktionen stärker in den Vordergrund. Dann spielen folgende Symptome die Hauptrolle: Vergeßlichkeit, Gedächtnisstörungen/Erinnerungslücken, Antriebsstörungen, Affektstörungen, psychomotorische Störungen.
Schließlich treten Orientierungsstörungen (zeitliche, räumliche, situative, die Person betreffende) hinzu. Erinnerungslükken werden durch Konfabulationen ausgefüllt. Die Patienten sind immer stärker in ihrer Kritik- und Urteilsfähigkeit eingeschränkt. Das schlußfolgernde Denken ist schließlich gleichfalls betroffen, und die Patienten zeigen typische Verblödungserscheinungen. Am Ende zerfällt auch die Fähigkeit des sprachlichen Ausdrucks, die Patienten können sich dann nicht mehr sinnvoll mitteilen.

Differentialdiagnose
Demenz vom Alzheimer-Typ (DAT), toxische Enzephalopathien, Multiinfarktdemenz, vaskuläre Demenz, traumatische organische Psychosyndrome, Systematrophien, (Pick, Chorea Huntington u. a.), Hypothyrerose und chronische Intoxikation (Benzodiazepine, Schlaf- und Schmerzmittel).

Therapie
Durch übende Verfahren sollte versucht werden, die noch vorhandenen Fähigkeiten zu erhalten. Bei Unruhe und Erregungszuständen: schwachpotente Neuroleptika, ggf. auch höherpotente Neuroleptika in niedriger Dosierung (z. B. Haldol®). Internistische Basisbehandlung (Herzinsuffizienz, Flüssigkeitszufuhr). Nootrope Pharmaka: a) durchblutungsfördernde: Cinnarizin, Stutgeron®; Dihydroergotoxinmesylate, Hydergin®; Nicergolin, Sermion®; Vincamin, Cetal® ret.; Pentoxifyllin, Trental®; b) neurotrope: Meclofenoxat, Helfergin®; Piracetam, Nootrop®, Normabrain®; Pyritinol, Encephabol®.

Verlauf
Chronisch-progredienter Verlauf, manchmal in Schüben, schwer beeinflußbar. Präsenil auftretende chronische organische Psychosyndrome (Demenz vom Alzheimer-Typ) verlaufen anscheindend schnell und führen rascher zum dementiellen Abbau. Kann eine angehbare Ursache gefunden werden, so kann die Prognose auch einmal besser sein. Protrahierte Verläufe über 5–10 Jahre hinweg sind nicht selten.

5.1.2.3 Geronto-psychiatrische Probleme

Hier wollen wir nur kurz auf diejenigen Probleme zu sprechen kommen, die sich bei der Behandlung alter Menschen immer wieder ergeben. Gerade für die stärker im Vordergrund stehende Psychopharmakotherapie ist folgendes zu bedenken:

1. Die **Multimorbidität,** die zur Schwerpunktbildung in der Therapie zwingt;
2. das Problem der **Compliance,** das zur Vereinfachung der Medikamentengabe zwingt;
3. das Problem der **Dosierung,** das zu vorsichtigem Umgang mit stark wirkenden Substanzen zwingt;
4. das Problem der **Nebenwirkungen,** vor allem der sog. pharmakotoxischen Psychosen (Verwirrtheit, delirante Bilder).

Ferner ist damit zu rechnen, daß nicht nur voll ausgeprägte hirnorganische Psychosyndrome bei unseren Patienten zu beobachten sind, sondern daß auch einzelne Symptome das Bild bestimmen können. Hier sind wir vielfach mehr oder weniger zu einer symptomatischen Therapie genötigt; denn an der eigentlichen Ursache der Störung können wir meist nichts entscheidendes ändern. Stets müssen wir allerdings bezüglich der Genese beispielsweise eines Verwirrtheitszustandes differentialdiagnostische Erwägungen anstellen: Hier ist an Stoffwechselentgleisungen zu denken und an die Vielzahl von Möglichkeiten, die zu zerebraler Mangeldurchblutung führen können: Herz-Kreislauf-Erkrankungen (Herzinsuffizienz), Störungen im Wasser- und Elektrolythaushalt, Infekte u. a. Störungen. Aber auch schon ein Wechsel des Lebensmilieus (neue Umgebung, neue Gesichter bei Krankenhausaufnahme) können zur Verschlechterung des Zustandsbildes und zur Verstärkung der Verwirrtheit beitragen. Gleichwohl kommt der internistischen Basistherapie besondere Bedeutung bei der Behandlung von Verwirrtheitszuständen älterer Menschen zu. Wenn sie „aufinfundiert“ werden und man die Herzinsuffizienz beseitigt, geht es vielen Patienten auch ohne Gabe von Psychopharmaka meist schon erheblich besser. Zur Sedierung eignen sich folgende Pharmaka:

1. Distraneurin®
2. Neuroleptika (z. B. Haldol®, Eunerpan® [25–100 mg], Melleril® [15–50 mg])
3. Tranquilizer (z. B. Valium®): vorsichtige Dosierung wegen möglicher paradoxer Reaktionen erforderlich!
4. Zum Schlafen: Chloralhydrat

Bei einem **paranoid-halluzinatorischen Syndrom** müssen wir uns stets fragen, ob es auf der Basis der psychoorganischen Störung als exogene Psychose zustandegekommen ist oder als endogene Psychose ohne organische Komponente. Im ersten Falle behandeln wir wie bei einem organischen Verwirrtheitszustand. Bei einer endogenen Psychose geben wir hingegen zur Dämpfung ein Neuroleptikum (z. B. Melleril® oder auch Haldol®) in kleinen Mengen, bei produktiv-psychotischer Symptomatik z. B. Fluanxol® oder auch Haldol®. Angst spricht auf Valium® gut an, zumal eine Sedierung fast immer gleichzeitig erwünscht ist. Wir müssen hier allerdings besonders auf Nebenwirkungen wie z. B. Hypotonie, Tachykardie, Kollapsneigung oder Dyspnoe achten. Die zusätzliche Gabe von Kreislaufmitteln (z. B. Dihydergot®) kann angezeigt sein.

Ferner können **depressive** Zustandsbilder auftreten. Hier richtet sich die Behandlung nach den vorliegenden Zielsymptomen:
Ängstliche Erregung
vital-depressive Verstimmung
psychomotorische Gehemmtheit.
Eine Sedierung erreichen wir z. B. mit Aponal® und Saroten®, eine Stimmungsaufhellung beispielsweise mit Noveril®, Anafranil®, Thombran® oder Tofranil®. Die Gehemmtheit überwinden wir am besten mit Antidepressiva des Typs Pertofran® oder Nortrilen®. Je nach Ausgangslage wenden wir das eine oder andere der genannten Medikamente an. Eine Wirkung wird oft erst nach Wochen erzielt.
Schließlich spielen bei alten Menschen **Schlafstörungen** eine wichtige Rolle. Hier sollten wir zuerst alle nicht-medikamentösen Möglichkeiten der Therapie ausschöpfen (s. Kap. 4.1.4.2):

Regulierung des Tag-Nacht-Rhythmus
Aufklärung über das tatsächliche Schlafbedürfnis im Alter
körperliche Belastung (Sport, Gymnastik)
Einrichtung der richtigen Schlafbedingungen (Sauerstoff, kühler Raum; sog. Schlafhygiene)
Entspannungsübungen (autogenes Training).

Erst danach ist an eine **Pharmakotherapie** zu denken, wobei zunächst „harmlose" Mittel vor allem pflanzlicher Herkunft zu bevorzugen sind, z. B. Baldrian, Hopfen. Danach ist an Chloralhydrat oder Paraldehyd zu denken, ferner auch einmal an Distraneurin, danach an Tranquilizer und zuletzt an typische Schlafmittel. Ob Tryptophan zuverlässig hilft, steht dahin; eine psychologische Wirkung hat es jedenfalls. Auch an Neuroleptika ist im Einzelfall zu denken.
Aber auch kreislaufaktive, vigilanzsteigernde Substanzen (Nootropika) können bei älteren Patienten zu einer Behebung der Schlafstörung führen, gerade wenn nächtliche zerebrale Hypoxidosen Ursachen des gestörten Schlafs sind. So berichten ältere Menschen immer wieder, daß sie nach dem Genuß von 1–2 Tassen Kaffee gut durchschlafen.

5.1.3 **Alkoholpsychosen** (ICD 291)

Hierunter werden die durch exzessiven Alkoholkonsum hervorgerufenen organischen Psychosen zusammengefaßt. Wir besprechen nachfolgend das Delirium tremens (ICD 291.0), das alkoholische Korsakow-Syndrom (ICD 291.1) und die Alkoholhalluzinose (ICD 291.3), ferner das klinisch wichtige Prädelir (ICD 291.8). Die restlichen Unterformen des ICD-Schemas besitzen in unserem Rahmen keine ausreichende klinische Relevanz für eine gesonderte Darstellung.

5.1.3.1 Delirium tremens (ICD 291.0)

Alkoholdelirien entstehen gelegentlich aus der Kontinuität des Trinkens heraus, ohne daß ein konkreter Anlaß für ihre Entstehung angeschuldigt werden könnte (Kontinuitätsdelir), meistens aber bei Unterbrechung der Alkoholzufuhr durch äußere Umstände (chirurgische Intervention, Entzugsversuch, Klimawechsel usw.). Wir sprechen dann von einem Entzugsdelir. Delirante Syndrome entstehen nicht nur im Zusammenhang mit Alkoholkonsum, sondern auch bei Konsum verschiedener zentral wirksamer Medikamente, gelegentlich auch von Rauschdrogen. Auch bei hirnorganischen Abbauprozessen im Alter sind delirante Bilder nicht selten.

Symptomatik
Dissoziierte Orientierungsstörungen, optische Halluzinationen, Bewegungsdrang, motorische Unruhe, Suggestibilität, Tachykardie, Blutdruckabfall, vegetative Symptome, grobschlägiger Tremor.

Differentialdiagnose
Alkoholrausch, Alkoholhalluzinose, symptomatische Psychose nicht alkoholischer Genese, Intoxikationszustände, Prädelir, abortives (unvollständiges) Delir, endogene paranoid-halluzinatorische Psychose.

Therapie
Clomethiazol (Distraneurin®) per os in einer Dosierung bis zu 8 x 2 Kps. täglich, individuelle Dosisanpassung erforderlich; in schweren Fällen Infusion einer 0,8 %igen Lösung bis zur Sedierung. Überwachung der Bewußtseinslage erforderlich. Ansonsten ausschleichende Dosierung. Höchstdauer der Behandlung: 14–21 Tage. Nur stationäre Anwendung von Distraneurin® ist indiziert, ambulante Gabe ist in der Regel ein Kunstfehler!
Bei Verdacht auf Wernicke-Enzephalopathie hochdosierte Gabe von Vitamin B_1 (z. B. Aneurin-AS, Betabion®, Benerva®).

Prognose
Gut, praktisch keine Letalität mehr. Für die Grundkrankheit Alkoholismus verschlechtert sich die Prognose durch das Delir.

5.1.3.2 Amnestisches bzw. Korsakow-Syndrom (ICD 291.1)
Symptomatik
Hier besteht Desorientiertheit räumlicher und zeitlicher Art, die Orientierung über die eigene Person ist meist erhalten.

Daneben liegt eine schwere Merkfähigkeitsstörung vor, die Patienten sind auffassungsgestört, ihre Kritikfähigkeit ist gemindert, und auf schwierige Fragen antworten sie mit Konfabulationen (erfundenen Ausfüllungen). Das Korsakow-Syndrom kann sich aus einem Alkoholdelir entwickeln, es ist in gewissem Maße rückbildungsfähig, irreversible Verläufe sind aber häufig.

Differentialdiagnose
Chronische Intoxikation, Hirnschädigungen der verschiedenen Art, Hypothyreose, Enzephalopathien unterschiedlicher Ursache, neurologische Systemerkrankungen, Oligophrenie, Pseudodemenzen.

Therapie
Hier steht die Behandlung der Grundkrankheit ganz im Vordergrund, entsprechend ist auch der Verlauf bzw. die Prognose einzuschätzen.

5.1.3.3 Alkoholhalluzinose (ICD 291.3)

Symptomatik
Darunter verstehen wir eine organische Psychose, die bis zu sechs Monate dauern kann, gelegentlich auch länger. Sie ist durch akustische Halluzinationen, starke ängstliche Unruhe bei fehlender Bewußtseinstrübung gekennzeichnet. Die Patienten hören Stimmen beschimpfenden oder drohenden Charakters, mit denen sie sich indessen leidlich zu arrangieren vermögen.

Differentialdiagnose
Schizophrenie, paranoide Syndrome, protrahiertes Delir, drogeninduzierte Psychose, Rauschzustände bei Drogenkonsum (Kokain, Amphetamine).

Therapie
In erster Linie müssen die Patienten auf den Konsum von Alkohol verzichten. Unter Abstinenzbedingungen klingen die Halluzinationen meist relativ rasch ab. Ggf. ist die Anwendung von Neuroleptika in mäßiger Dosierung angezeigt. Bei langdauerndem Bestehen der Halluzinose verschlechtern sich die Behandlungsaussichten.

Verlauf

Kaum zur Chronifizierung tendierende Psychose, die im allgemeinen als reversibel anzusehen ist. Rezidivneigung in Abhängigkeit vom Trinkverhalten. Endzustände sind oft in Korsakow-Syndrome oder Demenzen eingebettet.

5.1.3.4 Alkoholentzugssyndrom (Prädelir) (ICD 291.8)

Symptomatik

Während beim Delir das Bewußtsein mittelgradig getrübt ist und Desorientiertheit herrscht, ist der Patient im Prädelir, dem Vorstadium eines Delirs, häufig unruhig, gelegentlich erregt, meist zittrig und fahrig, vielfach schlafgestört bis schlaflos, immer aber weist er mehr oder weniger stark ausgeprägte vegetative Veränderungen auf: Schwitzen, feinschlägigen Tremor, Muskelbeben. Der Patient ist nervös, fahrig, konzentrationsgestört, leicht ablenkbar, er wirkt „aufgeregt" und ist häufig auch suggestibel. Er folgt situativen Eingebungen.

Differentialdiagnose

Ein solches Prädelir ist in der Regel Ausdruck eines chronischen Alkoholismus, es ist aber auch an Intoxikationen mit Benzodiazepinen oder analgetisch wirksamen Pharmaka, an den Konsum von Rauschdrogen und schließlich an neurologische Systemerkrankungen zu denken. Schließlich sollten wir auch ein abortives Delir erwägen, das im Gegensatz zum voll ausgebildeten Delir nicht alle einzelnen Komponenten des Delirs vollständig aufweist.

Therapie

Schon im prädeliranten Stadium ist die Klinikeinweisung erforderlich. Hier erfolgt dann die Behandlung vornehmlich mit Clomethiazol (Distraneurin®), ggf. auch mit hochpotenten Neuroleptika. Ferner kommt eine Behandlung mit Carbamazepin in Betracht. In manchen Ländern werden Benzodiazepine angewandt (U. S. A.), andernorts erfreut sich das Paraldehyd einer breiten Anwendung.

Verlauf/Prognose

Unbehandelt mündet das Prädelir vielfach in ein voll ausgebildetes Delir ein. Hierzu kommt es in der Regel aber unter der Distraneurinbehandlung nicht, schon nach wenigen Tagen klingt unter einer primär hochdosierten, nach kurzer Zeit aus-

schleichenden Behandlung mit Clomethiazol die Symptomatik ab. Der Behandlung eines Prädelirs in der Klinik sollte in aller Regel die Behandlung der Grundkrankheit (Alkoholismus) in einer geeigneten Facheinrichtung folgen.
Die ambulante Anwendung von Clomethiazol beim chronischen Alkoholismus bzw. bei einem auftretenden Prädelir ist obsolet. Clomethiazol sollte ausschließlich stationärer Behandlung vorbehalten bleiben.

5.1.4 **Drogenpsychosen** (ICD 292)

Unter dieser Rubrik sind Psychosen im Zusammenhang mit dem Konsum von Rauschdrogen bzw. zentral wirksamen Medikamenten aufgeführt. Die Einteilung in Entzugssyndrome, drogeninduzierte paranoid-halluzinatorische Bilder und pathologische Drogenräusche ist sinnvoll und wird nachfolgend entsprechend der ICD-Klassifizierung übernommen.

5.1.4.1 Drogenentzugssyndrom (ICD 292.0)
Bei der Vielzahl von Abhängigkeitstypen ist auch mit einer Vielzahl unterschiedlicher Drogenentzugssyndrome zu rechnen. In erster Linie ist natürlich an das Entzugssyndrom bei Opiatabhängigen zu denken. Dieses Entzugssyndrom entwikkelt sich in mehreren Stufen. Die wechselnden Zustandsbilder Opiatsüchtiger im Tagesverlauf sind am besten in einer Fünferskala zu erfassen, die wie folgt eingeteilt ist:

1. **Intoxikation:** Sie tritt unmittelbar nach der Stoffzufuhr ein, dauert Sekunden bis Minuten und wird von den Konsumenten als Zustand des „zu", „stoned", von anderen auch als „flash" bezeichnet. Darauf folgt
2. der sog. **„subjektive Normalzustand":** Die Konsumenten fühlen sich leicht euphorisch gestimmt, leistungsfähig, guter Dinge, sie empfinden weder Sorgen noch Probleme, sind „fit", gut gelaunt und fast ausgeglichen. Dieser Zustand hält Stunden an und geht über in
3. **„die Ahnung des beginnenden Entzugs":** In diesem Zustand, der auch als ausklingender „subjektiver Normalzustand" zu bezeichnen ist, besteht extreme Wachheit, geschärfte Wahrnehmung, zugleich tritt das Bewußtsein mehr in den Vordergrund, daß bald erneut injiziert werden muß. Es folgt

4. der **beginnende Entzug:** Jetzt sind die Abhängigen extrem wach, sensibilisiert, sie werden unruhig, beginnen, nach Stoff zu suchen; es treten diskrete körperliche Entzugserscheinungen auf. Gelingt es in diesem Zustand nicht, eine erneute Dosis des erforderlichen Suchtstoffs zuzuführen, so kommt es zum
5. **Entzug:** „Da geht nichts mehr", es treten Schmerzen und Schwindel auf, man kann nicht mehr laufen, die Betroffenen schwitzen, zittern, die Nase läuft, und es kommt mehr und mehr zu einem von schweren körperlichen Symptomen geprägten Zustandsbild. In seltenen Fällen können delirante Symptome auftreten.

In voll ausgebildeten Opiatentzugssyndromen ist mit folgenden Symptomen zu rechnen:

Schwitzen/Frieren
Appetitlosigkeit/Magenkrämpfe/Erbrechen
Verstopfung
Gelenk-/Muskel-/Knochenschmerzen
laufende Nase, tränende Augen
Herzklopfen, Nervosität
Schlafstörungen, innere Unruhe
allgemeine Erschöpfung/Schwindel
Opiathunger

Bei der Abhängigkeit vom **Cannabistyp** treten keine körperlichen Entzugserscheinungen auf, die indessen beim Morphintyp ganz im Vordergrund stehen. Cannabisabhängige entwikkeln im Entzug allenfalls leichte Unruhezustände, neurovegetative Symptome, Angst- und Spannungszustände, Schlafstörungen, Reizbarkeit und Nervosität. Ähnliches gilt auch für **Halluzinogenabhängige,** die wir allerdings relativ selten finden. Meist handelt es sich um Vorstadien einer Abhängigkeit, also um Halluzinogenmißbrauch.
Beim **Barbiturat-Alkoholtyp,** zu dem auch die Abhängigkeit von Benzodiazepinen zu rechnen ist, kommt es in der Regel protrahiert zu leichten Unruhezuständen mit neurovegetativer Begleitung, und erst nach zehn bis zwölf Tagen kann es dann bei den Tranquilizern vom Benzodiazepintyp auch zu deliranten Symptomen kommen, die gelegentlich sogar von Krampf-

anfällen begleitet sein können. Bei Barbituraten und beim Alkohol hingegen kommt es relativ schnell nach dem Absetzen zu ausgeprägten körperlichen und psychischen Entzugserscheinungen, wobei vor allem der vegetative Aspekt im Vordergrund steht. Bei Barbituraten ist mit dem Auftreten von Krampfanfällen zu rechnen.
Bei der Abhängigkeit vom **Kokaintyp** und der vom **Amphetamintyp** steht die psychopathologische Symptomatik im Entzug meist im Vordergrund. Es kommt zu extremer Wachheit, zentraler Stimulation, Angst- und Unruhezuständen, Verfolgungsideen, Verkennungen, Pseudohalluzinationen und wirklichen Sinnestäuschungen. Delirante Zustandsbilder sind nicht selten, häufig sind sie von taktilen Halluzinationen bis hin zum Dermatozoenwahn begleitet.

Differentialdiagnose

Differentialdiagnostisch sind die einzelnen Entzugstypen oftmals schwer voneinander zu unterscheiden. Der späte Zeitpunkt des Auftretens kennzeichnet die Entzugssituation bei Benzodiazepinabhängikeit. Taktile Halluzinationen sind für Kokain bzw. Amphetamin typisch, das Fehlen körperlicher Entzugserscheinungen spricht stets gegen einen Opiatentzug. Grundsätzlich müssen differentialdiagnostisch alle paranoid-halluzinatorischen Syndrome ausgeschlossen werden.

Therapie

Beim Morphinentzugssyndrom hat sich die Gabe von bis zu 4 x 100 mg Doxepin (z.B. Aponal®) bewährt, schließlich kommt auch die Anwendung von 4 x 200 µg Clonidin (z.B. Catapresan®) in Betracht. Tranquilizer sind wegen ihrer abhängigkeitserzeugenden Potenz zu vermeiden. Opiatentzüge sollten auf geschlossenen psychiatrischen Stationen durchgeführt werden, einmal, um der Unzuverlässigkeit der Klientel zu begegnen, zum anderen, um Komplikationen im Entzug wirkungsvoll behandeln zu können. Eine ausschließlich ambulante Behandlung des Opiatentzugssyndroms (Entgiftung) ist nicht möglich.

5.1.4.2 Drogeninduzierte paranoide und/oder halluzinatorische Zustandsbilder (ICD 292.1)

Hierunter sind diejenigen im Zusammenhang mit Drogeneinnahme auftretenden Bilder aufzuführen, die länger als einige Tage, im allgemeinen aber nicht länger als einige Monate dauern. Hingegen zählen atypische Rauschverläufe wie etwa Horrortrips nach Einnahme von LSD nicht zu dieser Kategorie.

Die **Symptomatik** derartiger drogeninduzierter Bilder ist in der Tat meist eine paranoid-halluzinatorische, wir beobachten sie sowohl im Zusammenhang mit dem Konsum von Cannabis als auch dem von Halluzinogenen, von Kokain und von Amphetaminen. Es gibt nur geringe stoffspezifische Färbungen. Eine sichere Unterscheidung der Zustandsbilder nach der jeweils hauptsächlich oder unmittelbar zuvor genommenen Substanz ist nicht sicher möglich.

Tab. 30: Häufigste Symptome bei drogeninduzierten Psychosen

Vorbeireden	85%
Zerfahrenheit	82%
Konzentrationsstörungen	82%
Beziehungswahn	81%
ängstliche Verstimmung	77%
Verfolgungswahn	76%
Ambivalenz	72%
innere Unruhe	64%
Merkfähigkeitsstörungen	61%
Mangel an Krankheitseinsicht	60%

Die meisten dieser Symptome stimmen mit den Kardinalsymptomen der paranoid-halluzinatorischen Schizophrenie überein.

Differentialdiagnose

Alle paranoid-halluzinatorischen Syndrome, seien sie endogener oder auch exogener Natur, Paranoia, Schizophrenie, atypische Rauschverläufe bei Einnahme von Halluzinogenen, Haschisch, aber auch bei Amphetamin- und Kokainkonsum.

Therapie

Absetzen der mißbrauchten Substanzen, bei Weiterbestehen der paranoid-halluzinatorischen Symptomatik ist eine neuroleptische Therapie einzuleiten.

Verlauf

Wie eingangs bereits gesagt, verlaufen die drogeninduzierten paranoid-halluzinatorischen Psychosen häufig akut bis subakut, wir kennen aber durchaus Verläufe, die auch zur Chronifizierung, ja zur Defektbildung neigen. Es ist dann allerdings zu fragen, ob es sich hierbei nicht um ausgelöste schizophrene Erkrankungen handelt. Die Differentialdiagnose ist allerdings nicht von erstrangiger Bedeutung, weil die therapeutischen Konsequenzen gleichartig sind.

5.1.4.3 Pathologischer Drogenrausch (ICD 292.2)
Atypische Rauschverläufe finden wir vor allem beim Cannabis und bei den Halluzinogenen. Gelegentlich kann auch einmal ein Kokainrausch atypische Inhalte aufweisen, ebenso mögen nach Weckaminkonsum selten einmal derartige Zustände eintreten. Hingegen rufen die Opiate solche Zustände offensichtlich nicht hervor.

Symptomatik
Beim **Haschischkonsum** kann es zu angstgetönten Panikerlebnissen mit einer daraus resultierenden Neigung zu Unruhezuständen kommen. Die Stimmung ist dann häufig niedergedrückt, Angst und Depression beherrschen die Szene, Probleme und Sorgen, Konflikte und Belastungen werden aktualisiert, die Welt erscheint grau und mißfarben, verhangen und monoton. Paranoide Erlebnisproduktionen und Wahnerlebnisse, vor allem Verfolgungserlebnisse treten hinzu und lassen den atypisch Berauschten allmählich den Kontakt zur Realität verlieren. Hier wird die Nähe zur schizophrenen Psychose deutlich. Die exogene Komponente kann durch Desorientiertheit und Verwirrtheit zum Tragen kommen. In manchen Fällen tritt eine gesteigerte Antriebslage in den Vordergrund, Agitation und motorische Unruhe bedrängen den Konsumenten, und aggressive Impulse gegen die eigene Person, aber auch gegen die Umgebung sind dann in manchen Fällen die Folge.
Beim **LSD** und bei anderen **Halluzinogenen** kann es einerseits zu schizophreniformen, meist paranoid-halluzinatorischen Zuständen von kurzer Dauer kommen, andererseits aber auch zu depressiv gefärbten, ängstlich-agitierten, durch Unruhe ergänzten Bildern. Am bekanntesten unter den atypischen Rauschverläufen ist der sog. „Horrortrip" oder auch der „bad trip". Solche atypischen Rauschverläufe führen vor allem zu angstbesetzten Erlebnisveränderungen, Unruhe und innerer Erregung, Niedergeschlagenheit und Trauer, aber auch Inhalte

wie Qual und Grauen werden unmittelbar leibnah erlebt. Die entstehende Todesangst der Konsumenten kann zu Selbstvernichtungswünschen führen. Desorientiertheit und Verwirrtheit können das Bild ergänzen.
Auch bei **Kokain- und Weckaminkonsumenten** ist im Einzelfall einmal mit derartigen Zustandsbildern zu rechnen, wobei vor allem schizophreniforme Bilder zu erwarten sind.

Differentialdiagnose
Differentialdiagnostisch ist an den Formenkreis der Schizophrenie zu denken, aber auch an paranoid-halluzinatorische Bilder exogenen Gepräges, vor allem entsprechende Durchgangssyndrome. Ferner sind psychogene und reaktive Zustandsbilder zu erwägen. Ein Delir ist auszuschließen.

5.1.5 Akute (vorübergehende) organische Psychosen (akute exogene Reaktionstypen) (ICD 293)

Hierbei handelt es sich um die akute Reaktion des Gehirns auf Einwirkungen, die direkt oder indirekt vorhanden sind. Wir meinen also symptomatische Psychosen bzw. die akuten exogenen Reaktionstypen im Sinne von Bonhoeffer, bzw. auch die Durchgangssyndrome im Sinne von Wieck.

5.1.5.1 Allgemeine Symptomatik
Grundsätzlich können alle bei endogenen Psychosen auftretenden Symptome bei akuten organischen Psychosen in Erscheinung treten. Es handelt sich also um Zustandsbilder, die vom Querschnitt her nichts über ihre Ätiologie verraten. Die im Einzelfall zugrundeliegende körperliche Störung bestimmt nicht das Erscheinungsbild der daraus resultierenden exogenen Psychose. Da das zentrale Nervensystem nur ein begrenztes Repertoire an Ausdrucksmöglichkeiten (Symptomen) zur Verfügung hat, kommt es entsprechend auch zur Ausbildung relativ monotoner psychopathologischer Bilder als Ausdruck unterschiedlicher Einwirkungen.
Wir beschreiben nachfolgend nur die Bilder mit klinischer Relevanz, und zwar den Dämmerzustand, die Verwirrtheit und die Bewußtseinstrübungen.

5.1.5.2 Dämmerzustand

Symptomatik

Eingeengtes Bewußtsein, die Beziehungen zur Umwelt werden unterbrochen, es besteht aber noch Handlungsfähigkeit. Das Zustandsbild ist subjektiv zeitlich scharf begrenzt und im allgemeinen von Erinnerungslosigkeit (Amnesie) gefolgt. Patienten im Dämmerzustand erscheinen äußerlich wie Schlafwandler. Sie sind ansprechbar, können vordergründige Gespräche führen, wirken aber eigentümlich traumhaft fern. Dämmerzustände sind selten zu beobachten.

Differentialdiagnose

Dämmerzustände treten als Folge epileptischer Erkrankungen auf. Sie können sich auch mit manchen Rauschzuständen überschneiden, deshalb ist stets an eine Intoxikation oder einen Rausch zu denken. Weitere Erwägungen sollten in Richtung eines Hirntraumas oder einer Enzephalitis gehen, schließlich ist an hysterische Dämmerzustände und an das Schlafwandeln als psychogenen Dämmerzustand zu denken.

Therapie

Stationäre Beobachtung, ggf. Reduktion der antikonvulsiven Medikation, Behandlung mit mittelpotenten Neuroleptika.

Verlauf

Dämmerzustände können Stunden bis Tage anhalten, sie sind prognostisch günstig einzuschätzen und klingen in der Regel folgenlos ab.

5.1.5.3 Verwirrtheit

Symptomatik

Angedeutete Bewußtseinstrübung. Das Denken kann bis zur Inkohärenz gestört sein, so daß der Patient ratlos und sein Denken verworren erscheinen. Die Umwelt wird dabei vielfach verkannt und wahnhaft verarbeitet. Bei alten Menschen müssen wir häufig mit nächtlichen Verwirrtheitszuständen rechnen. Zunächst tritt situative Verwirrtheit auf, dann häufig zeitliche und örtliche, zuletzt Desorientiertheit zur Person.

Wir müssen die Verwirrtheit eines Menschen von der Verworrenheit seines Denkens unterscheiden.

Differentialdiagnose

Verwirrtheit kann sowohl bei symptomatischen Psychosen, aber auch beim Alkoholismus und bei Drogenintoxikationen sowie bei dementiellen Prozessen im Rahmen eines Morbus Alzheimer auftreten. Es gibt Verwirrtheitszustände auch bei schizophrenen oder manischen Psychosen und bei psychogenen Zustandsbildern, die stark affektgetragen sind und mit Erregtheit einhergehen.

Therapie

Hierzu steht eine Vielzahl von sog. Nootropika zur Verfügung (siehe S. 124). Grundsätzlich ist jedoch die Regelung der Herz-Kreislauf-Funktionen und damit der Hirndurchblutung auf internistischer Ebene die wesentlichste Maßnahme. Ggf. können schwachpotente Neuroleptika oder kleinste Mengen hochpotenter Neuroleptika (z. B. Haldol®) eingesetzt werden. Mit Clomethiazol (Distraneurin®) in kleinen Mengen sind ebenfalls Erfolge zu erzielen.

Verlauf

In einzelnen Fällen sind gewisse Remissionen zu erzielen; da das zugrundeliegende Krankheitsbild oft nicht beeinflußbar ist, ist auch die Prognose der psychopathologischen Abweichungen eher ungünstig. In vielen Fällen ist jedoch durch eine Verbesserung der allgemeinen körperlichen Situation, wozu auch ausreichende Flüssigkeitszufuhr gehört, eine beträchtliche Verbesserung des Befindens zu erzielen.

5.1.5.4 Bewußtseinstrübungen

Symptomatik

Wir unterscheiden verschiedene Grade der Bewußtseinstrübung:

1. **Somnolenz:** mittelschwere Bewußtseinstrübung, bei der der Patient apathisch und schläfrig ist, aber durch Reize aus diesem Zustand aufgerüttelt werden kann.
2. **Sopor:** Der Patient ist nur noch durch sehr starke Reize wie Kneifen, Anschreien oder Schütteln weckbar.
3. **Koma:** Der Patient ist bewußtlos, nicht mehr ansprechbar oder weckbar, die Tiefe des Komas läßt sich durch verschiedene neurologische Untersuchungen noch weiter differenzieren, hier spielen beispielsweise die Reflexe und die Pupillenreaktionen eine Rolle.

Verzeichnet das Hirnstrombild (EEG) keine Gehirnaktivität mehr, dann liegt Hirntod vor. Angesichts der heutigen Möglichkeiten zur Reanimation kann die Herzaktion allerdings noch vorhanden sein, der Patient ist dann unter Umständen künstlich zu beatmen.

Differentialdiagnose
Hier kommen alle Möglichkeiten der Einwirkung von außen auf das zentrale Nervensystem in Betracht, insbesondere Traumata, Intoxikationen, hirndruckerhöhende innere Ursachen usw.

Therapie
Sie richtet sich selbstverständlich nach der Grundkrankheit, welche auch Verlauf und Prognose bestimmt.

5.1.6 Andere chronische organische Psychosen (ICD 294)

Hierunter fallen Demenzzustände, die weder alkoholisch-toxischer noch präseniler oder arteriosklerotischer Genese sind, also z. B. bei folgenden Grundkrankheiten auftreten können: Epilepsie, progressive Paralyse, zerebrale Lipoidosen, M. Wilson, Chorea Huntington, Multiple Sklerose, Polyarteriitis nodosa.

5.2 Endogene Psychosen

5.2.1 Diagnose, Abgrenzung

Innerhalb des heute gültigen Systems der Aufteilung psychischer Krankheiten sind die sog. endogenen Psychosen einmal gegen die Gruppe der organischen Psychosen abzugrenzen, zum anderen gegen die abnormen Abweichungen seelischen Wesens und Erlebens (Persönlichkeitsstörungen, Neurosen, Suchtkrankheiten). Mit den endogenen Psychosen ist die Gruppe der psychischen Krankheiten im engeren Sinne gemeint. Wir unterscheiden innerhalb dieser großen Gruppe endogener Psychosen zwei Formenkreise: Die schizophrenen

und die zyklothymen (manisch-depressiven) Krankheiten, die sich in der Symptomatik, aber vor allem im Verlauf unterscheiden. Erst in letzter Zeit haben wir gelernt, daß sie auch im Verlauf gewisse Übereinstimmungen aufweisen. Auf die daraus resultierenden definitorischen Schwierigkeiten ist hier nicht näher einzugehen. Wir richten uns in unserer Gliederung der psychischen Krankheiten nach dem Diagnosenschlüssel der Weltgesundheitsorganisation (ICD, 9. Revision).
Wir bezeichnen die Gesamtgruppe als die der endogenen Psychosen, weil wir ihre Ursache bzw. ihr körperliches Substrat bislang nur bruchstückhaft kennen. Damit macht diese Bezeichnung eine Aussage über die Herkunft bzw. unsere (Un-)Kenntnis der Herkunft, nicht aber über die Symptomatik dieser Krankheitsbilder. Es gibt nämlich eine Vielzahl von Symptomen, die sowohl bei organischen als bei endogenen Psychosen zu beobachten sind bzw. sogar bei erlebnisreaktiven Störungen oder Persönlichkeitsstörungen vorkommen können.
Als endogene Psychosen bezeichnen wir die Gruppe der Schizophrenien und der manisch-depressiven Krankheit (MDK), weil wir eine (noch nicht vollständig bekannte) körperliche Ursache zugrunde legen müssen. Insofern besteht hier Übereinstimmung mit der Herkunft organischer Krankheitsbilder, die wir ebenfalls als Psychosen bezeichnen, im Unterschied zu den psychoreaktiven Störungen. Endogene Psychosen sind meist ohne erkennbaren Grund auftretende, in ihrem Inhalt häufig unverständliche und nur selten aus der Persönlichkeitsstruktur, dem biographischen Hintergrund oder inneren und äußeren Konfliktsituationen ableitbare, eigengesetzlich verlaufende, die Entwicklungskontinuität eines menschlichen Lebens sinnlos unterbrechende Erkrankungen mit oft tiefgreifenden sozialen Auswirkungen für den betreffenden Menschen und seine Umgebung.
Ob es sich bei der Gruppe der endogenen Psychosen um eine einheitliche Gesamtgruppe mit nur individuell unterschiedlicher Ausprägung und unterschiedlichem Verlauf oder um eine Vielzahl primär verschiedenartiger Krankheitsbilder handelt, kann derzeit mit letzter Sicherheit noch nicht entschieden werden. Das erstgenannte Konzept der Einheitspsychose steht hier dem Konzept der Aufteilung der endogenen Psychosen gegenüber. Die Diagnose einer endogenen Psychose stützt sich auf eine charakteristische Symptomatik, eine typische Verlaufs-

form und „die Feststellung einer Funktionsbeeinträchtigung, die von einem einmal erreichten Niveau der Persönlichkeitsentwicklung in der konkreten Lebensbewältigung abweicht" (Süllwold, 1983).

5.2.2 **Schizophrenie** (ICD 295)

5.2.2.1 Allgemeines

Eine umfassend gültige Definition gibt es für die Krankheit Schizophrenie zur Zeit noch nicht. Da klare Vorstellungen über die Entstehungsursache nicht vorhanden sind und gerade auf dem Gebiet der psychiatrischen Krankheitsentstehung viel phantasiert und spekuliert wird, sind wir auch weiterhin auf die deskriptive Methode der Erfassung von Einzelsymptomen als zur Zeit einzig verläßliches Verfahren zur Diagnostik der Schizophrenie angewiesen.

Hier waren lange Zeit die von Kurt Schneider formulierten Symptome ersten Ranges (Tab. 31) als beweisend für das Vorliegen einer Schizophrenie angesehen worden: Stimmenhören (sich unterhaltende, kommentierende Stimmen, Gedankenlautwerden), leibliche Beeinflussungserlebnisse, Gedankeneingebung, -entzug, und -ausbreitung, Willensbeeinflussung und Wahnwahrnehmung. Hierzu können psychomotorische, sprachliche und ganzheitliche Ausdrucksstörungen treten

Tab. 31: Symptome ersten Ranges nach K. Schneider

akustische Halluzinationen:	dialogische Stimmen kommentierende Stimmen imperative Stimmen Gedankenlautwerden
Körperhalluzinationen:	Körperliche Beeinflussungserlebnisse
Ich-Störungen:	Gedankeneingebung Gedankenentzug Gedankenausbreitung Willensbeeinflussung (Gelenktwerden)
Wahn:	Wahnwahrnehmung

modifiziert nach Huber, 1977

(Tab. 32). Nach dem Abklingen der akuten Krankheitserscheinungen können charakteristische, auch intellektuelle Leistungseinbußen bestehen bleiben, die teils diskret, aber auch deutlich ausgeprägt zu beobachten sein können (Tab. 33). Störungen der Aufmerksamkeit, der Konzentration, des Sprachverständnisses und der Informationsverarbeitung kennzeichnen das Krankheitsbild (sog. Basisstörungen). Bei einer großen Gruppe von Schizophrenien kommt ein eigentümlicher Wandel des Selbsterlebens der eigenen Stellung gegenüber der Umgebung hinzu: Der Kranke wähnt sich im Mittelpunkt der Dinge befindlich, alles um ihn herum Geschehende bezieht sich auf ihn, auch wenn objektiv dafür gar kein Anhaltspunkt besteht. Er ist nicht mehr imstande, die sog. kopernikanische Wende des geistesgesunden Menschen im Denken und Erleben nachzuvollziehen, die es uns ermöglicht, uns selbst und unser eigenes Denken und Tun distanziert-kritisch aus der Position des Beobachters heraus zu verfolgen und damit auch zu beurteilen. Stattdessen sind für den schizophren Erkrankten Schritte aus sich selbst heraus nicht mehr möglich; zwischen eigenem Denken und Erleben einerseits und objektiv ablaufender Realität andererseits, die ohne sein Zutun und ohne Beziehung zu ihm ist, kommt es zu inniger Durchmischung ohne Möglichkeiten der Distanzierung
Eine gängige **Definition** von Schizophrenie beinhaltet eine tiefgehende Persönlichkeitsstörung, charakteristische Denkstö-

Tab. 32: Schizophrene Ausdrucksstörungen (nach Huber)

In der Psychomotorik:
Hölzern, eckig, steif, gespreizt, fahrig, abrupt, ausfahrend, schlaksig, „Verlust an Grazie“
In der Mimik:
Unbewegt, steif, starr, Grimassieren
Im sprachlichen Ausdruck:
Neologismen, Verschrobenheit des Sprachstils
Mehr ganzheitliche Ausdrucksstörungen:
Distanzlos, enthemmt, läppisch-albern, (Flegel- und Schnöselbzw. Backfisch- und Gänschensyndrom); theatralisch-geziert; bizarr-skurril; manieriert-verschroben

rungen, oft ein Gefühl, von fremden Mächten beeinflußt zu werden, Wahnideen, die bizarr sein können, gestörte Wahrnehmung, abnormen Affekt, der mit der tatsächlichen Situation nicht übereinstimmt, und Autismus (ICD 9). Die Weltgesundheitsorganisation (WHO) hat eine zwölf Punkte umfassende Definition gegeben (Tab. 34).
Die Schizophrenie manifestiert sich überwiegend in der ersten Lebenshälfte, zwischen dem 15. und 30. Lebensjahr bricht die Hälfte aller Erkrankungen an Schizophrenie aus, ein knappes Prozent der Bevölkerung ist betroffen, im familiären Umkreis Kranker sind Schizophrenien häufiger, was auf die Beteiligung eines Erbfaktors hinweist (siehe Tab. 35). Auch Umgebungsfaktoren tragen zum Ausbruch der Erkrankung bei.
Die **Symptome** der Schizophrenie allgemein bestehen aus Störungen des Affekts und des Kontaktes zur Umwelt (Gefühlsverarmung, -leere und -verkehrung, mangelnde Übereinstimmung zwischen Gedanken, sprachlichem Inhalt und jeweiliger Gefühlsbegleitung). Hinzu treten Störungen des Antriebs und der inneren Dynamik (Antriebs- und Vitalschwäche, dynamische Entleerung; andererseits aber auch dranghafte Enthemmung) und des Ausdrucks innerseelischen Erlebens nach außen hin.

Tab. 33: Häufige Symptome und Klagen beim sogenannten „reinen Defekt“ (nach Huber)

Coenästhesien und dysthyme Episoden
Kognitive Störungen
Erschöpfbarkeit und Ermüdbarkeit
Einbuße an Spannkraft, Energie, Ausdauer, Geduld
Erhöhte Erregbarkeit und Beeindruckbarkeit
Störung des Allgemeinbefindens und Leistungsinsuffizienz
Intoleranz gegen äußere Einflüsse und Konflikte
Erhöhtes Schlafbedürfnis
Erlebte Antriebs- und Gefühlsverarmung
„Gefühl der Gefühllosigkeit“
Unvermögen, sich zu freuen
Störungen des „In-Erscheinung-Tretens“
Verlust an Naivität, Zwang zur Reflexion
Entschlußlosigkeit
Sensorische und Witterungsüberempfindlichkeit
Vegetative Störungen

Tab. 34: Zwölf Symptome, die die Schizophrenie besonders gut beschreiben (nach Groves)

1. Eingeschränkter Affekt, manifestiert durch leeren Gesichtsausdruck oder Fehlen von Gefühlsäußerungen bei Diskussion von Themen, die normalerweise eine emotionale Beteiligung hervorrufen.
2. Wenig Krankheitseinsicht.
3. Gedankenausbreitung oder akustische Halluzinationen.
4. Keine Durchschlafstörungen in Form eines frühzeitigen Aufwachens.
5. Fehlen eines „zwischenmenschlichen Verständnisses" zwischen Untersucher und Patienten.
6. Kein trauriger oder depressiver Gesichtsausdruck.
7. Keine deutlich gehobene, fröhliche Stimmung.
8. Weitläufige Wahnvorstellungen, wobei der Patient mehrere Abschnitte seines Lebens wahnhaft interpretiert.
9. Freie und spontane, aber unzusammenhängende Redeweise.
10. Fehlen der Glaubwürdigkeit bei der Erhebung von Information.
11. Unbegreifliche, bizarre Wahnvorstellungen.
12. Nihilistische, körperliche Wahnvorstellungen (z. B. das Fehlen, Auflösen oder Absterben bestimmter Körperteile).

Tab. 35: Erkrankungsrisiko an Schizophrenie (nach Huber)

Verwandtschaftsgrad zu einem Schizophrenen	Erkrankungswahrscheinlichkeit (Mittelwerte) in %	
Eltern	5–10	(6,3 ± 0,3)
Kinder	9–16	(13,7 ± 1,0)
Geschwister	8–14	(10,4 ± 0,3)
Zweieiige Zwillinge	5–16	
Eineiige Zwillinge	20–75	
Kinder zweier erkrankter Eltern	40–68	
Halbgeschwister	1– 7	(3,5 ± 1,7)
Stiefgeschwister	1– 8	
Enkel	2– 8	(3,5 ± 0,7)
Vettern und Basen	2– 6	(3,5 ± 0,4)
Neffen und Nichten	1– 4	(2,6 ± 0,3)
Onkel und Tanten	2– 7	(3,6 ± 0,3)
Großeltern	1– 2	(1,6 ± 0,5)
Durchschnitt der Bevölkerung	0,85	

Kennzeichen der schizophrenen Krankheit sind Denkstörungen formaler Art (Gedankenabreißen, Zerfahrenheit, assoziative Lockerung, Verlust der Leitbarkeit der Denkvorgänge) und inhaltlicher Art (Wahnideen: unkorrigierbare, objektiv falsche und doch für den Kranken voraussetzungslos gewisse Überzeugungsbildungen), desweiteren Sinnestäuschungen (Halluzinationen), vor allem akustischer Art in Gestalt des Stimmenhörens, aber auch unspezifischer Geräuschwahrnehmungen (Knacken, Knistern, Rauschen), daneben schließlich solche optischer und leiblicher Natur sowie auf dem Gebiet des Geruchs und des Geschmacks. Ferner beobachten wir Störungen des Gedächtnisses, der Intelligenz und des Ich-Erlebens.

An Untergruppen der Schizophrenie lassen sich anhand der jeweils dominierenden Einzelsymptome die folgenden unterscheiden:

1. Schizophrenia simplex: sich früh entwickelnder schleichender Leistungsabfall, Verhaltensabsonderlichkeiten, weitgehendes Fehlen produktiver Symptome (Halluzinationen, Wahnideen), „primäres Versanden";
2. Hebephrenie: gekennzeichnet durch Störungen des Affekts, während Wahnideen und Halluzinationen eher flüchtig auftreten, daneben Denk- und Antriebsstörungen. Im Verlauf zeigt sich häufig ein läppisch-unernstes, albernes, euphorisches Stadium;
3. Katatonie: Bewegungsstörungen, meist in Richtung der Steifigkeit und Erstarrung, aber auch der Erregung, stehen im Vordergrund;
4. Paranoid-halluzinatorische Schizophrenie: Häufigste Form, bei der die eigenbezügliche (paranoide) Umformung des Denkens und Erlebens mit Wahnbildungen und Sinnestäuschungen im Vordergrund steht;
5. Schizoaffektive Psychose: sie wird ebenfalls unter die Formen der Schizophrenie gerechnet, eine Psychose, in der manische oder depressive Symptome mit schizophrenen Krankheitszeichen vermischt auftreten und bei der meistens keine Defektbildung eintritt.

Daneben werden weitere weniger bedeutende Untergruppen abgegrenzt. Zu allen diesen Unterformen ist festzustellen, daß sie im Verlauf einer schizophrenen Erkrankung ineinander übergehen, sich ablösen, kombinieren und durchmischen kön-

nen. Die Mehrzahl aller Schizophrenien durchläuft ein paranoid-halluzinatorisches, länger andauerndes Initialstadium; die große Mehrzahl zeigt im Verlauf daneben irgendwann auch katatone oder mit abnormen Leibwahrnehmungen einhergehende Episoden bzw. hebephren gefärbte Stadien, aber auch sog. Basis- und Defektsyndrome.
Vom **Verlauf** der Schizophrenie wissen wir heute, daß etwa zwei Drittel der Erkrankungen wellenförmig (meist schub-, seltener phasenweise) verlaufen, das restliche Drittel primär chronisch-progredient. Nach mehr als zwanzigjähriger Verlaufsdauer sind zwei Drittel aller ursprünglich schizophren Erkrankten symptomfrei, teilweise geheilt. Der Rest ist weiterhin chronisch krank bzw. mittlerweile defekt. Bei dieser Gruppe von Patienten steht die sog. Minussymptomatik im Vordergrund: leichte Ermüdbarkeit und Erschöpfbarkeit, Nachlassen von Energie, Ausdauer, Antrieb, innerer Spannkraft, Initiative und Aktivität, verminderte allgemeine Belastbarkeit, allgemeiner Leistungsnachlaß. Wir sprechen von einem Defektbild bzw. einem Residualzustand. Insgesamt haben uns die neueren Untersuchungen gezeigt, daß die frühere prognostische Einschätzung der Schizophrenie als unheilbare bzw. prozeßhaft und schicksalhaft in den Defekt führende Krankheit nur in einem Drittel der Fälle wirklich zutreffend ist, eine Feststellung, die uns bezüglich der Behandlung schizophren erkrankter Patienten Mut machen sollte.

5.2.2.2 Schizophrenia simplex (ICD 295.0)

Symptomatik

Im Vordergrund stehen Absonderlichkeiten im Verhalten, allgemeiner geistiger Leistungsverlust und Abbau der affektiven Schwingungsfähigkeit. Verminderung allgemeiner Vitalität und Dynamik. Die Patienten werden schwunglos, verlieren Initiative und Spontaneität und geraten mehr und mehr in eine allgemeine soziale Isolierung. Wahn und Sinnestäuschungen stehen nicht im Vordergrund, treten aber gelegentlich auf.

Differentialdiagnose

Organische Psychosen, drogeninduzierte Psychosen, juvenile Verhaltensstörungen.

Therapie

Medikamentös mit Neuroleptika, ggf. in Kombination mit Antidepressiva (sog. Zweizügeltherapie); daneben verhaltenstherapeutische und stützende psychotherapeutische Maßnahmen, Arbeitstraining, sozialtherapeutische Maßnahmen.

Verlauf

Schleichender Beginn, allmählicher Leistungsverlust, in der Regel chronisch-progredienter Verlauf mit Ausbildung von Residualzuständen. Prognostisch ungünstig sind früher Erkrankungsbeginn und symptomatischer Alkohol- und Drogenkonsum, ferner eine ungenügende soziale Lebenssituation.

5.2.2.3 Hebephrenie (ICD 295.1)

Symptome

Bei dieser Form der Schizophrenie stehen affektive Veränderungen im Vordergrund des Krankheitsbildes. Der affektive Ausdruck ist flach und unangemessen, die Patienten kichern und lächeln inadäquat, grimassieren, zeigen Manierismen und Possen und wirken läppisch in ihrem Verhalten. Denkstörungen bis hin zur Zerfahrenheit komplettieren das Bild. Wahnideen und Halluzinationen treten flüchtig auf, sie sind nicht immer vorhanden. Meist zwischen dem 15. und 25. Lebensjahr auftretend.

Differentialdiagnose

Organische Psychose, Schizophrenia simplex, drogeninduzierte Psychose/Intoxikationspsychose, schizoide Persönlichkeitsstörung, Paranoia bzw. paranoide Syndrome (ICD 297), paranoide Reaktionen bzw. psychogene Psychosen mit paranoider Symptomatik (ICD 298.3, 298.4).

Therapie

Hochpotente, ggf. in Kombination mit niederpotenten Neuroleptika; daneben verhaltenstherapeutische und andere psychotherapeutische Maßnahmen wie bei der Schizophrenia simplex, ergänzt durch Beschäftigungs- und Arbeitstherapie, Kontaktförderung, Familienberatung und allgemeine sozialtherapeutische Maßnahmen.

Verlauf

Vielfach primär chronisch-progredient, aber auch in Schüben verlaufend, in der Mehrzahl der Fälle zur Defektbildung (autistischer Persönlichkeitswandel) führend, eher ungünstige Prognose.

5.2.2.4 Katatonie (ICD 295.2)

Symptomatik

Im Vordergrund steht hier eine ausgeprägte motorische Störung. Erregung und Stupor können einander abwechseln. Die Erregung richtet sich meist nach innen und führt zu schwerster innerlicher Anspannung ohne Entäußerungsmöglichkeiten für den Patienten. Steifigkeit der Glieder und nicht selten Körpertemperaturerhöhung begleiten diese Form der Schizophrenie. In manchen Fällen kommt es zu motorischen Entäußerungen: hyperkinetischer katatoner Erregungszustand.
Daneben bestehen häufig Wahnsymptome und Sinnestäuschungen, Denkstörungen und affektive Störungen. Das Bewußtsein und die Orientierung bleiben indessen erhalten.

Differentialdiagnose

Rauschmittelintoxikation, sog. malignes neuroleptisches Syndrom, neurologische Erkrankungen: Enzephalitis, Meningitis. Psychogene Erregungszustände.

Therapie

Je nach Schwere des Zustandsbildes hochpotente Neuroleptika. Daneben sind häufig Intensivmaßnahmen angezeigt, vielfach bleibt keine andere Möglichkeit als die Elektrokrampfbehandlung.

Verlauf

Schubförmig rezidivierender Verlauf steht eindeutig im Vordergrund gegenüber primär-chronischen Verläufen. Mit der Ausbildung von Residualsymptomen ist zu rechnen. Bei Anwendung einer Maßnahmenpalette ähnlich den Maßnahmen bei der Schizophrenia simplex und der Hebephrenie ist die Prognose besser.

5.2.2.5 Paranoid-halluzinatorische Schizophrenie (ICD 295.3)

Symptomatik

Diese Form der Schizophrenie ist von paranoiden (eigenbezüglichen) Denk- und Erlebensstörungen, Halluzinationen und von Wahnideen gekennzeichnet. Meist handelt es sich um einen Beeinträchtigungs- bzw. Verfolgungswahn, aber auch um andere Wahnformen. Die Halluzinationen treten meist in Form von Stimmenhören auf, aber auch Gedankenlautwerden und formale Denkstörungen bis hin zur Denkzerfahrenheit runden das Bild ab.

Differentialdiagnose
Organische Psychosen, insbesondere symptomatische Psychosen schizophreniformer Prägung, Rauschdrogen und Medikamentenmißbrauch, drogeninduzierte Psychosen, Paranoia, Paraphrenie, Kontaktmangelparanoid, schizoide Persönlichkeitsstruktur.

Therapie
Hochpotent neuroleptisch in hoher Dosierung, ggf. anfänglich intravenöse Verabreichung hochpotenter Neuroleptika (z. B. Glianimon®, Haldol®). Neuroleptische Langzeitbehandlung mit Depotmedikamenten. Psychotherapeutische Stützung. Soziotherapeutische und rehabilitierende Maßnahmen.

5.2.2.6 Akute schizophrene Episode (ICD 295.4)
Hierbei handelt es sich um kurzdauernde traumartige Zustände mit Bedeutungserlebnissen, Beziehungs- und Beeinträchtigungsideen, oft auch Verfolgungsideen. Die Patienten denken und erleben in krankhafter Weise eigenbezüglich. Derartige Zustände, die Stunden bis Tage betragen, klingen oft nach kurzer Zeit ab; eine Behandlung erübrigt sich meistens. Differentialdiagnostisch ist an typische Vorpostensyndrome bzw. an den Schub einer akuten paranoiden Schizophrenie zu denken. Psychogene und organische Dämmerzustände sind auszuschließen.

5.2.2.7 Schizophrene Rest- und Defektzustände (ICD 295.6)
Symptomatik
Subjektive Beschwerden: Verminderte Belastbarkeit, leichte Ermüdbarkeit, allgemeine Ambivalenz in Entscheidungssituationen, Mangel an Entschlußkraft, vermehrte Reizbarkeit, Schwung- und Energielosigkeit.
Objektiv vor allem Antriebs- und Affektstörungen im Sinne einer Minussymptomatik: Antriebsverarmung, Verknappung der affektiven Ausdrucksmöglichkeiten, Verkargung gefühlhaften Empfindens. Denkstörungen im Sinne assoziativer Lokkerung, Inkohärenz bzw. auch Zerfahrenheit. Vielfach insgesamt auffällig wirkendes, bizarres oder auch maniriertes Ver-

haltensbild. Auf den schizophrenen Rest- und Defektzustand kann sich ein akutes, produktives Zustandsbild gewissermaßen „aufpflanzen", es bedarf dann entsprechender Behandlung.

Differentialdiagnose
Hirnorganische Wesensänderung; neurotische Störungen bzw. Persönlichkeitsstörungen; Schizophrenia simplex.

Therapie
Gegebenenfalls Antidepressiva mit neuroleptischer Wirkungskomponente (z. B. Amitriptylin); vor allem psychotherapeutische Führung und soziotherapeutische bzw. rehabilitierende Maßnahmen.

Verlauf
Nur ein verhältnismäßig geringer Anteil schizophren Erkrankter entwickelt ein derartiges Defektsyndrom, wir rechnen mit 20 bis 30 %.

5.2.2.8 *Schizoaffektive Psychose (atypisch-phasische Psychose)* (ICD 295.7)

Symptomatik
Schizoaffektive Psychosen zeigen eine Symptomatik, wie sie bei der Schizophrenie typisch ist, sie verlaufen indessen wie phasische Psychosen, führen also meist zu völliger Wiederherstellung beim Abklingen der Krankheitssymptomatik. Wir beobachten also sowohl typisch schizophrene wie auch affektive Symptome; letztere können zeitweise dominieren.

Differentialdiagnose
Beginnende Schizophrenie, Manie bzw. endogene Depression, reaktive Depression, akute exogene Psychose, (z. B. drogeninduzierte Psychose).

Therapie
Symptomorientiert vor allem mit Neuroleptika, gegebenenfalls zusätzlich mit Antidepressiva im Sinne einer Zweizügeltherapie. Ergänzende psychotherapeutische Führung in der Klinik, Ergotherapie, soziotherapeutische Maßnahmen zur Reintegration.
Bei schizoaffektiven Psychosen kommt eine Phasenprophylaxe mit Lithium/Carbamazepin in Betracht.

Verlauf
Phasischer Verlauf mit abgrenzbaren Krankheitsepisoden und unterschiedlich langdauernden krankheitsfreien Intervallen. Die Prognose kann durch prophylaktische Maßnahmen (Neuroleptikagabe, Lithium/Carbamazepin) verbessert werden. Keine Defektbildung.

5.2.2.9 Andere Formen der Schizophrenie
Hier ist entsprechend der ICD-Klassifizierung an die sogenannten latenten Schizophrenien und spezielle, teilweise nicht näher bezeichnete Untergruppen zu denken, die indesssen meist einer der vorstehend genannten Formen der Schizophrenie zugehören (5.2.2.2 bis 5.2.2.8). Diese teilweise nur in der ICD-Klassifizierung genannten Psychoseformen sind hier nicht abzuhandeln.

5.2.3 Affektive Psychosen (Zyklothymien, manisch-depressive Krankheit) (ICD 296)

5.2.3.1 Allgemeines
Legen wir die Definition der WHO für diese Krankheitsgruppe zugrunde, so handelt es sich um psychische Störungen, die wiederholt auftreten und bei denen vor allem der Affekt gestört ist, meist als Depression und Angst, gelegentlich aber auch als gehobene Stimmung und Erregung. Daneben können folgende Symptome vorhanden sein: Wahnideen, Ratlosigkeit, gestörte Selbstwahrnehmung, andere Wahrnehmungs- und Verhaltensstörungen; in der manischen Phase gehobene Stimmung, gesteigerter Antrieb, Logorrhö und beschleunigtes Denken (Ideenflucht). Meistens handelt es sich um eine in Phasen verlaufende, klar abgrenzbare, vollständig abklingende und keine Dauerveränderungen (etwa Defekte oder Residuen; allenfalls sog. „asthenische Residuen“) hinterlassende Verstimmung depressiv-gehemmten bzw. manisch-gehobenen, erregten Inhalts. In erster Linie ist von dieser Krankheit der Gemüts-und Willensbereich betroffen.
Unter den Verlaufsformen beobachten wir zu etwa 2/3 rein depressive Phasen, zu einem Viertel sogenannte bipolare Verläufe mit depressiven und manischen Phasen und zu etwa 5 % ausschließlich manische Phasen. Die einzelnen Krankheitsabschnitte dauern häufig 6–12 Monate, aber wir kennen auch

Phasendauern von wenigen Wochen bis zu mehreren Jahren. Die Dauer der dazwischenliegenden krankheitsfreien Intervalle berägt Monate bis Jahre, die Ersterkrankung zeigt sich am häufigsten zwischen dem 30. und 50. Lebensjahr, etwa 1 % der Bevölkerung erkrankt an einer affektiven Psychose (Tabelle 36).
Differentialdiagnostisch sind Persönlichkeiten mit starken Stimmungsschwankungen auszuschließen, also Menschen, die von sich aus zeitweise „himmelhochjauchzend, dann wieder zu Tode betrübt“ sind.

5.2.3.2 Monopolare Manie (ICD 296.0)

Symptomatik

Kennzeichen der Manie ist die gehobene Stimmung, die mit der tatsächlichen Situation des Patienten nicht in Einklang steht. Die grundlose Heiterkeit des manischen Patienten kann bis hin zur Gereiztheit bzw. Aggressivität reichen. Die Patienten sind distanzlos, enthemmt, ablenkbar, sie denken ideenflüchtig, überschätzen ihre eigenen Möglichkeiten und neigen zu Größenideen. Die psychologisch nicht verstehbare, grundlose Heiterkeit, der vermehrte Antrieb und die gehobene Stimmung lassen die Patienten fröhlich und lärmend, lustig, ansteckend-witzig, einfallsreich und kontaktfähig erscheinen. In Wirklichkeit ist ihr originell anmutendes Denken allerdings assoziativ geleitet, zugleich oberflächlich und vordergründig orientiert. Meist liegt ein vermindertes Schlafbedürfnis vor; wenn Wahnideen auftauchen, dann in Richtung des Größenwahns bei herabgesetzter Kritik- und Urteilsfähgkeit.

Differentialdiagnose

Enthemmungszustände bei organischen Hirnprozessen, schizophrene Zustände, toxisch beeinflußte Bilder (Weckmittel, Kokain), Hyperthyreose und hyperthyme Persönlichkeitsstruktur.

Therapie

In der Regel ist eine stationär-klinische Behandlung auf geschlossener Station nicht zu umgehen, schon um Schaden von den Patienten und ihrer Familie durch deren – kritikloser Selbstüberschätzung entspringende – Aktivitäten abzuwenden. Eine Sedierung mit höher dosierten niedrigpotenten Neuroleptika ist erforderlich. In der akuten Phase wirken auch

Lithiumpräpararate antimanisch. Deshalb ist die Gabe von Lithium schon in der Manie angezeigt. Gegebenenfalls Einsatz von Carbamazepin zur Phasenprophylaxe.

Verlauf
Phasischer Verlauf mit vollständiger Wiederherstellung der psychischen Gesundheit ist die Regel. Über die Dauer des krankheitsfreien Intervalles läßt sich keine sichere Aussage machen. Depressive Nachschwankungen beim Abklingen der Manie sind nicht selten zu beobachten. Forensische Komplikationen sind häufig, die aus Geschäften oder auch Straftaten stammen, die durch die Hochstimmung und Selbstüberschätzung der Patienten zustande gekommen sind. Manische Patienten sind in der Regel geschäftsunfähig.

5.2.3.3 Monopolare Depression (ICD 296.1)
Symptomatik
Folgende Leitsymptome kennzeichnen die Depression:
1. Niedergeschlagenheit, traurige Verstimmung, Angst;
2. Psychomotorische und Denkhemmung als Ausdruck der allgemeinen, alle psychischen Abläufe betreffenden Hemmungen;
3. Vitalstörungen (Kloßgefühl, Druck auf der Brust, Engegefühl);
4. Depressiver Wahn mit Schuldgefühlen (Verarmungs-, Versündigungs- und hypochondrischer Wahn);

Das zentrale Symptom der endogenen Depression ist die Niedergeschlagenheit. Aufgrund ihrer Angst fühlen die Patienten sich trübsinnig und erbärmlich. Die allgemeine Hemmung führt vielfach dazu, daß sich die Patienten leer fühlen und weder Freude noch Mitleid, nicht einmal mehr Trauer empfinden können („Gefühl der Gefühllosigkeit“). Statt dessen empfinden sie ihren Zustand als hoffnungs- und aussichtslos, die Gegenwart als freudlos und bedrückend, die Zukunft als düster und bedrohlich (siehe Tab. 37).

Differentialdiagnose
Hier ist vor allem die Abgrenzung zur reaktiven und zur neurotischen Depression sowie zur depressiven Persönlichkeitsstruktur von Bedeutung. Aber auch an organisch begründbare Depressionen ist zu denken. Das Spektrum der möglichen Depressionsformen zeigt die Abbildung 2.

Therapie

In vielen Fällen wird eine stationäre Aufnahme nicht zu umgehen sein, insbesondere dann, wenn Suizidalität vorliegt. In diese Richtung ist gezielt zu explorieren (siehe Kap. 6.8).

Die medikamentöse Behandlung mit Antidepressiva richtet sich nach der Zielsymptomatik der Depression. Hier sind die drei Hauptwirkungskomponenten der verschiedenen zur Verfügung stehenden Antidepressiva zu beachten (siehe Kap. 4.1.3; Tab. 23):

1. Depressionslösende, stimmungsaufhellende Wirkung
2. Psychomotorisch aktivierende Wirkung
3. Psychomotorisch dämpfende, angstlösende Wirkung.

Die Infusionstherapie von Depressionen bildet in der Klinik eine wesentliche Möglichkeit der Beeinflussung depressiver

Tab. 36: Erkrankungsrisiko für manisch-depressive Psychosen (nach Matussek und Hippius)

Durchschnitt	0,4– 2,5 %
Eltern	7,5–19 %
Geschwister	8 –18 %
Kinder	6 –26 %
Kinder von zwei erkrankten Eltern	20 –40 %
Zweieiige Zwillinge	20 –25 %
Eineiige Zwillinge	70 %

Tab. 37: Sicherung der Diagnose eines depressiven Syndroms durch gezielte, möglichst einfache Fragen (nach Matussek und Hippius)

1. Können Sie sich noch freuen?
2. Fällt es Ihnen schwer, Entscheidungen zu treffen?
3. Haben Sie noch an etwas Interesse?
4. Neigen Sie in letzter Zeit vermehrt zum Grübeln?
5. Plagt Sie das Gefühl, Ihr Leben sei sinnlos geworden?
6. Fühlen Sie sich müde, schwunglos?
7. Haben Sie Schlafstörungen?
8. Spüren Sie irgendwelche Schmerzen, einen Druck auf der Brust?
9. Haben Sie wenig Appetit, haben Sie an Gewicht verloren?
10. Haben Sie Schwierigkeiten in sexueller Hinsicht?

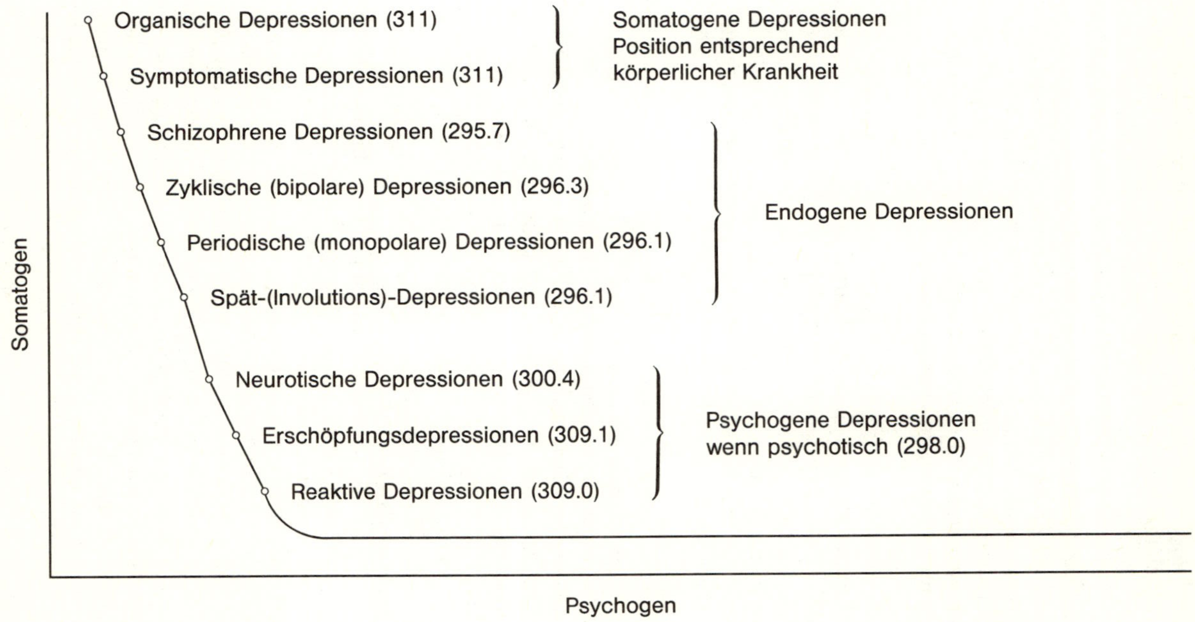

Abb. 2: Nosologische Einordnung der Depressionszustände (nach Matussek und Hippius)

Zustandsbilder. Wichtig ist, daß die Dosierung hoch genug und die Behandlungsdauer lang genug gewählt werden. Bei Unruhezuständen ist eine Kombination mit sedierenden Neuroleptika bzw. Tranquilizern angezeigt. Eine Heilkrampfbehandlung ist das Mittel der letzten Wahl. Gegebenenfalls kann die medikamentöse Therapie durch stützende Psychotherapie und entspannende Verfahren komplettiert werden.
Bei mehr als zwei Krankheitsphasen ist eine Phasenprophylaxe mit Lithium oder auch Carbamazepin bzw. der Kombination beider Substanzen einzuleiten.

Verlauf
Der phasische Verlauf charakterisiert die meisten Depressionen. Ein primär chronischer, langjähriger Verlauf ist eher selten. Meist tritt eine volle Remission ein. Durch eine Phasenprophylaxe kann das Wiederauftreten einer depressiven Erkrankung weniger wahrscheinlich gemacht werden. Eine genaue Vorhersage des Verlaufs ist nicht möglich.

5.2.3.4 Manisch-depressive Krankheit (MDK) und weitere manische bzw. depressive Verlaufsformen

Für Manien bzw. Depressionen im Rahmen einer zirkulären Verlaufsform (manisch-depressive Krankheit, MDK; Zyklothymie) sowie für die übrigen unter ICD 296 aufgeführten Krankheitsbilder gelten die vorstehend gemachten Feststellungen zur Symptomatik, Differentialdiagnose, Therapie und zum Verlauf.
Auch die im fortgeschrittenen Lebensalter auftretenden sogenannten Involutionsdepressionen, die meist hirnorganisch unterlegt sind und vielfach symptomatisches Gepräge tragen sowie die sogenannten endoreaktiven Dysthymien (Verstimmungen), bei denen eine deutliche endogene Komponente vorhanden ist, wie auch die sogenannten larvierten Depressionen, bei denen eine Störung der Vitalgefühle ganz im Vordergrund steht und die eigentliche depressive Symptomatik an den Rand drängt, sind im Prinzip nichts anderes als die vorstehend beschriebenen beiden Grundformen affektiver Psychosen. Von daher sind sie nicht nur bezüglich ihrer Symptomatik, sondern auch im Hinblick auf Differentialdiagnose, Therapie und Verlauf im Grundsatz nicht anders als jene zu betrachten.

5.2.4 Paranoide Syndrome (ICD 297)

Die von der ICD-Klassifizierung bei dieser Gruppe vorgenommene Unterteilung läßt sich aus klinischer Sicht nicht ohne weiteres nachvollziehen. Die hier aufgeführte „einfache paranoide Psychose" (ICD 297.0) ist von der paranoiden Form der Schizophrenie (ICD 295.3) nicht sicher zu trennen, auch die übrigen paranoiden Syndrome, auf die wir nachfolgend eingehen werden, lassen sich von dieser Form nicht sicher unterscheiden, so daß auf eine separate Darstellung hier zu verzichten ist.

Bei der gleichfalls zu dieser Gruppe gehörenden **Paranoia** handelt es sich definitionsgemäß um eine seltene chronische Psychose, bei der sich ein logisch konstruierter systematisierter Wahn langsam entwickelt, ohne daß Halluzinationen oder schizophrene Denkstörungen auftreten. Meist handelt es sich um Größenwahn, Verfolgungswahn oder um hypochondrischen Wahn.

Differentialdiagnostisch sind paranoide Persönlichkeiten auszuschließen, abzutrennen ist zugleich die paranoide Form der Schizophrenie (ICD 295.3).

Hingegen ist die **Paraphrenie** durch paranoides Erleben und gleichzeitiges Auftreten von Halluzinationen auf den verschiedensten Sinnesgebieten gekennzeichnet. Störungen des Affekts und des Denkens treten allenfalls in verdünnter Form auf, die Persönlichkeit bleibt gut erhalten. Derartige Psychosen treten häufig im fortgeschrittenen Alter (Involutionsalter) auf, deshalb wird häufig auch von der der sogenannten Spätparaphrenie gesprochen.

Eine weitere Unterform wahnbildender paranoider Syndrome ist die sogenannte **induzierte Psychose** (ICD 297.3), die meist primär chronisch und schleichend auftritt, ohne daß sich eine floride Symptomatik entwickelt. Meist entsteht sie in einer engen oder auch abhängigen Beziehung mit einem anderen Menschen, der bereits an einer ähnlichen Psychose leidet. Wir sprechen bei dieser Krankheit auch von der sogenannten Folie à deux.

Auch hier ist differentialdiagnostisch natürlich an die vorgenannten paranoiden Syndrome zu denken, zugleich an paranoide Persönlichkeitsstörungen und die paranoide Form der Schizophrenie, ferner an paranoide Formen organischer, vor allem symptomatischer Psychosen.

Bezüglich der **Behandlung** gelten ähnliche Prinzipien wie bei der Behandlung der Schizophrenie. Das oft fortgeschrittene Lebensalter der Patienten ist hier natürlich besonders zu beachten und hat entsprechende therapeutische Konsequenzen. Vielfach gelingt es nicht, den primär chronischen Verlauf therapeutisch zu beeinflussen, insbesondere die Paranoia und die induzierte Psychose erweisen sich häufig als therapieresistent, aber auch die Paraphrenie bietet nur geringe therapeutische Ansatzpunkte.

5.2.5 Andere nicht-organische Psychosen (ICD 298)

Die unter dieser Rubrik von der ICD aufgeführten Untergruppen sind aus der Sicht der klinischen Psychiatrie nur schwer nachzuvollziehen. Inwieweit es sinnvoll ist, beispielsweise eine „reaktive depressive Psychose", einen „reaktiven Erregungszustand" oder einen „reaktiven Verwirrtheitszustand" unter einer solchen Rubrik zu subsumieren, bleibt für uns weiterhin offen. Deshalb wird auf diese Psychosen hier nicht weiter eingegangen.

5.2.6 Typische Psychosen des Kindesalters (ICD 299)

Nach der ICD-Klassifizierung soll diese Kategorie nur für Psychosen benutzt werden, die stets vor der Pubertät beginnen. Hingegen sollen frühbeginnende Schizophrenien oder manisch-depressive Krankheiten hier nicht aufgeführt werden.

Wesentlichste Untergruppe ist der **frühkindliche Autismus.** Dabei handelt es sich nach der geltenden Definition um ein Syndrom, das entweder von Geburt an besteht oder fast immer in den ersten 30 Monaten beginnt. Das Kind reagiert auf akustische und manchmal auch auf optische Eindrücke abnorm und zeigt Schwierigkeiten im sprachlichen Verständnis. Die Sprache entwickelt sich verspätet und zeigt typische Störungen, auch in der grammatischen Struktur und in der Unfähigkeit zum Gebrauch abstrakter Begriffe. Der zwischenmenschliche Kontakt ist erschwert, es entwickeln sich rituelle Verhaltensweisen, abnorme Gewohnheiten, Bindungen an seltsame Objekte und stereotype Spielmuster. Abstraktionsvermögen und Phantasie sind herabgesetzt, die Intelligenz kann durchschnittlich bis unterdurchschnittlich sein. Bezüglich der Differentialdiagnose, Behandlung und des Verlaufs verweisen wir auf einschlägige Lehrbücher der Kinder- und Jugendpsychiatrie.

5.3 Neurosen (ICD 300)

5.3.1 Allgemeines

Neurosen sind rein psychisch bedingte Gesundheitsstörungen. Ihre Symptome sind Folgen seelischer Konflikte, die selbst unbewußt bleiben. Sie umfassen im wesentlichen Angst, Zwangssymptome, aber auch Verstimmbarkeit, Selbstunsicherheit und Gehemmtheit, die dazu führen, daß Neurotiker in ihrer Gefühlsbeziehung zu sich selbst, zur Umwelt und zu anderen Personen gestört sind. Es können auch körperliche Symptome als sogenannte Konversionssymptome in den Vordergrund treten, ohne daß eine wirkliche organische Ursache vorliegt. Zwar kann das Verhalten neurotisch Kranker nachhaltig beeinträchtigt sein, sie behalten aber die Fähigkeit zur Realitätswahrnehmung, besitzen beträchtliche Einsicht und verwechseln im allgemeinen auch nicht ihre krankhaften subjektiven Erfahrungen mit der äußeren Realität. Hierdurch unterscheiden sich Neurosen also grundsätzlich von der Krankheitsgruppe der Psychosen.
Auch bei Neurosen gibt es eine erbliche Disposition, die jedoch nicht so ausgeprägt ist wie bei bei den endogenen Psychosen. Sie betrifft die anlagemäßige Bereitschaft, neurotisch zu erkranken bzw. neurotische Symptome zu entwickeln. Vor allem die Schwere dieser Symptome führt man auf ungünstige frühkindliche Einflüsse zurück, nämlich auf ein gestörtes Verhältnis zur Mutter oder zu beiden Elternteilen, unvollständige Familie bzw. wechselnde Bezugspersonen, Benachteiligung durch die Pflegeperson usw. Aus einem Anlagefaktor der Verarbeitung dieser neurosefördernden frühkindlichen Umwelteinwirkungen entsteht erst im Erwachsenenalter die für eine Neurose jeweils typische Symptomatik. Dieser sogenannte zweizeitige Ansatz wird von der Psychoanalyse vertreten und ist von dieser zu einer allgemeinen und speziellen Neu-

rosenlehre erweitert worden, durchaus in Parallele zur allgemeinen und speziellen Psychopathologie. Die psychoanalytische Neurosenlehre verbleibt allerdings nicht im reinen Beschreiben und Feststellen. Sie bemüht sich auch wenig um sogenannte Längsschnittsuntersuchungen, die den Zeitraum von der Geburt bis zum Erwachsenenalter umfassen müßten, vielmehr bedient sie sich zur Erklärung des Zustandekommens neurotischer Symptome einer Reihe von Hypothesen und hat ein reichhaltiges Begriffsarsenal entwickelt, das die sogenannte **Psychodynamik** zum Gegenstand hat. Hierbei wird angenommen, daß Elementarbedürfnisse des Menschen in Widerstreit zu äußeren Versagungen (Frustrationen) geraten können. Diese auch als Triebimpulse bezeichneten Bedürfnisse, beispielsweise nach Nähe, Sättigung, Sicherheit oder Macht sollen also in der frühen Kindheit unbefriedigt geblieben sein. Im Laufe der weiteren Persönlichkeitsentwicklung treten dann neue Bedürfnisse und Wünsche auf, die gleichfalls nicht befriedigt werden können. Ist allerdings in der frühen Kindheit durch Frustration bereits ein Konflikt geschaffen worden, dann liefert dieser später gleichsam ein Modell dafür, daß strukturell ähnliche Situationen, die objektiv vielfach nicht einmal als Konflikte imponieren, ebenso konfliktträchtig erlebt werden. Dabei sollen dann auch Wünsche und Triebregungen regelrecht „abgewehrt" werden, und der dem Kranken vielfach nicht einmal bewußte Konflikt wird in einer für ihn ungünstigen Art und Weise gelöst. Im Zuge dieses Prozesses treten sogenannte **Abwehrmechanismen** auf: es wird beispielsweise verleugnet, verdrängt und vermieden, am Ende gar in einer Art reagiert, die dem ursprünglichen Wunsch entgegengesetzt ist. Als Ergebnis dieses psychischen Prozesses kommt es zur Ausbildung der eigentlichen neurotischen Symptome, die gerade deshalb den Patienten für das erste entlasten und erleichtern können, weil sie nicht so ausgeprägt sind wie psychotische Krankheitszeichen. Die Psychoanalyse spricht dann von einem primären Krankheitsgewinn im Gegensatz zum sekundären oder sozialen Krankheitsgewinn aufgrund des äußeren Vorteils, den Neurotiker aus bereits bestehenden Symptomen nachträglich in ihrer Beziehung zur Umwelt erzielen können.

Diese mechanisch anmutende, zu einem umfassenden theoretischen Gebäude ausgebaute Erklärungsweise entzieht sich einer Beweisführung mit naturwissenschaftlichen Mitteln. So können z. B. die sogenannten psychischen Instanzen, nämlich das Es, das Ich und das Über-Ich, etwa auf dem Wege der Hirnforschung im Sinne abgrenzbarer Areale ebensowenig aufgefunden werden wie es mit noch so ausgefeilten psychologischen Methoden nicht möglich wäre, die zuvor vereinfacht beschriebenen Mechanismen nachzuweisen. Es handelt sich also um rein hypothetische Annahmen. Die Neurosenlehre der Psychoanalyse versteht sich freilich auch als eine Meta-Psychologie, als ein System von Aussagen über psychische Vorgänge jenseits des Bereiches, den die psychologische Forschung erfassen kann. Die Anhänger der Psychoanalyse sehen in ihr nicht nur ein Denksystem oder etwa nur ein Therapieprinzip, sondern gehen davon aus, daß ihre Theorie ein Stück Wirklichkeit und einen umfassenden Teil der menschlichen Psyche erhellt habe.

5.3.2 **Angstneurosen** (ICD 300.0)

Symptomatik
Auftreten verschiedener Kombinationen körperlicher und psychischer Angstsymptome, die keiner realen Gefahr zuzuschreiben sind, anfallsartig (Paniksyndrom) oder als Dauerzustand, aber auch als Furcht vor bestimmten Objekten oder Situationen. Viele Patienten geben an, daß ihre Ängste schon in der Kindheit aufgetreten seien. Biographische Anlässe bzw. belastende Auslösesituationen lassen sich mitunter gar nicht auffinden oder stehen in keinem nachvollziehbaren Verhältnis zum Beginn und der Schwere der Symptomatik. Vorherrschend sind innere Unruhe, Spannung, Beklemmung und Entfremdung. Begleitend treten Niedergeschlagenheit und Schlafstörungen auf. Eine vegetative Begleitsymptomatik kann das Bild abrunden.

Differentialdiagnose
Vorpostensymptome schizophrener Psychosen, endogene Depression, neurotische Depression, Persönlichkeitsstörungen, drogeninduzierte Psychose, Drogenrausch.

Therapie
In Betracht kommen Antidepressiva, kurzfristig Benzodiazepine und andere Tranquilizer (auch niedrig dosierte Neurolep-

tika), Betarezeptorenblocker. Angstneurosen sind vor allem aber psychotherapeutisch anzugehen (Verhaltenstherapie).

Verlauf
Zur Chronifizierung neigende Entwicklungen sind nicht selten, ebenso wie Spontanremissionen.

5.3.3 Hysterische Neurosen (Konversionsneurosen) (ICD 300.1)

Symptomatik
Als Konversion bezeichnet man die Umsetzung unbewußter Vorstellungen und verdrängter Konflikte in eine körperliche Symptomatik. Diese kann in einer Lähmung, in einem Anfall oder in einem Schmerzzustand bestehen, in gleichsam symbolischer Weise können bestimmte Vorstellungen des Patienten oder seine Konflikte dabei deutlich werden. Am häufigsten treten Gangstörungen, Armlähmungen bis hin zu Halbseitenlähmungen auf, die man auch als funktionell bzw. psychogen bezeichnet, während dramatische Anfälle, Dämmerzustände, Blindheit und Taubheit in den westlichen Industriegesellschaften sehr viel seltener sind.

Differentialdiagnose
Organische Ursachen müssen sicher ausgeschlossen werden, deshalb ist hier eine besonders gründliche zerebral-organische, aber auch allgemein-organische Diagnostik erforderlich. Die Symptomatik ist von der bewußten und absichtlichen Vortäuschung und Nachahmung von Krankheitssymptomen (Simulation) oder der gleichfalls absichtlichen Übertreibung tatsächlich vorhandener Krankheitssymptome und Krankheitsempfindungen (Aggravation, psychogenen Überlagerung) streng zu unterscheiden. Dies spielt vor allem in Rentengutachten eine wichtige Rolle.
Weiter sind auszuschließen: endogene Depressionen, schizophrene Psychosen, hysterische Persönlichkeit.

Therapie
Eine medikamentöse Therapie kommt kaum in Betracht, stattdessen sind suggestive Verfahren, mitunter sogar die Hypnose angezeigt, während sich tiefenpsychologische Verfahren nicht

bewähren. Verhaltenstherapeutische und gesprächspsychotherapeutische Verfahren stellen das Mittel der Wahl dar.

Verlauf
Meist relativ therapieresistente Störung, Neigung zur Chronifizierung.

5.3.4 Phobien (ICD 300.2)

Symptomatik
Phobien sind Neurosen mit abnorm starker Furcht vor bestimmten Objekten oder Situationen, die beim Gesunden solche Gefühle nicht hervorrufen. Wenn sich die Angst von einer bestimmten Situation löst und stärker generalisiert, kann die Störung als Angstneurose eingestuft werden. Je nachdem, welche Bereiche betroffen sind, unterscheiden wir Agoraphobien, Klaustrophobien, Tierphobien und andere gerichtete Furcht, neuerdings auch die AIDS-Phobie.

Differentialdiagnose
Wie bei der Angstneurose (s. 5.3.2).

Therapie
Domäne der Verhaltenstherapie, medikamentöse Unterstützung denkbar.

Verlauf
Bei konsequenten verhaltenstherapeutischen Maßnahmen ist eine günstige Beeinflussung der Krankheit möglich. Ansonsten besteht eine gewisse Neigung zur Chronifizierung.

5.3.5 Zwangsneurosen (ICD 300.3)

Symptomatik
Es entwickelt sich progressiv ein Zwang, bestimmten Gedankengängen zu folgen oder bestimmte Handlungen auszuführen, obgleich deren mangelnder Sinn dem Patienten klar ist. Vielfach werden die Zwangsantriebe oder Zwangsideen als unerwünscht und persönlichkeitsfremd erkannt. Sie verselbständigen sich mehr und mehr, beherrschen den Patienten bald

vollständig (Waschzwang, Kontrollzwang), ohne daß dieser eine Möglichkeit sieht, sich dagegen zu wehren oder die zwanghaften Handlungsrituale zu unterbrechen.

Differentialdiagnose
Schizophrenie, zwanghafte Persönlichkeit, Depression mit anankastischer Symptomatik.

Therapie
Neuroleptische, gelegentlich auch antidepressive Behandlung, vor allem aber verhaltenstherapeutische Maßnahmen (Reizüberflutung oder symptomgerichtete Übungen).

Verlauf
In einigen Fällen günstig zu beeinflussen, häufig aber Neigung zur Chronifizierung.

5.3.6 Neurotische Depressionen (ICD 300.4)

Symptomatik
Neurose mit unverhältnismäßig starker Depressivität, die gewöhnlich einer erkennbaren traumatisierenden Erfahrung folgt, z. B. dem Verlust einer geliebten Person oder eines Besitzes. Mit diesem psychischen Trauma beschäftigt sich der Patient zumeist auch ausschließlich, denn es beeinhaltet für ihn in ganz besonderer Weise einen Geborgenheitsverlust.
Die Symptomatik gleicht der bei endogenen Depressionen: Niedergeschlagenheit, Hemmung, Erschöpfung, Leistungsnachlaß, Gefühl der Leere, Rückzug, auch Schuldgefühle, daneben Schlafstörungen, Appetitlosigkeit und Gewichtsverlust.

Differentialdiagnose
Vor allem die endogene Depression, aber auch schizophrene Psychosen (postremissives Erschöpfungssyndrom), depressive Persönlichkeitsstruktur.

Therapie
Medikamentös mit Antidepressiva, die oftmals gut ansprechen, auch Sedierung mit niederpotenten Neuroleptika, Verhaltenstherapie, Gesprächspsychotherapie.

Verlauf
Unsicher, zur Chronifzierung neigend.

5.3.7 Neurasthenien (ICD 300.5)

Symptomatik
Neurose mit allgemeiner Schwäche, Reizbarkeit, Kopfschmerzen, depressiven Verstimmungen, Schlaflosigkeit, Konzentrationsstörungen und Anhedonie (herabgesetzte Fähigkeit, Freude und Lust zu empfinden). Solche Menschen werden häufig auch als „nervenschwach" bezeichnet.

Differentialdiagnose
Asthenische Persönlichkeit, Vorstadium einer Schizophrenie, Depression jeder Genese, Drogenabhängigkeit (Cannabistyp).

Therapie
Stützende Psychotherapie (Gesprächspsychotherapie), gegebenenfalls verhaltenstherapeutische Maßnahmen. Medikamentös: allenfalls niedrigdosierte Antidepressiva.

Verlauf
Unsicher, meist Chronifizierung.

5.3.8 Hypochondrische Neurosen

Symptomatik
Im Mittelpunkt steht eine exzessive Beschäftigung mit der eigenen Gesundheit. Unter Hypochondrie verstehen wir vor allem eine sachlich nicht genügend begründbare, ängstlich-mißtrauische Selbstbeobachtung, die sich sowohl auf körperliche als auch auf seelische Zustände bezieht und mit Krankheitsfurcht verbunden ist. Die Befürchtungen knüpfen sich häufig an die Verdauung, an die Ausscheidungs- und Geschlechtsorgane, aber auch an Herz und Gehirn, und die Patienten sprechen von Auflösung, Schwindsucht und Leere. Angst und Depressionen runden das Bild häufig ab.

Differentialdiagnose
Hysterische Neurose, Depression, Neurasthenie, Zwangsneurose, Schizophrenie.

Therapie
In schweren Fällen müssen Neuroleptika gegeben werden. Geduldige ärztliche Führung und stützende Therapie sind hier angezeigt. Organische Störungen sind auszuschließen.

Verlauf
Wie bei allen vorstehend beschriebenen Neuroseformen besteht eine Tendenz zur Chronifizierung, die Prognose ist unsicher.

5.4 Persönlichkeitsstörungen (Psychopathien) (ICD 301)

5.4.1 Allgemeines

Von den Neurosen, die wir im vorstehenden Abschnitt beschrieben haben, grenzen wir die Persönlichkeitsstörungen (Psychopathien) ab. Wir fassen sie als abnorme Spielarten seelischen Wesens auf und nicht im eigentlichen Sinn als Krankheiten. Gemeint sind also Extremvarianten des menschlichen Charakters mit besonderers akzentuierten Persönlichkeitsstrukturen, für deren Zustandekommen eine Anlage bedeutsamer zu sein scheint als es lebensgeschichtliche Einflüsse sind. Wenn wir hier von Abnormität sprechen, geben wir kein Werturteil ab, folgen damit also dem allgemeinen Sprachgebrauch nicht, in dem die Bezeichnung „Psychopath" als Sammelbegriff für charakterliche Insuffizienz benutzt wird. Uns geht es statt dessen um die Abweichung von einer Durchschnittsnorm. Zur Definition gehört schließlich auch, daß Psychopathen unter ihrer Abnormität leiden, bzw. die Gesellschaft unter ihren Abnormitäten zu leiden hat.
Wir führen im folgenden die verschiedenen Typen von Persönlichkeitsstörungen in der Reihenfolge auf, wie sie in der ICD-Klassifizierung (301.0 bis 301.7) aufgeführt sind. Für alle Psychopathien gilt, daß es sich um relativ festgefügte, im Charakter verankerte, anscheinend durch Prägung verhärtete, von

der Norm abweichende Strukturen der Persönlichkeit handelt, welche durch therapeutische Einwirkungen nur schwer zu beeinflussen sind. Entsprechend ist der Verlauf chronisch, und die Therapiemöglichkeiten sind eingeschränkt, wobei allenfalls verhaltenstherapeutische Maßnahmen, gelegentlich aber auch eine medikamentöse Therapie (z. B. bei paranoiden oder erregbaren Psychopathen) in Betracht kommt. Sog. aufdeckende Verfahren führen zu keinerlei Erfolg.

Differentialdiagnose
Es sind stets neurotische Störungen in Betracht zu ziehen, gelegentlich aber auch Psychosen, zumal die sozialen Konsequenzen schwerer Persönlichkeitsabweichungen häufig gravierend sein können.

5.4.2 Paranoide Persönlichkeit (ICD 301.0)

Hierbei handelt es sich um eine Persönlichkeitsstörung mit starker Sensibilität für Mißerfolge und stark erniedrigter Frustrationstoleranz. Paranoide Persönlichkeiten fühlen sich häufig gedemütigt, zurückgewiesen, falsch verstanden, feindselig behandelt, sie beziehen Verhaltensweisen der Umgebung auf sich, die mit ihnen selbst gar nichts zu tun haben, häufig finden sich fanatische Zuspitzungen.

Differentialdiagnose
Paranoide Schizophrenie, paranoide Reaktion, andere paranoide Syndrome.

5.4.3 Zyklothyme Persönlichkeit (ICD 301.1)

Hierbei handelt es sich um Menschen mit starken Stimmungsschwankungen, die nicht eigentlich an einer manisch-depressiven Krankheit leiden, sondern einmal „himmelhoch jauchzend", ein anderes Mal wieder „zu Tode betrübt" sind, die also stärkere Stimmungsausschläge nach beiden Seiten aufweisen als dies üblicherweise der Fall ist. Einerseits also unerschütterlicher Optimismus und starker Aktivitätsdrang, andererseits Niedergeschlagenheit, Pessimismus und erniedrigtes energetisches Niveau.

Differentialdiagnose
Affektive Psychosen, neurotische Depression, „psychogene Psychosen“ mit affektiver Symptomatik.

5.4.4 **Schizoide Persönlichkeit** (ICD 301.2)

Hier handelt es sich häufig um kontaktgestörte Menschen mit starker Eigenbeziehung, Neigung zur Selbstbezogenheit, emotionaler Kälte, Tendenz zum Rückzug und einer gewissen Unfähigkeit, Gefühle auszudrücken. Schizoidie und Schizophrenie sind voneinander unabhängige Zustandsbilder bzw. Krankheiten. Schizoid bedeutet nicht schizophrenieähnlich. Als schizoid bezeichnet man eine Persönlichkeitsstruktur, als schizophren einen kranken Menschen.

Differentialdiagnose
Schizophrenie.

5.4.5 **Erregbare Persönlichkeit** (ICD 301.3)

Unbeständigkeit der Stimmung, Neigung zu Wutausbrüchen, überschießenden Reaktionen von aggressiver Prägung. Neigung auch zu körperlicher Gewalttätigkeit, Unausgeglichenheit, Streitsucht und emotionale Unreife kennzeichnen diesen Charaktertypus, bei dem es besonders häufig während erregter Episoden auch zu Gewaltdelikten kommt. Hier stellt sich dann regelmäßig die Frage nach der Schuldfähigkeit zur Tatzeit, die allerdings in der Regel zu bejahen sein dürfte.

Differentialdiagnose
Hysterische Neurose, hysterische Persönlichkeit.

5.4.6 **Zwanghafte Persönlichkeit** (ICD 301.4)

Zwanghaft strukturierte Persönlichkeiten sind vor allem durch übertriebene Gewissenhaftigkeit, Neigung zur Kontrolle eigenen Verhaltens, durch Eigensinn und Tendenz zu überzogener Vorsicht gekennzeichnet. Wir sprechen auch von Zwangscharakter, wenn wir eine Neigung zum Perfektionismus, zu peinlich genauer Sorgfalt, übertriebener Gründlichkeit und ausgeprägter Rigidität beschreiben wollen.

Differentialdiagnose
Zwangsneurosen und Schizophrenien mit Zwangssymptomen.

5.4.7 Hysterische Persönlichkeit (ICD 301.5)

Hysterische Persönlichkeiten neigen zu theatralischem Verhalten, unecht wirkenden Gefühlsausbrüchen, überschäumenden Verhaltensweisen, vor allem im emotionalen Bereich. Sie verlangen in besonderer Weise nach Anerkennung und Aufmerksamkeit, wirken dabei häufig egozentrisch und abhängig vom Lob der Umgebung, so daß sie vielfach auch auf die Ablehnung ihrer Umwelt stoßen, was wiederum die Störung akzentuiert und verstärkt.

Differentialdiagnose
Es ist hier die Hysterie auszuschließen, aber grundsätzlich auch an eine endogene Psychose zu denken.

5.4.8 Asthenische Persönlichkeit (ICD 301.6)

Astheniker sind schwache, antriebsarme, wenig durchsetzungsfähige, kaum belastbare, häufig auch niedergeschlagene, schnell verzagende, aufgebende, leicht zu entmutigende Menschen, die häufig freudlos und ohne großen Wechsel in der Befindlichkeit dahinleben, so daß sie vielfach in soziale Randpositionen gedrängt werden. Sie sind passiv und wenig spontan in ihrem Verhalten.

Differentialdiagnose
Es ist vor allem an Residualzustände bei einer schizophrenen Erkrankung und an depressive Erkrankungen zu denken, ferner an die Neurasthenie.

5.4.9 Dissoziale Persönlichkeit (ICD 301.7)

Steht das dissoziale Verhalten bei einem Menschen im Vordergrund, so sprechen wir auch von einer Soziopathie. Solche Menschen pflegen sich rücksichtslos gegen ihre Umgebung durchzusetzen, sie sind bedenkenlos in ihrer Haltung, orientieren sich grundsätzlich nur an den eigenen Bedürfnissen, die sie hemmungslos befriedigen, setzen sich über vorgegebene Rechtsnormen mit leichter Hand hinweg, ohne indessen in ihrer Fähigkeit eingeschränkt zu sein, solche Regeln zu beachten. Sie nehmen für sich selbstverständlich Sonderrechte in Anspruch, ohne dazu in irgend einer Weise berechtigt zu sein. Dissoziale Persönlichkeiten finden sich natürlich in besonderer Häufung unter Kriminellen aller Couleur, wobei sowohl Gewalttäter wie auch typische Schreibtischtäter diesselbe dissoziale Persönlichkeitsstruktur aufweisen können.
In einer Zeit therapeutischer Ernüchterung sind wir heute weniger geneigt, therapeutische Ansatzpunkte bei dieser Klientel zu erkennen, so daß Soziopathen in den letzten Jahren weniger einer Therapie als mehr einer Bestrafung zugeführt wurden, wenn sie delinquent entgleisten.

Differentialdiagnose
Hierbei ist an erregbare Persönlichkeiten zu denken, aber auch an Erregungszustände im Rahmen von Psychosen, schließlich an die Manie. Auch organische Störungen, die mit Enthemmung einhergehen können, sind auszuschließen.

5.4.10 Borderline-Störungen

Mit diesem recht unscharfen Krankheitsbegriff soll das „Zwischengebiet" im Grenzbereich von psychischer Gesundheit, Neurose, Psychopathie und schizophrener Psychose beschrieben werden. Man versteht darunter Patienten mit multiplen Erlebens- und Verhaltensstörungen, vielfach auf dem Hintergrund einer schizoiden Grundstruktur, häufig aber auch symptomarm verlaufende Schizophrenien oder hysterisch agierende, verhaltensgestörte Neurotiker. Die Symptomatik des heute vielfach tiefenpsychologisch aufgefaßten Krankheitsbildes ist so vielschichtig, schillernd und unbestimmt, die Begriffsbildung dazu so entbehrlich, daß auf eine weitere Darstellung hier verzichtet wird.

5.5 Sexuelle Verhaltensabweichungen und Störungen (ICD 302)

5.5.1 Allgemeines

Auf die Diskussion, welche Formen sexuellen Vollzugs als normal und welche als abweichend anzusehen seien, wollen wir hier nicht eingehen. Wir halten uns statt dessen an die Vorgabe der ICD-Klassifizierung.
Daß gerade der Bereich der Sexualität auch von zeittypischen und damit wechselnden Einflüssen in seinen Normsetzungen berührt wird, ist unmittelbar deutlich. Auch individuelle und partnerschaftliche Überzeugungsbildungen bestimmen im Einzelfall mit, was als normal empfunden wird. Die Grenzen sind hier fließend. Dies wird bei der Homosexualität deutlich, aber auch bei manchen Praktiken des sexuellen Vollzugs, die nicht durchgängig als „normal" angesehen werden. Hingegen scheint ein Konsens zu bestehen, daß Pädophilie, Transvestismus, Exhibitionismus und Transsexualität nicht in den Bereich der Normalität des Sexuellen hineinfallen. Frigidität und Impotenz wiederum sind Störungen, die den normalen wie den abweichenden sexuellen Vollzug behindern. Mit Normalität oder Abweichung haben sie nur bedingt etwas zu tun.

5.5.2 Homosexualität (ICD 302.0)

Homosexuelle richten ihr sexuelles Erleben und Verhalten auf Menschen des gleichen Geschlechts aus. In der Regel besteht eine häufig wechselnde sexuelle Partnerschaft. Mitunter kommt es aber auch zu längerdauernden partnerschaftlichen Bindungen. Da bezüglich der sexuellen Abweichung in der Regel kein Leidensdruck vorhanden ist, besteht auch keine Motivation zur Behandlung. Gelegentlich führt aber der Wunsch nach besserer Anpassung an die Umgebung oder der Wunsch nach Ehe und Kindern doch zu einem Leidensdruck, der dann Ausgangspunkt eines Behandlungswunschs sein kann. Die Behandlungsergebnisse sind jedoch unbefriedigend, sowohl was tiefenpsychologische als auch was verhaltenstherapeutische Ansätze betrifft. So bleibt es in der

Regel bei einer Sexualberatung, die dazu beitragen kann, insbesondere soziale und individuelle Komplikationen abzumildern.

5.5.3 Pädophilie (ICD 302.2)

Symptomatik
Pädophile entwickeln eine Neigung zu sexueller Betätigung mit Kindern. Es handelt sich praktisch immer um Männer von gehemmter, selbstunsicherer, kontaktgestörter Persönlichkeitsstruktur. Es kommt zu verschiedenartig gestalteten sexuellen Kontakten zu Kindern beiderlei Geschlecht, wobei Alterspädophilen oft eine aggressive Komponente fehlt, während sie bei jüngeren Pädophilen vorhanden sein kann; das macht ihre potentielle Gefährlichkeit aus.

Differentialdiagnose
Schwachsinn verschiedener Ausprägungsgrade, Homophilie.

Therapie
Verhaltenstherapeutische Maßnahmen, medikamentöse Triebhemmung.

Verlauf
Keine sichere Aussage möglich, schwer positiv zu beeinflussen.

5.5.4 Transvestismus (ICD 302.3)

Symptomatik
In der Regel handelt es sich um Männer, die aus dem Anziehen und Tragen weiblicher Kleidungsstücke und der Gestaltung des äußeren Erscheinungsbilds in einem als weiblich empfundenen Sinne Lustgewinn schöpfen. Häufig mit Homosexualität verbunden.

Differentialdiagnose
Minderbegabung, Transsexualismus, Homosexualität, Schizophrenie.

Therapie
Kaum psychotherapeutisch oder medikamentös zu beeinflussen.

Verlauf
Unsicher, Chronifizierung.

5.5.5. **Transsexualismus** (ICD 302.5)

Symptomatik
Häufiger bei Männern als bei Frauen auftretende Überzeugung, dem anderen Geschlecht anzugehören, obgleich die biologisch ausgeprägten Geschlechtsmerkmale eindeutig sind und von den Betroffenen auch nicht verkannt oder geleugnet werden. Die Überzeugung, im falschen Organismus eingesperrt zu sein, führt schließlich dazu, daß der übermächtige Wunsch entsteht, die äußeren Geschlechtsmerkmale in entgegengesetzte Richtung zu verändern. Verschiedene Operationstechniken machen dies im Prinzip möglich, wenn auch der Erfolg solcher Maßnahmen wechselhaft ist.

Differentialdiagnose
Transvestismus, effeminierte Homosexualität, Schizophrenie.

Therapie
Psychotherapeutische Führung, Verhaltenstherapie; operative Maßnahmen kommen nur nach gründlicher Diagnostik und Durchlaufen eines mehrstufigen Behandlungsprogramms in Betracht, die Ergebnisse sind bei zurückhaltender und sorgfältiger Indikationsstellung insgesamt nicht schlecht.

Verlauf
Zur Chronifizierung neigend, schwer beeinflußbar.

5.5.6 **Exhibitionismus** (ICD 302.4)

Symptomatik
In der Regel sind es Männer, die sich durch Entblößen und demonstratives Vorzeigen der Genitalien vor Frauen und Kindern, meist im Freien, sexuelle Befriedigung verschaffen. In der Regel handelt es sich um gehemmte, selbstunsichere und kontaktgestörte Persönlichkeiten mit unreifer Sexualität. Gelegentlich mit Minderbegabung verschwistert.

Differentialdiagnose
Minderbegabung, Schizophrenie, selbstunsichere Persönlichkeiten, chronischer Alkoholismus.

Therapie
Verhaltenstherapie, medikamentöse Beeinflussung mit gegengeschlechtlichen Hormonen.

Verlauf
Unsicher, zur Chronifizierung neigend.

5.5.7 Frigidität und Impotenz

Symptomatik
Bei der Frigidität der Frau kann aus dem sexuellen Vollzug keine Befriedigung im Erreichen des Orgasmus entnommen werden. Bei der Impotenz des Mannes ist ein sexueller Vollzug – meist wegen Erektionsstörungen – nicht möglich.

Differentialdiagnose
In beiden Fällen ist eine endokrine oder neurologische Ursache auszuschließen. Auch ist an den chronischen Alkoholismus, die Medikamentensucht, die Rauschdrogenabhängigkeit, aber auch an Persönlichkeitsstörungen zu denken.

Therapie
Aufklärungs- und Beratungsaktivitäten, Verhaltenstherapie, partner- und familientherapeutische Maßnahmen.

Verlauf
Es wird von einer günstigen Prognose mit hoher Erfolgsquote gesprochen, hier ist allerdings Skepsis am Platze.

5.6 Alkoholabhängigkeit (ICD 303)

5.6.1 Definition

Die Alkoholsucht ist durch psychische Abhängigkeit von variabler Ausprägung gekennzeichnet, die auch zu einem periodischen Mißbrauch statt eines kontinuierlichen Konsums führen kann; wir finden daneben körperliche Abhängigkeit. Sinkt der

Konsum unter einen kritischen Schwellenwert, so können Entzugserscheinungen umschriebener Art und Dauer auftreten. Zwischen Barbituraten und Alkohol scheint eine Kreuztoleranz zu bestehen, d. h. die eine Substanz kann durch die andere im Rahmen der Abhängigkeit ersetzt werden. Die WHO beschreibt deshalb eine gemeinsame Abhängigkeit vom Barbiturat/Alkohol-Typ, der auch durch Toleranzerhöhung und im Falle des Alkoholismus zu umschriebenen Zellschäden, insbesondere am zentralen Nervensystem führt.
Nach einer (fragwürdigen) anderen Definition der Weltgesundheitsorganisation (WHO) sind Alkoholiker exzessive Trinker, deren Abhängigkeit vom Alkohol einen solchen Grad erreicht hat, daß sie deutliche geistige Störungen oder Konflikte in ihrer geistigen Gesundheit, ihren menschlichen Beziehungen, ihren sozialen und wirtschaftlichen Funktionen aufweisen oder Vorstadien einer solchen Entwicklung zeigen; daher brauchen sie Behandlung.

5.6.2 Wirkungen auf das Zentralnervensystem: Alkoholrausch

Die Wirkung des Alkohols ist wie die von Medikamenten dosisabhängig. Eine trinkungewohnte Person zeigt unter der Wirkung von Alkohol zunächst eine gehobene Stimmung, Redseligkeit und Enthemmung; Distanzlosigkeit und verbesserte vordergründige Kontaktfähigkeit treten hinzu. Nach einer Zeit weiteren Alkoholkonsums kommt es zunehmend zu einem Verlust an Kritik- und Urteilsvermögen; Aufmerksamkeit, Konzentrations- und Merkfähigkeit nehmen ab, die Schwelle für Sinnesreize steigt an. Es kommt zu einem schwungvollen Handlungsvollzug, der sich bedenkenlos an gerade gegebenen Möglichkeiten aus der konkreten Situation heraus ergibt. Im neurologischen Bereich zeigen sich Koordinationsstörungen, insbesondere Gangstörungen; Zielbewegungen werden unsicher, die Sprache verwaschen, die Ausdrucksweise perseverierend. Die euphorische Stimmungslage kann im Verlauf eines Alkoholrausches einer reizbaren Verstimmung mit manchmal weinerlich-gedrückten Zügen Platz machen. Bei weiterer Alkoholzufuhr kommt es zum Schlaf. Die Atmung ist vertieft, der Puls beschleunigt. Die unter Alkoholeinwirkung auftretende Enthemmung und Risikofreudigkeit bei reduziertem Urteilsvermögen sind von erheblicher kriminogener Bedeutung. Die Beurteilung der Verantwortlichkeit von alkoholisierten Straftätern ist deshalb ein umfangreicher Teil der Tätigkeit medizinischer Sachverständiger bei Gericht.

Im allgemeinen geht die Alkoholwirkung mit der Blutalkoholkonzentration parallel. Danach liegt ein **leichter Alkoholrausch** bei einer Blutalkoholkonzentration zwischen 0,5 und 1,5 Promille vor. Er ist durch allgemeine Enthemmung, Aktivitätsdrang, Kritikschwäche, subjektives Gefühl erhöhter Leistungsfähigkeit bei objektivem Leistungsabbau und ausgeprägte, meist lärmend-euphorische Gestimmtheit mit verbesserter sozialer Kontaktfreudigkeit gekennzeichnet.

Ein **mittelgradiger Alkoholrausch** liegt bei einer Blutalkoholkonzentration zwischen 1,5 und 2,5 Promille vor. Euphorie und Kritikschwäche nehmen zu, Enthemmung, Risikobereitschaft und Neigung zu gereizt-aggressivem Reagieren stehen im Vordergrund. Fehleinschätzungen sozialer und persönlicher Situationen treten hervor. Das Verhalten wird an augenblickhaft vorgegebenen, situativen Auslösern orientiert und oft nur oberflächlich an der jeweiligen Umgebung ausgerichtet. Sprunghaftigkeit, Widersprüchlichkeit und Unsicherheit des Verhaltens treten deutlich in den Vordergrund.

Bei Blutalkoholkonzentrationen über 2,5 Promille sprechen wir im allgemeinen von einem **schweren Alkoholrausch.** Hier finden wir deutliche Bewußtseins- und Orientierungsstörungen, illusionäre Verkennungen, einen Verlust des Zusammenhangs von Denken und Handeln sowie eine aufgelockerte Abstimmung zwischen Verhalten und realer Situation. Neurologische Symptome beherrschen das Bild: Gangunsicherheit, verwaschene Sprache, Schwindel und Augenzittern sind in diesem Zusammenhang zu nennen. Schläfrigkeit und Benommenheit begleiten den Rausch je nach Menge des konsumierten Alkohols. Uneinfühlbar gereizte, aggressive bis explosive Episoden sind im schweren Rausch nicht selten. Bei schwersten Rauschzuständen tritt allmählich Handlungsunfähigkeit ein.

5.6.3 Wirkungen auf das Organsystem

Neben der Wirkung auf das zentrale Nervensystem (akute Wirkung: Alkoholrausch; chronische Wirkung: Alkoholabhängig-

keit) registrieren wir Wirkungen auf das Herz-Kreislauf-System, den Magen-Darm-Trakt (Gastritis, Duodenitis, Ulzera), das endokrine System, die Leber (Fettleber, Leberzirrhose) und auf das periphere Nervensystem (Polyneuropathie, PNP). Beim chronischen Konsum ist auch auf Veränderungen der Bauchspeicheldrüse und Varizenbildungen im Bereich des Ösophagus zu achten.
Ein eigenes Problem stellt die **Alkoholembryopathie** dar, die häufigste Störung der embryonalen Entwicklung durch eine exogene Noxe. Ihre Symptome sind Minderwuchs, Mikrozephalus, geistige Retardierung, kraniofaziale Fehlbildungen, Muskelschwäche, Hyperaktivität, Herzfehler und andere Störungen.

5.6.4 Entwicklung der Alkoholsucht

Bei der Ausbildung einer Alkoholsucht spielen folgende Faktoren eine Rolle:

1. Genetisch fixierte Faktoren, z. B. individuelle Verträglichkeit;
2. Menge und Art der Zufuhr des Alkohols;
3. die Trinkdauer;
2. das Alter bei Trinkbeginn;
5. Verhalten und Einstellung der Umgebung;
6. das Ausmaß von Konflikten und Belastungen im Verhältnis zur Belastbarkeit des betroffenen Individuums.

In der Entwicklung zum Alkoholismus unterscheiden wir mit Jellinek vier Phasen:

1. Präalkoholische Phase (Entwicklung hin zum täglichen Trinken, häufig sog. „Erleichterungstrinken“)
2. Prodromalphase (heimliches Trinken, Schuldgefühle, Verniedlichen des Konsums, Alkoholvorräte, erste „Filmrisse“)
3. Kritische Phase (Unvermögen, auf Alkohol zu verzichten)
4. Chronische Phase (Trunkenheit dauert über den ganzen Tag und ist situationsunabhängig).

5.6.5 Feststellung der Blutalkoholkonzentration

Bestimmung der Atemalkoholkonzentration

Da zwischen Blutalkoholkonzentration und Atemluftkonzentration ein überschaubares Verhältnis besteht, kann die Atemalkoholbestimmung als Vortest verwendet werden. Sie läßt semiquantitative Feststellungen zu.

Bestimmung der Blutalkoholkonzentration aus einer Blutprobe

Hier bietet sich die Untersuchung der Blutprobe mit Hilfe des gaschromatographischen Verfahrens an. Man kommt zu genauen Ergebnissen, die jedoch lediglich Auskunft über die Blutalkoholkonzentration zum Entnahmezeitpunkt geben.

Rückrechnung auf die Blutalkoholkonzentration zu einem früheren Zeitpunkt

Häufig interessiert eine Blutalkoholkonzentration zu einem Stunden vor der Blutentnahme zurückliegenden Zeitpunkt. Wir müssen also rückrechnen. Legt man zugrunde, daß sich die Blutalkoholkonzentration (BAK) durch den körpereigenen Abbau kontinuierlich und konstant verringert, so folgt daraus, daß die abgebaute Menge zu der aktuell festgestellten BAK hinzugezählt werden muß, um auf die früher vorhandene BAK zu kommen. Man rechnet im allgemeinen mit einem Abbauwert zwischen 0,1 und 0,2 Promille pro Stunde. In der Regel kommt eine Rückrechnung mit einem stündlichen Abbauwert von 0,15 Promille der Wirklichkeit am nächsten.

Beispiel:

Wird bei einem Straftäter um 15.00 Uhr Blut entnommen und eine BAK von 1,5 Promille festgestellt, wurde die Straftat aber bereits um 12.00 Uhr verübt, so muß drei Stunden zurückgerechnet werden. In diesen drei Stunden hat der Proband zwischen 0,3 und 0,6 Promille Blutalkohol abgebaut. Um diesen Wert ist also das Ergebnis der Blutentnahme zu niedrig. Die BAK zur Tatzeit wird dann also zwischen 1,8 und 2,1 Promille gelegen haben.

Berechnung der Blutalkoholkonzentration (BAK) aus der Trinkmenge

Dazu benötigt man Angaben über die getrunkene Alkoholmenge in Gramm, die Trinkzeit, das Körpergewicht und den Reduktionsfaktor r, der in der Regel bei 0,7 liegt. Mit die-

sem Faktor wird das Körpergewicht multipliziert. Für den Gehalt bestimmter alkoholischer Getränke an reinem Alkohol existieren Tabellen: So enthält etwa eine Flasche zu 0,5 l Export-Bier 20 g reinen Alkohol, ein Glas à 0,2 l Export-Bier enthält 8 g reinen Alkohol. Ein Glas zu 20 ml eines 38 %igen Kognaks enthält 6 g Alkohol, und 100 ml Rheinwein enthalten 8 g Alkohol. Ein Schoppen zu 1/4 l weist mithin 20 g reinen Alkohol auf. Die BAK bei Trinkende ergibt sich aus dem Quotienten aus getrunkenem Alkohol (in g) und dem mit r multiplizierten Körpergewicht.
Oder: Von jedem einzelnen in der fraglichen Zeit konsumierten alkoholhaltigen Getränk wird nun der Gehalt an reinem Alkohol errechnet und addiert. Von der Gesamtsumme werden etwa 15 % als Resorptionsdefizit abgezogen, da nicht der gesamte Alkohol im Magen-Darm-Trakt vollständig aufgenommen wird. Mit Hilfe einer speziellen Tabelle kann nun unter Berücksichtigung des Körpergewichts unmittelbar die Blutalkoholkonzentration bestimmt werden. Dabei muß der über die Trinkzeit hinweg erfolgte parallele Abbau der Blutalkoholkonzentration von 0,15 Promille je Stunde berücksichtigt werden. Auf diese Weise sind Näherungswerte zu erschließen.

5.6.6 Therapie

Auf die Therapieprinzipien werden wir im folgenden Abschnitt (Drogenabhängigkeit) näher zu sprechen kommen. Aber auch die Therapie des Alkoholismus gründet sich auf das Prinzip der Abstinenz als Voraussetzung jeder Behandlung einer Sucht. Kann Abstinenz nicht sichergestellt werden, so sollte eine Entwöhnungsbehandlung unterbleiben. Hier ist die Grenze jeder ambulanten Therapie klar erkennbar. Sie kommt nur für wenige Einzelfälle in Betracht. Im Regelfall wird man in einer ersten Phase den Kontakt zum Suchtkranken herstellen (Kontaktphase). Man wird ihn dann dazu motivieren, weitere Therapieschritte zu gehen. Zunächst ist eine Entgiftung unter klinischen Bedingungen erforderlich. Bei Alkoholkranken kann sie unter Umständen auf speziellen offen geführten Stationen erfolgen (Entgiftungsphase). Dieser Schritt dauert wenige Wochen und sollte dann in die Entwöhnungsphase einmünden, den dritten Abschnitt der Suchttherapie. Diese Behandlung ist längerfristig angelegt (2–6 Monate) und wird in aller Regel in speziell eingerichteten Fachkliniken durchgeführt. Danach schließt sich eine Nachbetreuungsphase an, weil Suchtkranke in der Regel noch lange der Stützung bedürfen. In dieser Phase spielen Selbsthilfegruppen (z.B. Anonyme Alkoholiker, Guttempler) erfahrungsgemäß eine große Rolle. Eine medikamentöse Therapie dient in der Regel nur der Behandlung des akuten Entzugssyndroms (ICD 291.8).

5.7 Medikamenten-/Drogenabhängigkeit (ICD 304)

5.7.1 Allgemeines

Der Begriff der Drogenabhängigkeit wird mit dem älteren der Sucht heute meist bedeutungsgleich verwendet. Der Mensch besitzt ein natürliches Bedürfnis, sich in Rauschzustände zu versetzen. Dabei strebt er Erlebnisveränderungen an, die ihm im Alltag versperrt bleiben. Er will die ihm gesteckten Grenzen überschreiten und folgt dabei seiner Neugier. Rauschmittel sind uralter Menschheitsbesitz und dienen seit alters dazu, Zustände von Ekstase (Außerhalb-Seiner-Selbst-Sein) herbeizuführen. Dabei besteht die Gefahr, sich selbst im Drogenrausch zu verlieren. Modeströmungen und Verfügbarkeit von Drogen unterstützen seinen Drang, auf diese Weise Fahrten in ein unbekanntes Neuland anzutreten.
Sucht äußert sich meist als Giftsucht (Toxikomanie), die immer von Vergiftung (Intoxikation) begleitet ist. Daneben existieren nicht-stoffgebundene Suchtformen (Spielleidenschaft). Bei stoffgebundenen Süchten fragen wir immer nach drei Komponenten:

1. Nach der individuellen **Grundstörung,** die eine Suchtentwicklung eingeleitet hat. Hier ist beispielsweise an chronische Schmerzzustände oder an Konfliktsituationen zu denken;
2. Nach den psychopathologischen und sozialen **Folgen** der Suchtmitteleinnahme, hier denken wir insbesondere an toxisch bedingte Veränderungen der Kritikfähigkeit oder des Gedächtnisses;
3. Nach dem Grad der Sucht**haltung** dem Leben gegenüber, also der Süchtigkeit, die eine psychologische und stoffunabhängige Größe darstellt.

Sucht ist in erster Linie ein psychisches Problem, zu dem in der Regel bald körperliche und soziale Folgen treten. Sucht ist gekennzeichnet durch einen eigengesetzlichen Ablauf und den fortschreitenden Verlust freier Handlungsfähigkeit und Kontrolle über das eigene Verhalten. Sucht liegt dann vor, wenn eine prozeßhafte Abfolge in sich gebundener Konsumhandlungen kritisch geprüfte, sorgfältig und folgerichtig gesteuerte Handlungsabläufe ersetzt.

Sucht ist Krankheit, nicht nur im juristisch-versicherungsrechtlichen Sinne; sie engt die Freiheitsgrade des betroffenen Menschen entscheidend und fortschreitend ein, ist die Ursache einer Vielzahl körperlicher, geistiger und sozialer Schäden bei dem betroffenen Individuum und bedarf deshalb der qualifizierten Behandlung. Sucht führt unbehandelt zur Invalidität und verkürzt die Lebenserwartung des Erkrankten. Sie schleift wesentliche charakterlich-individuelle Akzente der Persönlichkeit zunehmend ab und ähnelt darin defektbildenden Geisteskrankheiten. Süchtige verharren in einer immerwährenden Wiederholung des ständig Gleichen, es kommt bei ihnen zu Freiheitsverzicht und Freiheitsverlust.

Beim **Zustandekommen von Sucht** spielt eine Reihe von Faktoren eine wichtige Rolle:

1. Die Persönlichkeitsstruktur des Konsumenten (ängstliche, verschlossene, sensitive, leicht verletzliche und schnell zu entmutigende Persönlichkeiten);
2. Die Eigenwirkung der Substanzen (schwindender Spielraum des Konsumenten für eigene Entscheidungen);
3. soziale Faktoren (broken-home-Situation, familiäre Belastung);
4. Konsumgewohnheiten in der Gesamtbevölkerung;
5. aktuelle, sozio-kulturelle Belastungen (Technisierung, Streßbelastung, Leistungsdruck);
6. erbliche Faktoren (genetisch fixierte Weitergabe der Bereitschaft, süchtig zu entgleisen).

Bei der Untersuchung süchtiger Entwicklungen ist streng zwischen Verursachung (Kausalität) und gleichzeitigem Auftreten von Einzelerscheinungen (Korrelation) zu trennen.

Soziale Faktoren spielen beim Zustandekommen süchtiger Entwicklungen eine wesentliche Rolle, dürfen aber nicht als Hauptursache betrachtet werden. Auch biochemische, psychiatrisch-psychologische und humangenetische Kriterien sind

heranzuziehen. Damit ist Sucht als unspezifisches Gefüge aus individueller Persönlichkeit und ihrer besonderen lebensgeschichtlichen Situation vor dem Hintergrund der sozio-kulturellen Konflikte unserer Zeit anzusehen.
Die **Definition** von Drogenabhängigkeit durch die Weltgesundheitsorganisation (WHO) beschreibt einen Zustand psychischer oder psychischer und körperlicher Abhängigkeit von einem Stoff mit Wirkung auf das zentrale Nervensystem, der zeitweise oder fortgesetzt eingenommen wird. Angesichts der erheblichen Wirkungsunterschiede der hier in Betracht kommenden Substanzen definierte die WHO sieben Varianten von Abhängigkeit:

1. Morphintyp
2. Barbiturat-/Alkoholtyp
3. Kokaintyp
4. Cannabistyp
5. Halluzinogentyp
6. Amphetamintyp
7. Khattyp

Diese Abhängigkeitstypen liegen bis auf den Khattyp auch der Gliederung der ICD zugrunde, der wir nachstehend folgen.
An zentraler Stelle enthält die vorstehende Definition den Begriff der **psychischen Abhängigkeit,** der praktisch bei allen Typen von Drogenabhängigkeit vorhanden ist. Sie ist definiert als unbezwingbares, gieriges seelisches Verlangen, mit der Einnahme der Droge fortzufahren und sie sich um jeden Preis zu beschaffen. **Körperliche Abhängigkeit** macht sich dann bemerkbar, wenn beim Absetzen des Suchtmittels körperliche Entzugserscheinungen auftreten. Dies ist vor allem beim Morphin- und beim Barbiturat-/Alkoholtyp der Fall. Als körperliche Entzugserscheinungen sind Schmerzzustände, Durchfall, Erbrechen, Übelkeit, Schwindel und Abgeschlagenheit zu betrachten, aber auch stark ausgebildete vegetative Erscheinungen wie Zittern, Frieren und Schweißausbrüche (siehe Kap. 5.1.4.1).
Psychische Entzugserscheinungen bestehen aus Unruhezuständen, Angst, Schlafstörungen, dem Drang zu erneuter

Drogeneinnahme und aus depressiven Verstimmungen bis hin zu Selbstmordideeen.
Im Verlauf gewinnt der Organismus durch kontinuierliche Einnahme von Fremdsubstanzen allmählich die Fähigkeit, sonst giftige und in manchen Fällen tödlich wirkende Substanzmengen zu verarbeiten. Den dieser Umstrukturierung zugrundeliegenden Prozeß bezeichnen wir als Toleranzerwerb. Hierfür ist sowohl ein Absinken der Empfindlichkeit der zellulären Rezeptoren an den Wirkorten als auch eine Beschleunigung des Fremdstoffabbaus im Organismus verantwortlich. Parallel zum Toleranzerwerb geht die Dosissteigerung, die nicht nur die Einzeldosis, sondern auch die Einnahmefrequenz und damit die Gesamtdosis betrifft. Im Verlauf eines Toleranzerwerbes können auch paradoxe Wirkungen zustandekommen, etwa dann, wenn Schlafmittel nicht mehr schlafanstoßend oder sedierend wirken, sondern z. B. zur Euphorie führen.
Voraussetzung für die Entstehung von Toleranz ist die wiederholte Zufuhr von rauscherzeugenden bzw. suchterzeugenden Mitteln. Beim Rausch handelt es sich um einen Zustand unmittelbarer Drogenwirkung. Eine grundsätzliche Unterscheidung zwischen Rausch und Intoxikation ist nur schwer möglich. Sowohl Rausch als auch Intoxikation treten im Anschluß an einen Drogenkonsum auf; sie sind in ihrer Ausprägung dosisabhängig und klingen mit dem Abbau bzw. der Ausscheidung der Fremdsubstanz ab. Vom Inhalt her unterscheiden wir typische und atypische Rauschverläufe, vom Verlauf her akute und protrahierte (langdauernde) Räusche.
Der **Rausch** ist gekennzeichnet durch mehr oder weniger stark ausgeprägte Veränderungen der Bewußtseinslage (Bewußtseinstrübung, krankhafte Bewußtseinshelligkeit), die von wechselnden, meist lustbetonten Stimmungsschwankungen begleitet sind. Die einströmenden Sinneseindrücke werden nicht mehr kritisch gesichtet und geordnet, auch nicht anhand des Bedeutungsgehaltes sinnvoll weiterverarbeitet, statt dessen dominiert für den Berauschten häufig das situationsgebundene aktuelle Detail. Heitere Verstimmung, Enthemmung und Antriebssteigerung bilden häufig den ersten Teil eines typisch verlaufenden Rausches. In einem zweiten Abschnitt kann es zur Verlangsamung der psychischen Abläufe und unter Umständen zu depressiver Verstimmung, Ermüdung und Erschöpfung kommen. Der Rausch ist durch einen anders kaum zu realisierenden subjektiven Erlebnisreichtum gekennzeichnet.

Bei der **Intoxikation** steht im Gegensatz zum Rausch die Bewußtseinsstörung stärker im Vordergrund. Der Rausch beruht in der Regel auf einer Intoxikation, aber nicht jede Intoxikation führt zu einem Rausch. Treten diejenigen Erscheinungen, die sonst unter Mitteleinwirkung zustande kommen, auch ohne erneute Zufuhr der psychoaktiven Substanz im Organismus und somit ohne Intoxikation auf, so sprechen wir von einer **Psychose.** Zu ihrem Erscheinungsbild siehe Kapitel 5.1.4.2. Im Verlauf einer Sucht nimmt die Zahl der (inhaltsarmen) Intoxikationen zu, dagegen die Zahl der (erlebnisvollen) Räusche ab. Sucht führt so über den Weg der häufigen bzw. chronischen Intoxikation zur Erlebnisverarmung.
Jeder medizinisch nicht angezeigte Medikamentenkonsum und jeder Rauschdrogenkonsum (einschließlich Alkoholkonsum) ist als Mißbrauch definiert. Dieser Mißbrauch ist in der Bevölkerung weit verbreitet. Er liegt auch dann vor, wenn der Gebrauch von Fremdsubstanzen die Gefahr von Hilfsbedürftigkeit heraufbeschwört.

5.7.2 **Morphintyp** (ICD 304.0)

Seit alters her ist die beruhigende und vor allem schmerzstillende Wirkung von Inhaltsstoffen der Mohnkapsel bekannt. Opium kennen wir in Deutschland seit dem Mittelalter. In orientalischen Ländern ist der Mißbrauch von Opium als Rauschmittel noch länger bekannt. Bis heute ist im Fernen und Mittleren Osten das Opiumessen bzw. -rauchen eine verbreitete Abhängigkeitsform. Opium wird aus dem durch Anritzen der Mohnkapsel erhaltenen Saft mittels Eintrocknens gewonnen. Es enthält als Hauptinhaltsstoff das **Morphin.** Die Dosis kann im Laufe einer Opiumsucht bis auf mehr als 10 g täglich gesteigert werden. In der Regel werden indessen kleinere Mengen über längere Zeiträume hinweg genommen, so daß kurze, rauschartige Zustände des Wohlbefindens eintreten. Die Hauptwirkungen bestehen in Euphorie, allgemeiner Sedierung, Reizabschirmung, Apathie und Passivität. Es bildet sich ein amotivationales Syndrom (AMS) aus.
Ebenso wie der Dauerkonsum von Opium führt auch der wiederholte Konsum von Morphin zur Abhängigkeit, die aus einer psychischen und einer körperlichen Komponente besteht. Morphin gehört wie das Heroin zu den am stärksten und am

schnellsten suchterzeugenden Stoffen, die wir kennen. Beim Absetzen der Substanz entsteht ein Entzugsbild aus vegetativen Symptomen bzw. Schmerzzuständen im Bereich der Gliedmaßen oder des Bauchraums, Kreislaufzusammenbrüchen, depressiven und Angstzuständen, Schlafstörungen, Durchfall und Verstopfung (siehe Kap. 5.1.4.1), welches bis zu tagelangem Erbrechen und Spasmen im Verdauungstrakt und im Urogenitalbereich reicht. Die Hauptwirkung des Morphins, der schmerzstillende Effekt, tritt im Laufe einer Abhängigkeit zugunsten der euphorisierenden und sedierenden Wirkungskomponenten in den Hintergrund. Wiederholter Morphinkonsum führt zu einem Zustand seelischer Ruhe, einem Gefühl des Glücks und der Unbeschwertheit; Konflikte und Probleme treten in den Hintergrund, unsichere Menschen gewinnen Selbstvertrauen und werden kontaktfreudig, die Sinneswahrnehmungen sind herabgesetzt, und gelegentlich kommt es auch zu subjektiv gesteigerter allgemeiner Leistungsfähigkeit.
Gleichartige Wirkungen erzielt man auch durch den Konsum von **Heroin,** sogar in potenzierter Form. Entsprechend sind auch die körperlichen und psychischen Entzugserscheinungen beim Absetzen von Heroin stärker ausgeprägt als beim Morphin, sie treten auch schneller ein. Der einsetzende Abhängigkeitstyp ist durch eine innerhalb von Tagen auftretende seelische und körperliche Abhängigkeit mit schneller Ausbildung von Gewöhnung und Toleranz und damit einer erheblichen Tendenz zur Dosissteigerung gekennzeichnet. Schon nach sieben- bis zehnmaliger Injektion von Heroin kann es bei entsprechenden Voraussetzungen zur Ausbildung einer Abhängigkeit mit allen sich anschließenden Folgen kommen. Durch den verbreiteten intravenösen Konsum kommt es zu einer plötzlichen Anflutung der Substanz ins zentrale Nervensystem und damit zu einem schlagartig einsetzenden Hochgefühl („flash"), das als außerordentlich beglückend erlebt wird. Diese ausgeprägte euphorisierende Komponente macht das Heroin zu einem Suchtstoff ersten Ranges.
Seit dem Ende der 60er Jahre beobachten wir in der Bundesrepublik eine kontinuierliche Verbreitung des Heroinkonsums vorwiegend unter jungen Menschen. Die Lage hat sich in den letzten Jahren auf hohem Niveau stabilisiert. Die Zahl der im Zusammenhang mit dem Heroinkonsum zu Tode kommenden Personen liegt in den letzten Jahren bei etwa 300 bis 500 jährlich (1988: 660). Die kurze und intensive Wirksamkeit einer

Heroindosis, aber auch die stark ausgeprägten Nebenwirkungen bei Überdosierung (vor allem die Atemdepression) machen die Droge zu einem ausgesprochenen Gefahrenherd. Die körperlichen und sozialen Folgen der Heroinsucht sind weitaus schwerwiegender als beim süchtigen Konsum anderer Opiate. Das intravenöse Gebrauchsmuster führt zu einer Vielzahl auch körperlicher Komplikationen und Begleiterkrankungen. Mittlere tägliche Dosen eines Heroinsüchtigen liegen bei etwa 1 g einer Substanz, die 10–50 % Heroin enthält. Diese Dosis wird auf mehrere Portionen pro Tag verteilt. Heroin ist vielfach mit stark wirkenden Beimengungen verunreinigt (Strychnin). Seine Giftwirkung setzt schon bei 5 mg Reinsubstanz bei einem ungewohnten Menschen ein. Die Wirkungsdauer einer Heroininjektion beträgt mehrere Stunden, je nach Gewöhnungsgrad. Danach kommt es zum allmählichen Auftreten körperlicher und psychischer Entzugserscheinungen, so daß erneut injiziert werden muß. Neben dem Morphin und dem Heroin sind noch folgende Stoffe der sog. Opiatreihe zuzuordnen (obwohl sie teilweise von der Struktur her vom Morphin abweichen):

1. Tilidin (Valoron N®)
2. Pentazocin (Fortral®)
3. Hydrocodon (Dicodid®)
4. Hydromorphon (Dilaudid®)
5. Oxycodon (Eukodal®)
6. Methylmorphin (Codein: Paracodin, Remedacen)
7. Methadon (L-Polamidon®)
8. Dextromoramid (Jetrium)
9. Pethidin (Dolantin®)
10. Buprenorphin (Temgesic®)
11. Nefopam (Ajan®)
12. Tramadol (Tramal®)

Zur Therapie der Morphinsucht bzw. der Heroinsucht siehe Kapitel 5.7.10.

5.7.3 **Barbiturat-/Alkoholtyp** (ICD 304.1)

Dieser Abhängigkeitstyp ist durch psychische Abhängigkeit von variabler Ausprägung gekennzeichnet, die auch zu einem periodischen Mißbrauch anstelle eines kontinuierlichen Mißbrauchs führen kann; wir finden daneben körperliche Abhängigkeit. Sinkt der Konsum unter einen kritischen Schwellenwert, so treten Entzugserscheinungen umschriebener Art und Dauer auf (siehe Kap. 5.1.3.4). Zwischen Barbituraten und Alkohol besteht eine Kreuztoleranz. Die eine Substanz kann durch die andere im Rahmen der Abhängigkeit ersetzt werden. Weiterhin kommt es zu Toleranzerhöhung und im Falle des Alkoholismus zu umschriebenen Zellschäden, insbesondere am zentralen Nervensystem. Wir verweisen in diesem Zusammenhang auf Kapitel 5.6, das dort für den Alkohol Gesagte gilt im wesentlichen auch für die Gruppe der Barbiturate als früher häufig gebrauchte Schlafmittel, die mittlerweile weitgehend durch die Gruppe der schlafanstoßenden Benzodiazepine ersetzt sind (siehe Kap. 4.1.4). Hier sind insbesondere die langwirkenden Substanzen von besonderer Gefährlichkeit.

Eine **Abhängigkeit von Schlafmitteln** bildet sich in einem unterschiedlich langen Zeitraum heraus. Sie durchläuft dabei vier Stadien:

1. **Initialstadium:** Konfliktbedingte Belastung mit Schlafstörungen, Angst, innerer Unruhe und Spannung führen zum Konsum;
2. **Stadium der Gewöhnung bzw. Toleranz:** Es kommt zur Dosissteigerung;
3. **Suchtstadium:** Weitere Dosissteigerung, Toleranzbildung, paradoxe Wirkung mit Euphorie und Kritikschwäche gegenüber dem eigenen Verhalten;
4. **Stadium der Dekompensation:** Chronische Intoxikation mit körperlichen, psychischen und schließlich sozialen Auffälligkeiten.

Eine Abhängigkeit vom Barbiturat-/Alkoholtyp im Sinne einer Schlafmittelabhängigkeit wird meist iatrogen erzeugt. Hier sind insbesondere die Ärzte aufgerufen, durch restriktives und verantwortungsvolles Verschreibungsverhalten zu einer Eindämmung dieser Suchtform beizutragen.

5.7.4 **Kokaintyp** (ICD 304.2)

Kokain wird aus den Blättern des Kokastrauches gewonnen, der vorwiegend in den Andenländern Südamerikas angebaut wird. Die getrockneten Kokablätter enthalten 0,2 bis 1,3 % Kokain, dessen ausgeprägt bitter schmeckende, farb- und geruchlose Kristalle von den Schleimhäuten des Menschen resorbiert werden. Es wirkt am Ort der Resorption schmerzstillend und betäubend. Wird es geschnupft bzw. intravenös gespritzt, so führt es zu Rauschzuständen, die wir in ein Anfangsstadium, ein euphorisches Stadium und ein Rauschstadium sowie ein ausklingendes depressives Stadium unterteilen können.

Beim Schnupfen von Kokain durch die Nase kommt es schon kurze Zeit nach Einnahme zu ersten euphorischen Erlebnisveränderungen. Ausgelassenheit, Heiterkeit und Fröhlichkeit, gehobene Stimmung, verstärkter Rededrang, Beschleunigung der Denkabläufe und parallel dazu eine wachsende Kritik-und Urteilsschwäche sowie Distanzlosigkeit, Beseitigung von Hemmungen, Angstlösung und Kontakterleichterung sind zu beobachten. Im euphorischen Stadium wird die Welt positiv erlebt, die Konsumenten fühlen sich wohl und glücklich, breitflächig mit der Umwelt kontaktierend, eins mit sich selbst und der Umgebung. Im Rauschzustand treten gelegentlich illusionäre Verkennungen, manchmal auch Halluzinationen und paranoide Erlebnisumformungen hinzu. Im depressiven Stadium beobachten wir Müdigkeit, Gleichgültigkeit und Passivität. Es kommt zu Antriebsschwäche, Niedergeschlagenheit und Erschöpfung. Jetzt können auch Suizidideen auftreten.

Die Abhängigkeit vom Kokaintyp ist durch starke psychische Abhängigkeit und ausgeprägte Tendenz zur Dosissteigerung bei fehlender körperlicher Abhängigkeit bzw. bei fehlender Toleranzbildung gekennzeichnet. Die Kokainabhängigkeit ist das Beispiel einer ausschließlich psychischen Abhängigkeit, die in ihrer zerstörenden Wirkung auf das Individuum mit den sowohl zu psychischer als auch zu körperlicher Abhängigkeit führenden Opiaten zu vergleichen ist, insbesondere dem Heroin. Auf der Drogenszene wird heute Kokain in der Regel im Rahmen von Mehrfachkonsum bzw. Mehrfachabhängigkeit verwendet. In den letzten Jahren hat es seinen Weg über den Konsum in geschlossenen Zirkeln hinaus immer mehr auch in die Drogenszene hinein gefunden. Fälle von reiner Kokainabhängigkeit werden in öffentlichen Kliniken derzeit nur selten beobachtet.

Bei der Beurteilung der zur Zeit wachsenden Verbreitung des Kokainkonsums in der Bundesrepublik müssen wir zugrunde legen, daß es sich beim Kokain um einen Stoff handelt, dessen Wirkungen für eine große Personengruppe im höchsten Maße attraktiv sind: Leistungssteigerung, Reizabschirmung, Kontaktverbesserung, Verstärkung des sexuellen Erlebens, Euphorie und gehobene Stimmung führen bei dieser Droge zu einer Prestigefunktion, die ihre weitere Verbreitung auch in Zukunft sichern dürfte.

5.7.5 **Cannabistyp** (ICD 304.3)

Cannabis gehört neben dem Alkohol zu den am längsten bekannten und am weitesten verbreiteten rauscherzeugenden Stoffen. Es zählt zu den Rauschmitteln, weil seine wesentliche Wirkung darin besteht, einen Rauschzustand hervorzurufen. Im Fernen und Mittleren Osten hat sein Konsum eine lange Tradition. Mit der spanischen Eroberung kam die Hanfpflanze offenbar bis nach Süd- und Mittelamerika. Auch in schwarzafrikanischen Ländern ist der Konsum von Cannabis eingeführt. Ein besonderes Problem stellt er allerdings in den westeuropäischen Ländern und in den USA dar. In der Bundesrepublik haben wir etwa seit 1968 mit dem Cannabisproblem zu tun.

Cannabis wird aus der Hanfpflanze gewonnen, wir kennen verschiedene Zubereitungsarten:

1. **Haschisch** (enthält überwiegend das Harz der Blütenstände der weiblichen, auch der männlichen Pflanze, Gehalt: 2 bis 10 % Tetrahydrocannabiol [THC]);
2. **Charas** (ausschließlich Stengel- und Blattspitzen mit hohem Harzgehalt, ausgeprägte psychotrope Wirkung);
3. **Ganja** (Blatt- und Stengelspitzen der weiblichen Pflanze, mittelstarke Wirkung);
4. **Bhang** (Blatt- und Stengelspitzen der wildwachsenden weiblichen Pflanze, niedriger Harzgehalt, geringe Wirkung, entspricht dem Marihuana);
5. **Marihuana** (luftgetrocknete Blatt- und Blütenanteile, THC-Gehalt etwa 1 %, vielfach gestreckt).

Zur Herbeiführung eines Cannabisrausches ist die Aufnahme von 3 bis 10 mg THC erforderlich. Bei einem Wirkstoffgehalt zwischen ein bis zehn Prozent müssen demnach 60 mg bis

5 g Haschisch/Marihuana konsumiert werden, da nur ein Teil der Wirksubstanz beim Rauchen aufgenommen wird. Auch in unseren Breiten gezogene Hanfsorten können in guten Jahren bis zu 1,5 % THC enthalten, wenn die Pflanzenteile entsprechend sortiert werden.

Die Kenntnis der Wirkungen des Haschischs ist für seine Beurteilung unerläßlich. Das typische Wirkungsprofil der Droge enthält Veränderungen der Befindlichkeit, der Wahrnehmung, des Denkens und des Gedächtnisses. Aber auch bei nicht typisch verlaufenden Cannabisräuschen stehen die psychischen Veränderungen ganz im Vordergrund, so niedergedrückte Stimmung, gesteigerter Antrieb, Denk- und Wahrnehmungsstörungen, Gedächtnis- und Körperschemastörungen, daneben Angst, innere Unruhe, paranoide Erlebnisse und aggressive Impulse sowie Desinteressiertheit und Verwirrtheit. Demgegenüber sind die körperlichen Wirkungen fast als belanglos zu bezeichnen (gesteigerte Herzfrequenz, Blutdruckanstieg, vermehrter Hunger und Durst, Müdigkeit, Übelkeit und andere).

Den akuten Wirkungen bei einmaliger Zufuhr stehen die Wirkungen bei Dauerkonsum gegenüber. Auch hier beobachten wir vor allem psychische Veränderungen. Dabei steht die Abhängigkeit mit Tendenz zur Dosissteigerung und Toleranzbildung an erster Stelle. Aber auch die grundlos gehobene Stimmungslage, die Verminderung des Antriebs und die Störungen des Kurzzeit- und des Langzeitgedächtnisses verdienen Beachtung. Kritikschwäche, Scheintiefsinn, Mangel an sozialem Interesse, Abwendung von Leistungsverpflichtungen, vermehrte Selbstzuwendung, Selbstbeobachtung und Beschäftigung mit der eigenen Person ergänzen das Bild. Die körperlichen Störungen bei Langzeitkonsum von Haschisch sind dagegen von geringerer Bedeutung (Rachenentzündung, Bronchitis, Bindehautentzündung, Abgeschlagenheit und andere).

Aus dem vorstehenden Wirkungsprofil bei Dauerkonsum sind folgende **Gefährdungsmomente** abzuleiten:

1. Abhängigkeit vom Cannabistyp;
2. amotivationales Syndrom: Apathie, Passivität, Euphorie;
3. Haltungs- und Einstellungsveränderungen („Wesensänderung“);
4. sozialer Rückzug;
5. Umsteigeeffekt: Cannabiskonsum bahnt Mißbrauch- und Suchtverhalten allgemein an und erleichtert den Weg zu härteren Drogen, zumal seine Wirkung auch durch Dosiserhöhung nicht beliebig zu steigern ist;
6. atypischer Rauschverlauf, Flash back (v. a. bei LSD-Vorerfahrung);
7. cannabisinduzierte Psychosen;
8. Beeinträchtigung des Kurz- und Langzeitgedächtnisses;
9. Fehlverhalten im Straßenverkehr;
10. Lungenschäden.

Daneben sind auch weiterhin im Raum stehende Gefährdungsmomente bei Dauerkonsum vom Haschisch zu nennen, wobei an die Berichte über Hirnschäden, Veränderungen des Erbmaterials, teratogene Schäden, Veränderungen im Hormonstoffwechsel und im Immunsystem (vor allem Depression der zellgebundenen Abwehr, Veränderungen der weißen Blutkörperchen) zu denken ist.

5.7.6 **Amphetamintyp** (ICD 304.4)

Zu dieser Gruppe gehören die sogenannten Weckmittel. Dabei handelt es sich chemisch um Abkömmlinge des Adrenalins und des Ephedrins. Bekannte Handelsnamen sind Ritalin® und Captagon®. Die Hauptwirkung der Weckamine ist eine zentral erregende. Sie wirken schlaf- und ermüdungshemmend und damit leistungs- und antriebssteigernd. Ihr Konsum führt zu mehr Initiative und Aktivität, Tatendrang und Unternehmungslust, gehobener Stimmung und verbessertem Kontakt zur Umwelt. Dauerkonsum erzeugt Euphorie und Abhängigkeit. Letztere besteht vor allem aus einer starken Toleranzbildung gegenüber einer Reihe von Wirkungen. Körperliche

Abhängigkeit tritt indessen nicht auf. Allerdings müssen wir bei erniedrigter Krampfschwelle mit dem Auftreten von epileptischen Anfällen rechnen.
Weckmittel werden in großem Umfang mißbraucht und von Abhängigen konsumiert. Es ist hierbei nicht die Drogenszene, die als Hauptkonsument von Weckmitteln in Betracht kommt. Sie werden auch zur Appetitzügelung und zur Abmagerung verwendet, ferner zur Müdigkeitsbekämpfung und Aktivierung von überlasteten Berufstätigen. Sportler setzen sie zur Leistungssteigerung im Sinne des klassischen Dopings ein und allgemein zur Stimmungsanhebung und zur Steigerung des Erlebens. Es ist also verständlich, daß eine Substanz mit einem solchen Wirkungsspektrum in einer Gesellschaft mit hohem Leistungsanspruch bei Menschen mit gesteigerten Erlebniserwartungen in besonderem Maße mißbraucht wird. Da das Indikationsgebiet der Weckmittel relativ begrenzt ist, können wir durch kritisches Verschreibungs- und Abgabeverhalten einen Beitrag zur Vermeidung dieser Abhängigkeit leisten.

5.7.7 **Halluzinogentyp** (ICD 304.5)

Zur Gruppe der Halluzinogene zählen wir das **LSD** (Lysergsäurediäthylamid), das Meskalin und das Psilocybin. Ferner gehört noch eine Reihe teils in der Natur vorkommender Alkaloide, teils synthetisch hergestellter Abkömmlinge des Amphetamins bzw. des Adrenalins hinzu.
LSD wirkt bereits in kleinsten Dosen zwischen 50 und 200 µg und führt dann zu einem typischen Rauschverlauf, der aus einem Initialstadium von etwa halbstündiger Dauer mit Schwindel, Angst, Pulsbeschleunigung und vermehrter Atemtätigkeit in eine Rauschphase von ein bis acht Stunden Dauer überleitet, die von Sinnestäuschungen, Orientierungs- und Wahrnehmungsstörungen gekennzeichnet ist. Dazu treten Affektstörungen. Es schließt sich eine Erholungsphase an, in welcher der Rausch allmählich abklingt. Ihre Dauer kann Stunden bis Tage betragen.
Eine Nachwirkungsphase ist von depressiver Verstimmung, Ermüdung und Erschöpfung, gelegentlich aber auch von innerer Anspannung und Angst geprägt.
Im atypischen Rauschverlauf (sog. Horrortrip) kommt es zu angstbetonten depressiven Erlebnissen, in denen bedrohliche

Inhalte wie Tod, Vernichtung, Schuld, Qual und Verfolgungserlebnisse vorherrschen.
Der Konsum von Halluzinogenen führt zu einem Abhängigkeitstyp, der durch psychische Abhängigkeit und Toleranzbildung bei mäßig ausgeprägter Tendenz zur Dosissteigerung gekennzeichnet ist. Der Drang, die Einnahme eines Halluzinogens fortzusetzen, innere Unruhe und Getriebenheit sowie ängstliche Erregung und Nervosität können tage- bis wochenlang nach Absetzen eines Halluzinogens bestehenbleiben.
Ähnliche Wirkungen wie das LSD hat das **Meskalin.** Die Dosierung liegt hier im Grammbereich; es wird in mexikanischen Kakteen gefunden, optische Veränderungen und Störungen des Körperschemas stehen im Vordergrund seiner Wirkung.
Psilocybin kommt in einem mexikanischen Pilz vor und führt ebenfalls zu psychopathologischen Veränderungen wie das LSD und Meskalin (siehe hierzu Wanke und Täschner, 1985; hier finden sich auch Angaben zu den übrigen Halluzinogenen).

5.7.8 **Polytoxikomanie** (ICD 304.7)

Die vorstehend im einzelnen beschriebenen Abhängigkeitstypen kommen in der Praxis selten in reiner Form vor. Dies haben auch eigene empirische Nachprüfungen ergeben. Statt dessen konsumieren die Abhängigen entweder mehrere Substanzen gleichzeitig (simultane Mehrfachabhängigkeit) oder sie konsumieren in wechselnder Abfolge verschiedene Rauschdrogen hintereinander (alternierende Mehrfachabhängigkeit). Von Haschischkonsumenten wissen wir, daß sie auch häufig Benzodiazepine, Amphetamine und gelegentlich Halluzinogene zusätzlich konsumieren. Heroinsüchtige benutzen nebenher auch Kokain, Amphetamine und Benzodiazepine, aber auch die verschiedensten Schmerzmittel, die sie erhalten können. Alkoholkonsum kommt häufig kombiniert mit dem Mißbrauch von Schlaf- und Beruhigungsmitteln vor, hier spielen Benzodiazepine und das Distraneurin eine wesentliche Rolle.
Die weitverbreitete Mehrfachabhängigkeit führt dazu, daß nicht nur die Rauschzustände und die chronischen Intoxikationen ein unspezifisches Gepräge erhalten, sondern auch die Ent-

zugsbilder. Bei Alkoholikern müssen wir häufig über das Abklingen des alkoholspezifischen Prädelirs hinaus noch etwa zwei Wochen warten, um das nachträgliche Auftreten eines Entzugsbildes bei Benzodiazepinabhängigkeit abzuwarten. Opiatsüchtige entwickeln in der Intoxikation und im Entzug nicht die klassische Trias (Bewußtlosigkeit, Atemdepression, stecknadelkopfgroße Pupillen), so daß eindeutige Diagnosen auch schwerer gestellt werden können. Der Anwendung von Antagonisten sind dadurch enge Grenzen gesetzt.

5.7.9 Folgezustände

Depravation

Bei langdauernden und schweren süchtigen Entwicklungen beobachten wir im Verlauf häufig eine typische Persönlichkeitsdeformierung, deren Grundlage hirnorganische Veränderungen zu sein scheinen. Diese sind zunächst diskret ausgeprägt, werden im Verlauf aber durch einen fortschreitenden Verlust der Kritik- und Urteilsfähigkeit, durch eine Beeinträchtigung kognitiver Fähigkeiten und durch einen Verfall individueller Differenziertheit und charakterlicher Ausformung zugunsten einer Uniformierung und Monotonisierung des psychopathologischen Erscheinungsbildes komplettiert. Ursprünglich differenzierte Persönlichkeitsmerkmale machen einer allgemeinen Abschleifung und Einebnung der Individualität Platz, und es kommt zu einer suchttypischen Wesensänderung, die als Destruktion der persönlichen inneren Haltung (Zutt) bzw. als Entdifferenzierung des Persönlichkeitsgesamts (Bürger-Prinz) und als „Endzustand, der bar aller ursprünglichen Potenzen vegetiert, vergleichbar einem im Wasser treibenden steuerlosen Wrack“ (Schrappe) beschrieben wurde.

Amotivationales Syndrom

Während wir die Depravation vor allem beim Barbiturat-/Alkoholtyp und beim Morphintyp finden, gelegentlich auch beim Amphetamin- und beim Kokaintyp, beobachten wir beim Cannabistyp ein Zustandsbild, das aus drei Elementen besteht: Euphorie, Apathie und Passivität. Wir sprechen dann vom amotivationalen Syndrom (AMS). Sein Vorhandensein beschleunigt und begünstigt den weiteren Drogenkonsum im Verlauf und das Fortschreiten der süchtigen Entwicklung. Es fördert das Umsteigen auf andere Drogen, vor allem auf das Heroin. Es ist keine Frage, daß ein teilnahmsloser, antriebsgeminderter und sich obendrein noch glücklich und zufrieden fühlender Mensch von sich aus wenig Neigung zeigen wird, diesen Zustand zu beseitigen. Damit schafft das amotivationale Syndrom im Verlauf des Cannabiskonsums die Voraussetzungen für schwerer wiegende süchtige Entwicklungen.

Körperliche Veränderungen

Bei **Opiatsüchtigen** finden wir folgende Schädigungen:

1. Leberveränderungen/Hepatitis;
2. andere Infektionskrankheiten, die intravenös weitergegeben werden: Syphilis, Röteln, AIDS und andere;
3. Zahnverfall (Karies);
4. Parasitenbefall (Läuse, Krätze, Flöhe);
5. Anämien;
6. periphere Polyneuropathien;
7. Magen- und Zwölffingerdarmveränderungen;
8. allgemeine Abwehrschwäche aufgrund des reduzierten Ernährungs- und Kräftezustandes;
9. bei Frauen Amenorrhö und unbemerkte, fortgeschrittene Schwangerschaften.

Bei **Cannabisabhängigen** sehen wir folgende Veränderungen:

1. Bronchitis;
2. Verdacht auf Chromosomenveränderungen;
3. Verdacht auf Hirnsubstanzveränderungen;
4. Beeinträchtigungen des Plasmatestosteronspiegels;
5. Verminderung der Spermienzahl;
6. allgemeine Abwehrschwäche.

Beim **Alkoholismus** beobachten wir folgende Erkrankungen:

1. Lebererkrankungen (Fettleber, Hepatitis, Zirrhose);
2. Bauchspeicheldrüsenentzündungen;
3. Magenschleimhautatrophie, Gastritis;
4. Herzmuskelschäden;
5. Hodenatrophie bei Männern;
6. Kleinhirnatrophie;
7. allgemeine Hirnatrophie;
8. periphere Polyneuropathie;
9. Anfallsneigung;
10. Ösophagusvarizen mit Blutungsneigung;

11. Wernicke-Enzephalopathie (Wernicke-Korsakow-Syndrom);
12. Alkoholembryopathie.

Soziale Veränderungen
Unter den sozialen Folgen süchtiger Entwicklungen spielen Desintegrationserscheinungen im familiären Umkreis eine Hauptrolle. Partnerschaftskonflikte und daraus resultierende Isolation, die ihrerseits das Suchtverhalten negativ beeinflußt, führen zu einer Art Teufelskreis. Die Unfallhäufigkeit und die Fehlzeiten bei Erwerbstätigkeit sind gesteigert, Süchtige steigen sozial ab, ihre allgemeine Konfliktbelastung ist erhöht, Ausbildungsgänge und soziale Karrieren werden unterbrochen oder negativ beeinflußt. Die soziale Mobilität geht in Richtung Ausscheren und Abstieg, Kontinuitätsunterbrechung von Erwerbstätigkeit und Ausbildung bis hin zur allgemeinen sozialen Hilfsbedürftigkeit. Bei Drogenabhängigen kommt eine erhebliche Kriminalitätsbelastung hinzu. Mehr oder weniger schnell kommt es zu richtungslosem Vegetieren bei allgemein herabgesetzter Leistungsfähigkeit und schwindendem sozialem Interesse der Betroffenen.

5.7.10 Therapie der Drogenabhängigkeit

Jede Suchtkrankentherapie hat folgende Prinzipien zu berücksichtigen:
1. Das **Totalitätsprinzip** (Einbeziehung von Partner, Familie und sozialem Umfeld);
2. das **Pluralitätsprinzip** (wonach an der Therapie unterschiedliche Berufsgruppen zu beteiligen sind);
3. das **Permanenzprinzip** (langdauernder, latent fortbestehender therapeutischer Rahmen für Süchtige).

Basis der Therapie ist die Abstinenz, **Ziel** der Behandlung hingegen die soziale Selbstverfügbarkeit und der Wiedergewinn der Fähigkeit zu eigenverantwortlichem selbständigem Leben in optimaler sozialer Integration. Dieses Ziel ist nach unserer Überzeugung und Erfahrung nur durch drogenfreie Langzeitprogramme zu erreichen. Es gibt keine Notwendigkeit, von dieser Zielsetzung abzugehen.

Die Therapie der Drogenabhängigkeit umfaßt drei methodische Ansätze:

Die **medikamentöse Therapie** spielt vor allem in der Entgiftungsphase eine wichtige Rolle. Es gibt aber auch Modelle, die grundsätzlich auf medikamentöse Therapie verzichten.

Die **psychotherapeutischen Verfahren,** die hier in Betracht kommen, sind vor allem die Verhaltenstherapie und die Gesprächspsychotherapie. Beide Verfahren zeichnen sich durch eine gewisse Ökonomie der Vorgehensweise und durch eine relativ unkomplizierte Erlernbarkeit aus. Hingegen spielen psychoanalytische Ansätze in der Praxis eine untergeordnete Rolle. Weiterhin kommen auch übende und Entspannungsverfahren in Betracht (z. B. autogenes Training).

Der **soziotherapeutische Teil** umfaßt das gesamte Gebiet der traditionellen Sozialarbeit mit den hier besonders bei Drogenabhängigen vorliegenden Problemen.

Betrachten wir nun den **zeitlichen Ablauf** einer Therapie Drogenabhängiger, so erfolgt sie innerhalb eines Therapieverbundes, der aus vier hintereinander geschalteten, miteinander verzahnten Abschnitten besteht:

1. Kontaktphase (Ambulanz / Beratungsstelle / niedergelassener Arzt);
2. Entgiftungsphase (vor allem psychiatrisches Krankenhaus);
3. Entwöhnungsphase („Therapie im engeren Sinne");
4. Nachsorgephase (therapeutische Wohngemeinschaft, betreute Wohngruppen, Selbsthilfegruppen, niedergelassener Arzt).

Am Anfang dieser viergliedrigen Behandlungskette steht also die **Kontaktphase.** Sie wird von den ambulanten Beratungsstellen getragen, die es mittlerweile flächendeckend gibt. Sie leisten die wesentliche Vorarbeit, die schließlich bei dem Betroffenen zu der Überzeugung führt, daß er eine Therapie benötigt, um aus seiner Sucht hinauszufinden. Der Kontakt zum Drogenberater ermöglicht in vielen Fällen diesen Entschluß. Motivation heißt das zentrale Stichwort in diesem Zusammenhang.

An die Kontaktphase schließt sich die **Entgiftungsphase** an. Die Entgiftung des Süchtigen ist notwendig, damit er aus dem

Zustand chronischer Intoxikation gelangen kann, in dem er sich permanent befindet. Er wird damit fähig, in einem gewissen Umfang wieder über seine eigene Lebensplanung zu entscheiden. Die Entgiftung sollte auf geschlossener Station eines psychiatrischen Krankenhauses erfolgen, um den zahlreichen abgestuften Ausweichmanövern Süchtiger wirkungsvoll begegnen zu können. Die Behandlung der meist unspezifischen Abstinenzsyndrome der häufig Polytoxikomanen ist in der Regel kein ernsthaftes Problem.
Der Einsatz des Antidepressivums Doxepin (Aponal®) hat sich hierbei bewährt. Wir wenden es in einer Dosierung von bis zu 4 x 100 mg/Tag an, ab dem 3. oder 4. Tag schleichen wir uns wieder aus und begrenzen die Behandlung auf höchstens 6 bis 8 Tage. Die Substanz blockiert zwar nicht alle Entzugserscheinungen, führt aber doch zu Sedierung und Stimmungsaufhellung bei den meisten Abhängigen. In neuerer Zeit haben wir auch mit Clonidin (Catapresan®) gute Erfahrungen gemacht; die Dosis beträgt bis zu 800 µg (4 x 200 µg/Tag). Es handelt sich dabei um einen Alpha-II-Rezeptorenagonisten, der den „Noradrenalinsturm" im Entzug blockiert, welcher die Grundlage des Entzugssyndroms bildet. Neuerdings hat sich freilich die Frage nach der euphorischen Potenz dieser Substanz gestellt (Schaut und Schnoll).
An die Entgiftungsphase sollte sich möglichst nahtlos die **Entwöhnungsphase** anschließen. Sie bildet den zentralen Abschnitt der Therapie, in welchem wir folgende **Therapieziele** anstreben, und zwar im einzelnen die Fähigkeit,

1. ohne Drogenkonsum zu leben;
2. zu kritischer Selbsteinschätzung des eigenen Verhaltens und der eigenen Person zu gelangen;
3. mit eigenen und fremden Dingen verantwortlich umgehen zu können;
4. sich kritisch mit der Realität auseinanderzusetzen;
5. zu einer Überwindung der Kluft zwischen Anspruch und tatsächlichen Fähigkeiten zu gelangen.

Diese Ziele erreichen wir mit einem speziellen Typus von Einrichtungen, die es heute flächendeckend in der Bundesrepublik gibt. Sie sind an unterschiedlichen Verfahrensweisen orientiert, haben aber insgesamt folgende Gemeinsamkeiten:

1. Prinzip der Drogenfreiheit als Basis der Therapie;
2. Reglementierung des Tagesablaufs;

3. Bevorzugter Einsatz von Gruppentechniken;
4. Gliederung nach einem Stufenprinzip je nach Therapiefortschritt;
5. Prinzip der gestuften Belastung durch soziale Verpflichtungen;
6. Laufende Kontrolle des Behandlungsfortschritts;
7. Aufbau drogenfreier Aktivitäten und Kontakte;
8. Abkehr vom Lust-Unlust-Prinzip, Hinwendung zum Leistungsprinzip;
9. Ersatz des Drogenkonsums durch sinnvolle Lebensinhalte;
10. Förderung der Nachreifung und Differenzierung der Persönlichkeit.

Diese therapeutischen Prinzipien finden sich bei den meisten Therapiemodellen in teils abgewandelter Form wieder. Sie sind mit verhaltenstherapeutischen Verfahrensweisen am ehesten zu realisieren.
Bei einer Behandlungsdauer von 6–12 Monaten können nur Verfahren angewandt werden, die in dieser Zeit eine effiziente Therapie zulassen. Daß auch Aktivitäten wie Arbeit, Sport, Hobbies, Werken, künstlerische Betätigung usw. eine wichtige Rolle spielen, ist keine Frage. Am Schluß der Entwöhnungstherapie soll aus dem Süchtigen, für den es zuletzt nur noch Drogen als Lebensinhalt gab, ein kritisch handelnder, sozial verantwortlich denkender und zu selbständigem Leben fähiger Mensch geworden sein.
Es folgt nun die **Nachsorgephase.** Der Klient geht in eine betreute Wohngemeinschaft oder er schließt sich einer ambulanten Gruppe an, die ihm eine weitere Stabilisierung vermitteln kann. Es wird nun noch eines unterschiedlich langen Zeitraums bedürfen, bis der Weg aus der Sucht endgültig gefunden ist. Beratungsstellen bzw. der niedergelassene Arzt können hierbei eine wichtige stützende Funktion übernehmen.

Methadonsubstitution
Der Strategie, Drogenabhängige auf der Basis von Abstinenz in drogenfreien Langzeitprogrammen so zu stabilisieren, daß sie auch später mit einem Maximum von sozialer Integration drogenfrei leben können, steht die Überzeugung gegenüber, es gebe eine große Zahl von Drogenabhängigen, denen auf diese Weise nicht zu helfen sei. Sie seien drogenfreien Langzeitprogrammen nicht zugänglich. Um zu verhindern, daß sie sozial

weiter abdriften und schließlich verelenden (mit der weiteren Zielsetzung, sie im Einzelfall langfristig in drogenfreie Langzeitprogramme überführen zu können und sie zunächst einmal vor allem zu entkriminalisieren), solle man ihnen den Zwang zur Drogenbeschaffung (Beschaffungskriminalität) nehmen, indem man sie in entsprechenden Programmen mit dem Suchtmittel Methadon versorge. Dabei muß man allerdings eine Reihe von Argumenten beiseite lassen, die schon seit langer Zeit in der Diskussion sind und gegen die Verwendung von **Methadon** bei Drogenabhängigen sprechen (siehe Tab. 38).

Gleichwohl wird vor allem unter dem Aspekt, daß Opiatsüchtige zu den Hauptträgern und Hauptverbreitern der HIV-Infektion gehören, der Methadonsubstitution das Wort geredet, weil man glaubt, auf diese Weise die Infektionskette unterbrechen zu können. Sowohl die intravenöse Injektion mit infizierten Spritzen als auch den Geschlechtsverkehr im Rahmen der sog. Beschaffungsprostitution will man auf diese Weise überflüssig machen. Es geht im Grunde also in letzter Zeit lediglich um die Frage, ob man mit drogenfreien Langzeitpro-

Tab. 38: Argumente gegen einen Einsatz von Methadon bei Opiatsüchtigen

1. Methadon (eine Form des bei uns auf dem Markt erhältlichen Polamidon L) ist selbst ein suchterzeugendes Opiat.
2. Es gibt im Umfeld von Methadonprogrammen einen Schwarzmarkt für Methadon.
3. Methadonsubstitution beseitigt nicht das Suchtverhalten.
4. Methadonsubstituierte nehmen großenteils andere Drogen nebenher.
5. Methadonentzugserscheinungen sind schwer zu behandeln.
6. Es kommt nur ein kleiner Teil aller Opiatsüchtigen für die Methadonsubstitution in Betracht.
7. Die amerikanischen Substitutionsprogramme sind als weitgehend wirkungslos anzusehen und werden deshalb in ihrem Umfang verringert.
8. Die Ausgabe von Suchtmitteln durch den Staat beinhaltet eine offizielle Verharmlosung der Opiatsucht („Der Staat als Dealer“).
9. Die Attraktivität der drogenfreien Langzeitprogramme sinkt.
10. Drogenfreie Langzeitprogramme sind an Wirkung den Methadonsubstitutionsprogrammen aber überlegen.

Tab. 39: Erfahrungen mit Methadonprogrammen

Methadonsubstitutionsprogramme
1. verhindern nicht, daß Opiatabhängige weiterhin andere Opiate spritzen;
2. reduzieren nicht die allgemeine Kriminalitätsbelastung der Abhängigen;
3. verhindern damit gleichfalls nicht, daß weiterhin Beschaffungskriminalität erforderlich ist. Dazu gehört die weit verbreitete Beschaffungsprostitution;
4. verändern nicht die Suchthaltung der Abhängigen, die zu wahlloser Beschaffung und bedenkenlosen Konsumformen (i. v.-Spritzen) führt;
5. beeinflussen nicht die suizidale Gleichgültigkeit und das Risikoverhalten der Opiatsüchtigen ihrer eigenen Gesundheit gegenüber;
6. zerstören die Motivation Süchtiger, konkrete Schritte in Richtung eines drogenfreien und sozial angepaßten Lebens einzuleiten. Tragfähige Entscheidungen sind erst im Zustand der Abstinenz möglich;
7. schaffen keine suchtstofffreien Zeitabschnitte die – je länger desto günstiger – als praktisch einziger günstiger prognostischer Faktor bei Opiatabhängigen empirisch belegt sind;
8. verlängern statt dessen die Dauer der Abhängigkeit und verschlechtern die Prognose des einzelnen Süchtigen, beinhalten die Vergabe eines Stoffs, der die Abwehrlage gerade von HIV- Infizierten schwächt;
9. kommen der amotivationalen Grundhaltung Opiatsüchtiger entgegen und verfestigen sie, so daß sie sich der Mühe eines drogenfreien Langzeitprogrammes erst recht entziehen.

grammen oder mit Methadonsubstitution die HIV-Infektionskette wirkungsvoll unterbrechen kann. Zu den Erfahrungen in den USA und in Europa mit Methadonsubstitutionsprogrammen siehe Tab. 39.

Zudem ist erwiesen, daß nur wirklich straff geführte Methadonsubstitutionsprogramme in ihrer Effizienz an drogenfreie Langzeitprogramme heranreichen können. Die Haltequote in solchen „harten" Methadonsubstitutionsprogrammen ist aber mäßig, die Abbruchquote dagegen hoch. Man erreicht damit nur wenige und hochmotivierte Abhängige, die allerdings auch mit drogenfreien Langzeitprogrammen zu erreichen sind. Lokker geführte Methadonprogramme hingegen erreichen zwar mehr Abhängige, aber das Spritzen und die Beschaffungskriminalität werden nicht unterbunden. Damit bleibt die Infektionsgefahr bestehen. Bei günstiger Bewertung von Methadonprogrammen kommen sie an die Ergebnisse drogenfreier Langzeitprogramme eben heran, sind letzteren aber keinesfalls überlegen. Sie bewirken damit also nichts zusätzlich und sind von daher überflüssig. Ihre Förderung ist daher unseres Erachtens abzulehnen, zumal starke rechtliche Bedenken bis heute bestehen.

Behandlungsergebnisse

Was erreichen wir nun mit unseren drogenfreien Langzeitprogrammen? Die Zusammenfassung einer Vielzahl angloamerikanischer Untersuchungen ergibt Drogenabstinenz nach einem unterschiedlich großen Katamnesezeitraum in 19–40 % der Fälle. Für Mitteleuropa betragen diese Zahlen 23–43 % (Ladewig 1987). Hier sind natürlich viele methodische Probleme zu beachten, z. B. die sog. Schwundproblematik, also die Frage, auf welche Grundgesamtheit sich die Prozentangabe bezieht. Verfolgt man z. B. diejenigen Klienten weiter, die ein bestimmtes Programm von Anfang bis Ende planmäßig durchlaufen haben, so kommt man zu respektablen Ergebnissen. Bei „Prop-Alternative" in Aiglsdorf bei München, einer verhaltenstherapeutisch orientierten Einrichtung, waren 80 % der Klienten, die planmäßig entlassen worden waren, noch nach zwei Jahren drogenfrei. Bezieht man jedoch alle Personen ein, die wenigstens sieben Tage in der Einrichtung verbracht hatten, so sind nach zwei Jahren immerhin 32 % drogenfrei. In einer anderen Studie (Bschor 1976) führte eine Nachuntersuchung von 63 delinquenten Drogenabhängigen nach 3 Jahren zu einer Abstinenzrate von etwa 25 %. Eine Therapie hatte in der Regel nicht stattgefunden, wohl aber waren die meisten unterschiedlich lange inhaftiert gewesen.

Eine schwedische Studie (Gunne 1980) erbrachte bei 250 Drogenabhängigen nach einem Jahr in 23 % der Fälle Abstinenz, diese Rate besserte sich laufend um einige Prozentpunkte pro Jahr (Spontanremissionsquote).

Die bekannte amerikanische DARP-Studie (Sells 1981) kam bei mehr als 3 000 ausgewerteten Fällen nach fünf Jahren Katamnesedauer zu folgenden Ergebnissen: 8 % Abstinenz nach Methadonstützprogrammen, 13 % nach ambulanten und 16 % nach stationären drogenfreien Langzeitprogrammen.

Tab. 40: Schlußfolgerungen aus den bisherigen Behandlungsergebnissen

1. Drogenabhängigkeit ist eine behandelbare Krankheit.
2. Drogenfreie Langzeitprogramme sind die sinnvollste und erfolgreichste Therapieform.
3. Die Chancen für die Patienten sind am besten, wenn sie ein Programm vollständig durchlaufen.
4. Rückfälle gehören zur Suchtkrankentherapie dazu.
5. Insgesamt ist therapeutischer Optimismus durchaus am Platze. Auch bei der Therapie anderer organischer oder psychischer Krankheiten können wir nicht mit 100 %igen Heilungsquoten rechnen.

5.8 Mißbrauch zentral wirksamer Stoffe (ICD 305)

5.8.1 Allgemeines

Unter Mißbrauch (Abusus) verstehen wir jeden medizinisch nicht indizierten Medikamentenkonsum, jeden Rauschdrogenkonsum und überhaupt den Gebrauch von Fremdsubstanzen, wenn er die Gefahr von Hilfsbedürftigkeit heraufbeschwört. Dies bedeutet, daß auch der Alkohol- und Nikotinkonsum strenggenommen ein Mißbrauchverhalten darstellt. Der Abhängigkeit von einer zentral wirkenden Substanz geht meist ein mehr oder weniger lange dauerndes Mißbrauchstadium voraus. Die meisten Konsumenten zentral wirksamer Substanzen befinden sich in einem Mißbrauchstadium, nur ein relativ kleiner Teil von ihnen ist im Stadium der Abhängigkeit anzutreffen. Für die Prophylaxe der Drogenabhängigkeit spielen die Mißbrauchstadien naturgemäß eine herausragende Rolle.

5.8.2 Alkoholmißbrauch (ICD 305.0)

Von den 90–95 % der bundesdeutschen Bevölkerung, die Alkohol konsumieren, sind nur wenige Prozent wirklich abhängig. Der Rest befindet sich in einem mehr oder weniger stark ausgeprägten Mißbrauchstadium. Ein ansehnlicher Teil hiervon wiederum konsumiert relativ große Mengen Alkohol (mehr als 60 g reinen Alkohols pro Tag) und ist deshalb in besonderem Maße gefährdet, Alkoholfolgewirkungen zu entwickeln (siehe Kap. 5.7.9). Beim Alkoholmißbrauch ist zu bedenken, daß wir mit dem Alkohol eine Reihe kulturell und im Brauchtum fest verwurzelter Getränke vor uns zu haben, von denen nicht zu erwarten ist, daß ein nennenswerter Anteil in der Bevölkerung auf ihren Konsum verzichten wird und will. Dies setzt jeder Prävention des Alkoholmißbrauchs von vornherein enge Grenzen.

5.8.3 Nikotinmißbrauch (Tabakmißbrauch) (ICD 305.1)

Ähnliches wie für das Alkoholtrinken gilt auch für das Tabakrauchen. Es handelt sich hierbei um eine in den Gewohnheiten der Menschen fest verwurzelte Verhaltensweise, von der wir aber mittlerweile wissen, daß sie durchaus beeinflußbar ist. Aus dem Mißbrauchverhalten gegenüber Tabak entwickelt sich bei vielen Menschen ein Zustand, der Züge einer Abhängigkeit trägt. Insbesondere das Nicht-Mehr-Aufhören-Können, ein wesentliches Merkmal des süchtigen Kontrollverlusts, ist bei vielen Rauchern zu beobachten. Die Weltgesundheitsorganisation (WHO) hat sich bisher gleichwohl nicht entschließen können, das Tabakrauchen als eigene Abhängigkeitskategorie zu definieren. Da eine Vielzahl von Folgeschäden bekannt ist, sehen wir das Tabakrauchen heute als gesundheitliches Problem ersten Ranges an. Unter Ausnutzung des wachsenden Gesundheitsbewußseins der Bevölkerung ist es jedoch in den vergangenen Jahren gelungen, den Anteil der Raucher in der Bevölkerung deutlich zu drücken. Gefährdet sind nach wie vor allerdings junge Menschen in besonderem Maße, hier müssen weitere präventive Maßnahmen einsetzen.
Therapeutisch kommen Raucherentwöhnungsmaßnahmen auf verhaltenstherapeutischer Basis in Betracht, die gute Erfolge zeitigen.

5.8.4 Drogenmißbrauch

Auch bei den verschiedenen Rauschdrogen gibt es Mißbrauchstadien. Hier ist vor allem an das Cannabis zu denken, bei des-

sen Konsum es nur relativ selten zur Ausbildung einer Abhängigkeit vom Cannabistyp kommt. Die meisten Konsumenten erreichen dieses Abhängigkeitsstadium nicht, sondern stellen den Konsum entweder ein oder gehen auf andere, stärker wirkende Substanzen über, um die Rauschwirkung zu erhöhen. In diesem Sinne erfüllt das Haschisch seine Funktion als Einstiegsdroge. Auch im Mißbrauchstadium kann es zu Komplikationen kommen (drogeninduzierte Psychosen, Echoräusche, „Flash backs"). Je stärker euphorisierend eine Rauschdroge wirkt, desto seltener kommt es zur Ausbildung von Mißbrauchstadien bzw. desto rascher bildet sich eine Abhängigkeit heraus. Beim Heroin beispielsweise sind Mißbrauchstadien nur sehr selten zu beobachten. LSD hingegen wird fast immer mißbraucht, Abhängigkeit hiervon und von anderen Halluzinogenen ist relativ selten.
Spezielle therapeutische Methoden gibt es in derartigen Mißbrauchstadien nicht, hier kommt es auf die Abklärung und Bereinigung des Umfelds und eine umfassende Aufklärung der Konsumenten an.

5.8.5 Mißbrauch anderer Stoffe

In diesem Zusammenhang ist vor allem an den in letzter Zeit häufiger anzutreffenden Laxantienmißbrauch zu denken, der in allen Alterskategorien eine Rolle spielt, ohne daß es indessen zur Ausbreitung von Abhängigkeiten im engeren Sinne kommt. Spezielle therapeutische Verfahren stehen in diesem Zusammenhang nicht zur Verfügung.

5.9 Andere Störungen (ICD 306–316)

Im folgenden sollen die in der ICD-Klassifizierung genannten Zustandsbilder nur benannt werden.
Körperliche Funktionsstörungen psychischen Ursprungs (ICD 306–307) (Psychosomatische Störungen einschließlich Anorexia nervosa, aber auch Stottern, Tics, „spezifische" Schlafstörungen, Eßstörungen, Enuresis, Enkopresis)
Psychogene Reaktionen (akute Belastungsreaktionen, ICD 308; Anpassungsstörungen, ICD 309)

Psychische Störungen nach Hirnschädigungen (Frontalhirnsyndrom, postkontusionelles Syndrom, ICD 310)
Nicht klassifizierbare depressive Störungen bzw. Störungen des Sozialverhaltens (ICD 311, 312)
Spezifische emotionale Störungen des Kindes- und Jugendalters (ICD 313); hyperkinetisches Syndrom (ICD 314); Entwicklungsrückstände (ICD 315)
Anderweitig klassifizierte psychosomatische Störungen (ICD 316)

5.10 Oligophrenie (ICD 317–319)

Oligophrenien stellen angeborene oder früh erworbene Intelligenzminderungen aller Schweregrade und jeglicher Herkunft dar. Die geistige Entwicklung ist unvollständig oder in einem frühen Stadium stehengeblieben (siehe Kap. 3.2.2.1)
Der schwerste Grad ist die **Idiotie,** dabei handelt es sich um einen hochgradigen Schwachsinn mit völliger Bildungsunfähigkeit und einem Intelligenzquotienten unter 20.
Bei einem Intelligenzquotienten von 20–34 spricht man von einem schweren Schwachsinn oder einer schweren intellektuellen Behinderung.
Bei der **Imbezillität,** auch deutlicher (mittelgradiger) Schwachsinn genannt (IQ 35–49), liegt eine intellektuelle Behinderung mittleren Grades vor, die freilich immer noch so ausgeprägt ist, daß sie mit Unfähigkeit zum selbständigen Zurechtfinden im praktischen Leben verbunden ist.
Eine nur leichte intellektuelle Behinderung mit einem Intelligenzquotienten von 50–70 wird als **Debilität** bezeichnet, die niedrige Intelligenz entsprechend einem IQ von 70–84, als **Grenzdebilität.** Debile sind in der Regel unfähig, einen Beruf zu erlernen. Ihre Beeinträchtigung im sozialen Bereich ist unterschiedlich ausgeprägt.
Manche Oligophrenien lassen sich auf eine Hirnschädigung vor der Geburt, darunter oder alsbald danach zurückführen. Andere gehen offenbar auf mangelhafte Intelligenzanlagen oder faßbare körperliche Veränderungen zurück (z. B. Chromosomenanomalien). Insgesamt sind etwa 4 % der Bevölkerung der Bundesrepublik oligophren und bedürfen in unterschiedlichem Maße der Unterstützung bis hin zur vollständigen

Pflege. Die Gesamtheit der hierdurch aufgeworfenen Probleme, von der Prävention bis zur Frage des Umgangs mit Behinderten und deren Unterbringung, kann hier nicht dargestellt werden. Eine therapeutische Beeinflussung im engeren Sinne ist nicht möglich, entscheidend dürften unterstützende und eingliedernde Maßnahmen sein.

6. Psychiatrische Notfälle

6.1 Erregungszustände

Symptomatik

Psychiatrische Patienten können aus den unterschiedlichsten Ursachen in den Zustand der Erregung geraten. Sie reagieren – oft aus Angst heraus – panisch und aggressiv, können aber auch in einen Zustand ekstatisch-euphorischer Erregung kommen. Der Antrieb ist dann gesteigert, die Psychomotorik überschießend, das Verhalten enthemmt, es gerät mehr und mehr aus der Kontrolle des Erregten hinaus. Gelegentlich können auch Sinnestäuschungen auftreten, und es kann zu einem Bewegungssturm raptusartigen Gepräges kommen (Tab. 41). Erregungszustände können unterschiedlich lange dauern, sie haben stets eine beträchtliche Abklingdauer.

Differentialdiagnose

Wir müssen die unterschiedlichsten Ursachen eines Erregungszustandes in Betracht ziehen: Hier kommen organische, endogene, psychogene und persönlichkeitsgebundene Erre-

Tab. 41: Symptome von Erregungszuständen

Antriebssteigerung
überschießende Psychomotorik
Enthemmung
Abbau der Verhaltenskontrolle
affektive Durchbrüche
Angst
Aggression
Ekstase/Euphorie
Wahn/Halluzinationen
Gereiztheit
raptusartige Bewegungsstürme

Tab. 42: Ursachen von Erregungszuständen

1. **Organische (exogene) Ursachen**
   Zerebral-organische Veränderungen
   Anfallsleiden
   Intoxikationen/atypische Rauschverläufe
2. **Endogene Ursachen**
   Manie
   agitierte Depression
   Schizophrenie
3. **Psychogene (reaktive Ursachen)**
   Momentan nicht kompensierbare Belastungen
   Kränkungserlebnisse
   Frustrationserlebnisse
4. **Persönlichkeitsgebundene Ursachen**
   Erregbare Persönlichkeiten
5. **Oligophrenie** (erethischer Schwachsinn)

Tab. 43: Medikamentöse Behandlung bei Erregungszuständen (nach Benkert und Hippius)

Grundkrankheit	Behandlung
symptomatische Psychose	Haloperidol; internistische Therapie
Erregung bei chronischen Hirnprozessen	Haloperidol
akute Intoxikation, Rausch bei psychotropen Pharmaka	Haloperidol (**cave:** dämpfende Pharmaka)
Alkoholrausch	Haloperidol (**cave:** dämpfende Pharmaka)
„Horrortrip"	Diazepam
Erregung bei geriatrischen Patienten	Haloperidol; evtl. kardiale Therapie
Manie	Levomepromazin, Haloperidol
agitierte Depression	Amitriptylin, Doxepin, evtl. Levomepromazin
Schizophrenie	Levomepromazin, Haloperidol
psychogene Erregung, Panikattacken	Diazepam

Tab. 44: Ursachen von Verwirrtheit

1. **Direkt das ZNS betreffend**	
Raumfordernde Prozesse	Hirntumoren, Metastasen, Abszesse, Blutungen
Schädel-Hirn-Traumen	
Entzündliche Prozesse	Meningitis, Enzephalitis
Vaskuläre Prozesse	Thrombose, Embolie
Degenerative Prozesse	Morbus Alzheimer
Epilepsie	auf Grand-mal-Anfälle folgend, Petit-mal-Status
2. **Systemische Erkrankungen**	
Infektionskrankheiten	Fieberhafte Infekte, Harnwegsinfekte
zu zerebraler Hypoxie führende Erkrankungen	Herzversagen, Herzstillstand, Anämie, Atemstörungen
Metabolische Störungen	Elektrolytstörungen, Dehydration, Azidose
Endokrine Störungen	Fehlfunktion der Schilddrüse, der Nebenniere, der Hypophyse. Diabetes mellitus
Vitaminmangel	Thiamin, Nikotinsäure, Vitamin B 12, Folsäure
3. **Medikamente, Drogen**	
Anticholinerg wirksame Substanzen	Antiparkinsonmittel, trizyklische Antidepressiva, und Neuroleptika
L-Dopa	
Antikonvulsiva	
Sedativa	Vom Benzodiazepin- und Barbiturattyp sowie Antihistaminika (H1-Blocker)
Cimetidin, Rantidin	
Digitalis	
Diuretika	via Störungen des Elektrolyt- und Wasserhaushalts
Antibiotika	Sulfonamide, Tuberkulostatika
Kortikoide	
Entzug	von Alkohol, Benzodiazepinen und Barbituraten

gungszustände in Betracht, aber auch der erethische Schwachsinn (siehe Tab. 42).

Therapie

Für die Behandlung von Erregungszuständen kommen naturgemäß sedierende Medikamente in Betracht, bei psychotischen Zustandsbildern vor allem Neuroleptika, bei der agitierten Depression sedierende Antidepressiva und bei eher psychogenen Bildern Benzodiazepine (siehe Tab. 43).

Prognose

Unterschiedlich, je nach Ursache, ggf. gestalten auch Begleitmaßnahmen die Prognose günstiger, etwa geduldiges Eingehen auf den Patienten, manchmal aber auch eine Fixierung, die stets von einer entsprechenden Beaufsichtigung und Betreuung begleitet sein sollte. Die Abklingdauer von Erregungszuständen kann im Einzelfall Stunden betragen.

6.2 Verwirrtheit

Symptomatik

Verwirrte Patienten weisen schwere Denkstörungen auf: Ihr Denken ist unzusammenhängend, schwer nachvollziehbar und verworren, Ideenflucht, Zerfahrenheit und Inkohärenz der Denkabläufe rufen den Eindruck der Verwirrtheit hervor. Ordnungsgesichtspunkte des Denkens sind nicht mehr zu erkennen, das Denken erscheint merkwürdig unklar. Eine geordnete verbale Kommunikation mit verwirrten Menschen ist nicht möglich. Gleichwohl kann geduldiges Eingehen auf ihre Belange einen gewissen Zugang zu ihnen öffnen.

Differentialdiagnose

Als Ursache von Verwirrtheit kommt eine Vielzahl von Veränderungen in Betracht (siehe Tab. 44).

Therapie

Wir versuchen in erster Linie, die Grundkrankheit zu behandeln, die als Ursache der organischen Verwirrtheit vorliegt. Daneben kommt der Einsatz von sedierenden Medikamenten in Betracht: Neuroleptika, hier vor allem hochpotente Neuroleptika (z. B. Haloperidol®) in relativ niedriger Dosierung (3 x 0,2–5 mg). Daneben eignet sich auch Clomethiazol (Distraneurin®) zur Behandlung von Verwirrheitszuständen, grundsätzlich kommt aber auch flankierenden Maßnahmen große Bedeutung zu (sog. Aufinfundieren bei Austrocknung, Beseitigung von Elektrolytstörungen, Regelung des Tag-Nacht-Rhythmus). Weitere stützende Maßnahmen sind äußere Orientierungshilfen (Uhr, Kalender, Name an der Tür) und feste Bezugspersonen.

Prognose
Unklar, von der Grundkrankheit abhängig.

6.3 Dyskinesien

Unter der Therapie mit Neuroleptika treten relativ häufig extrapyramidale Störungen auf. Diese Begleitwirkungen der Neuroleptika sind dosisabhängig. Sie führen zwar nicht zu lebensbedrohlichen Notfallsituationen, können für den betroffenen Patienten aber doch angsterregend und äußerst unangenehm sein.

Symptomatik
Frühdiskinesien treten in der Regel am Anfang der Neuroleptikabehandlung auf, sie sind durch Bewegungsstörungen des Kopfes, des Mundes, der Zungen- und Schlundmuskulatur gekennzeichnet. Besonders spektakulär stellt sich meist das sog. Zungen-Schlund-Syndrom dar.
Bei längerer Behandlung mit Neuroleptika kann es zu einem **Parkinson-Syndrom** mit Akinese, Rigor und Zittern kommen. Vielfach beobachten wir auch **Akathisien,** die sich als motorische Unruhe darstellen mit der Unfähigkeit zum Stillsitzen und einem ständigen Bewegungsdrang.

Spätdyskinesien sind häufig irreversibel, sie sind choreiform gestaltet, betreffen häufig die Muskulatur des Mundes, der Zunge, die Kau- und Wangenmuskulatur, aber auch die gesamte Extremitäten- und Rumpfmuskulatur

Differentialdiagnose
Chorea Huntington, Parkinson-Syndrom, psychogene Bewegungsstörungen.

Therapie
Bei der Frühdyskinesie: Injektion von Akineton i. v.
Beim Parkinson-Syndrom: Anticholinergika oral, Umsetzen auf nebenwirkungsärmere Neuroleptika (Clozapin = Leponex®; Sulpiride = Dogmatil®).
Bei der Akathisie: Versuch mit Benzodiazepinen.
Bei der Spätdyskinesie: Umsetzen auf nebenwirkungsärmere Neuroleptika oder überhaupt andere Substanzgruppen (Leponex®, Sulpiride). Daneben Tetrabenazin (Nitoman).

Prognose
Für die Frühdyskinesie, das pharmakogene Parkinson-Syndrom und die Akathisie verhältnismäßig gut bei entsprechender Umstellung bzw. Einstellung der Medikation; Spätdyskinesien sind häufig schwer zu beeinflussen.

6.4 Angst

Symptomatik
Angst setzt sich aus einer Vielzahl von Einzelsymptomen zusammen, die hier nicht erörtert werden können. In diesem Zusammenhang sind innere Unruhe, Nervosität, Spannung, Resignation und Freudlosigkeit bis hin zur Verzweiflung zu nennen. Vielfach treten körperliche Symptome hinzu, etwa Kopfdruck, Engegefühl in der Brust, Mundtrockenheit, Schwindel, Brechreiz, Herzsensationen, aber auch Zittern, Tonusverlust und Darmspasmen. Angst tritt bei praktisch **allen** psychischen Erkrankungen auf.
Bei jeder psychiatrischen Exploration sollte geklärt werden, ob der Patient Angst hat. Dabei ist es zunächst wichtig, Angst als Symptom zu erfassen. In einem zweiten Schritt wenden wir uns dann der Frage zu, wie die Angst einzuordnen ist.

Differentialdiagnose

Hier bietet sich ein Schema an, an dem die Exploration von Angst zu orientieren ist. Zunächst ist Angst in einer tatsächlich angsterzeugenden Situation als eine durchaus physiologische Reaktionsweise anzusehen, die keiner weiteren Diagnostik bedarf. Es können aber auch somatische Erkrankungen zugrunde liegen, die angsterzeugend wirken. Dann ist internistische bzw. zerebrale Diagnostik erforderlich. Bei psychiatrischen Patienten wird die Angst in der Mehrzahl der Fälle ein Symptom der Psychose sein (Depression, Schizophrenie), sie kann auch aus einem atypischen Rauschzustand stammen. In den vorgenannten Fällen sprechen wir von sekundärer Angst, weil sie Symptom einer umfassenderen Krankheit ist. Primäre Angst entsteht gewissermaßen allein und selbständig, sie kann spontan oder auch situativ gebunden auftreten, in jedem Falle ist dann eine Analyse der angstauslösenden Vorstellungen, Objekte bzw. Situationen erforderlich, um eine Aktivierung von Angstbewältigungsmechanismen beim Patienten erzeugen zu können.

Grundsätzlich ist bei der Angstsymptomatik sowohl an eine Angstneurose, eine Phobie, ein Paniksyndrom als auch an eine Schizophrenie – auch im Prodromalstadium – zu denken, ferner an die Depression, an drogeninduzierte Psychosen und an die atypischen Rauschverläufe („Horrortrip").

Therapie

Bei reaktiven Angstformen, aber auch bei primärer Angst ist ein Benzodiazepin das Mittel der Wahl (z. B. 5–10 mg Valium® oral oder i. m.). Bei der Depression ist ein sedierendes Antidepressivum anzuwenden (z. B. 25–50 mg Aponal®). Bei der Schizophrenie bietet sich die Verabreichung eines höherpotenten Neuroleptikums an (z. B. 1–2,5 mg Haldol® oral). Bei atypischen Rauschverläufen sind Benzodiazepine einzusetzen, bei allen Angstsyndromen ist allein durch geduldiges Eingehen auf den Patienten und sog. „talking down" schon eine Entspannung der Situation herbeizuführen.

Prognose

In der Regel ist Angst vor allem als Sekundärangst gut zu beeinflussen, während Primärangst oft ein hartnäckiges psychotherapeutisches Problem bleibt.

6.5 Delirante Syndrome

Symptomatik

Hierzu siehe Kap. 5.1.3.1. Es sei betont, daß uns nicht immer das Vollbild eines Delirs begegnet, sondern vielfach Einzelsymptome vorliegen, so daß man nicht immer gleich an eine delirante Symptomatik denkt. Wichtig sind in diesem Zusammenhang folgende Symptome: Verwirrtheit, Verkennung der Umgebung, erschwerte Auffassung, ängstliche Verstimmung, motorische Unruhe, Suggestibilität, akustische und optische Halluzinationen und vegetative Symptome.

Differentialdiagnose

Hier kommt eine Vielzahl neurologischer, internistischer und chirurgischer Erkrankungen in Betracht, die in unserem Zusammenhang nicht sämtlich aufzuführen sind. Am häufigsten ist an den Alkoholismus als Ursache des Delirs zu denken, hier liegen meist starke vegetative Begleitsymptome vor.
Daneben haben wir vor allem an die Demenz vom Alzheimertyp zu denken, die besonders zu nächtlichen deliranten Episoden führen kann. Ferner rufen auch Medikamentenintoxikationen bzw. -entzugssituationen delirante Bilder hervor.

Therapie

Stationäre Behandlung ist stets erforderlich. Wenn das Delir nicht auf einer Intoxikation beruht, ist der Patient zu sedieren. Hier kommt ein Benzodiazepin (z. B. 5–10mg Valium®) oder ein Neuroleptikum (z. B. 2–5 mg Haldol®) in Betracht, als besonders wirksam hat sich indessen das Clomethiazol (z. B. Distraneurin®) erwiesen, das bei schweren Delirien bis zu acht Mal täglich verabreicht werden kann. Bei schweren Delirien, vor allem beim Alkoholdelir, ist die Infusionstherapie mit Clomethiazol anzuwenden.

Prognose

Sie ist beim Alkoholdelir relativ gut, wenn rechtzeitig mit der Clomethiazolbehandlung begonnen werden kann. Bei deliranten Episoden im Rahmen der Demenz vom Alzheimer-Typ ist die medikamentöse Therapie durch internistische Maßnahmen abzurunden, um die zerebrale Dekompensation möglichst zu beseitigen. Ansonsten ist die Prognose hier dubios.

6.6 Bewußtseinsstörungen

Symptomatik

Die verschiedenen Stufen der Bewußtseinsstörung von der Benommenheit bis hin zum Koma beruhen meist auf schwerwiegenden exogenen Einwirkungen auf das zentrale Nervensystem, seien es Traumata, seien es Durchblutungsstörungen oder Intoxikationen. Auf die Symptomatik sind wir bereits eingegangen (siehe Kap. 5.1.5.4), die Behandlung richtet sich selbstverständlich nach der Grundkrankheit. Entscheidend ist eine sorgfältige neurologische Untersuchung des Patienten.

Bei der Entgiftungsbehandlung von Opiatsüchtigen mit Bewußtseinsstörungen ist der Einsatz von Opiatantagonisten zu vermeiden, weil es hierdurch zur Provokation schwerer, auch körperlicher Entzugssyndrome kommen kann, die ihrerseits ein eigenes Behandlungsproblem darstellen können (siehe auch Kap. 5.1.4.1).

6.7 Katatoner Stupor

Symptomatik

Katatoner Stupor ist der Extremfall einer Antriebshemmung, bei dem es zur Erstarrung und Regungslosigkeit kommt. Mit den Patienten ist praktisch kein Kontakt mehr aufzunehmen; sie sind gewissermaßen verhaltensblockiert.

Differentialdiagnose

Hier kommen sowohl toxische als auch neurologische und metabolische Ursachen in Betracht. Im psychiatrischen Bereich ist vor allem an den katatonen und den depressiven Stupor zu denken, aber auch an psychogen-stuporöse Zustandsbilder bei neurotischen Fehlhaltungen und an ein malignes neuroleptisches Syndrom.

Therapie

Die Therapie richtet sich nach der Grundkrankheit und ist vor allem beim Stupor im Rahmen endogener Erkrankungen medikamentös ausgerichtet (siehe auch Kap. 5.2.2.4).

Prognose
Stuporöse Zustandsbilder sind in der Regel medikamentös beeinflußbar. Sie stellen allerdings eine schwere Zuspitzung der jeweiligen Grundkrankheit dar, so daß ihre Prognose letztlich doch dubios bleibt. Psychogene Stuporen sind prognostisch günstiger zu beurteilen.

6.8 Suizidgefahr

Symptomatik
Wir bezeichnen einen Menschen als suizidal, wenn er die ihm zur Verfügung stehende Energie, seine seelischen Kräfte und seine Antriebe auf Selbstvernichtung hin ausrichtet. Etwa jeder zehnte Suizidversuch gelingt. Ein Suizidversuch in der Anamnese erhöht das spätere Suizidrisiko beträchtlich.
Ringel hat ein Syndrom beschrieben, das dem Suizid vorausgeht. Es besteht aus zunehmender Einengung der zwischenmenschlichen Beziehungen, der Situation und der Wertmaßstäbe des Menschen, aus Aggressionsstau und Wendung der Aggression gegen die eigene Person sowie aus anwachsenden Selbstmordphantasien.
Auf folgende Symptome ist besonders zu achten:
1. Ängstlich-agitiertes Verhalten
2. Langdauernde Schlafstörungen
3. Affekt- und Aggressionsstau
4. Beginn oder Abklingen depressiver Phasen, Mischzustände
5. Biologische Krisenzeiten (Pubertät, Gravidität, Wochenbett, Klimakterium)
6. Schwere Schuld- und Insuffizienzgefühle
7. Unheilbare Krankheiten oder Krankheitswahn
8. Alkoholismus und Drogen- bzw. Medikamentenabhängigkeit (nach Kielholz).

Besonders schwerwiegend ist eine Vereinsamungssituation, aber auch das Fehlen von Lebensinhalten ist ein Faktor, der die Suizidgefahr erhöht (siehe Tab. 45).

Einen Anhaltspunkt zur Abschätzung der Suizidalität kann der nachfolgende Fragebogen geben (Tab. 46).

Differentialdiagnose

Im Rahmen der Abschätzung der Suizidalität stellt sich stets die Frage nach der Grundkrankheit. Gleichgültig, ob man Suizidalität selbst als Krankheit auffassen will, wird man besonderen Wert auf die Erkennung zugrundeliegender psychischer Krankheiten legen müssen. Hier kommen vor allem Depressionen in Betracht, aber auch schizophrene Erkrankungen, insbesondere im Vorfeld, jedoch auch dann, wenn Leistungsinsuffizienzen bei Residualzuständen nicht mehr weichen wollen und vom Kranken registriert werden. Zu denken ist auch an Suchterkrankungen, vor allem an den Alkoholismus, aber auch an Medikamenten- und Drogenabhängigkeit. Die persönliche Lebenssituation ist zu eruieren und auf organische Krankheiten zu achten. Suizidankündigungen sollten unbedingt ernst genommen werden.

Tab. 45: Faktoren, die das Suizidrisiko erhöhen (nach Metzger und Wolfersdorf)

1. **Soziale Faktoren**
   höheres Alter
   männliches Geschlecht
   getrennter Familienstand
   längere Arbeitslosigkeit
   soziale Isolation
2. **Biographische Faktoren**
   frühere Suizidversuche
   Suizidversuche und Suizide in der Familie/bei Freunden
   zerrüttete Familie in der Kindheit
   Fehlen einer tragfähigen religiösen/weltanschaulichen Bindung
   häufige Enttäuschungen im zwischenmenschlichen Bereich
   psychische Erkrankung
3. **Krankheitsspezifische Faktoren**
   ängstlich-agitiertes Verhalten
   Schuldgefühle, Schuldwahn
   langanhaltende Schlafstörungen
   Überwiegen einer Selbstwertproblematik
   Medikamentenwirkungen, z. B. antidepressive Therapie
4. **Psychische Faktoren**
   Depressionen
   Psychosen aus dem schizophrenen Formenkreis
   Alkoholismus/Drogenabhängigkeit

Tab. 46: Fragebogen zur Abschätzung des Suizidrisikos (nach Pöldinger)

Je mehr Fragen im Sinne der angegebenen Antwort beantwortet werden, um so höher muß das Suizidrisiko eingeschätzt werden

1. Haben Sie in letzter Zeit daran denken müssen, sich das Leben zu nehmen?	Ja	
2. Häufig?	Ja	
3. Haben Sie auch daran denken müssen, ohne es zu wollen? Haben sich Selbstmordgedanken aufgedrängt?	Ja	
4. Haben sie konkrete Ideen, wie Sie es machen wollen?	Ja	
5. Haben Sie Vorbereitungen getroffen?	Ja	
6. Haben sie schon zu jemanden über Ihre Selbstmordabsichten gesprochen?	Ja	
7. Haben Sie einmal einen Selbstmordversuch unternommen?	Ja	
8. Hat sich in Ihrer Familie oder in Ihrem Freundes- und Bekanntenkreis schon jemand das Leben genommen?	Ja	
9. Halten Sie Ihre Situation für aussichts- und hoffnungslos?	Ja	
10. Fällt es Ihnen schwer, an etwas anderes als an Ihre Probleme zu denken?	Ja	
11. Haben Sie in letzter Zeit weniger Kontakt zu Ihren Verwandten, Bekannten und Freunden?	Ja	
12. Haben Sie noch Interesse daran, was in Ihrem Beruf und in Ihrer Umgebung vorgeht? Interessieren Sie noch Ihre Hobbies?		Nein
13. Haben Sie jemand, mit dem Sie offen und vertraulich über Ihre Probleme sprechen können?		Nein
14. Wohnen Sie zusammen mit Familienangehörigen oder Bekannten?		Nein
15. Fühlen Sie sich unter starken familiären oder beruflichen Verpflichtungen stehend?		Nein
16. Fühlen Sie sich in einer religiösen bzw. weltanschaulichen Gemeinschaft verwurzelt?		Nein
Anzahl entsprechend beantworteter Fragen		
Endzahl = max. 16		

Therapie
Hier kommt dem Aufbau eines vertrauens- und verständnisvollen Arzt-Patienten-Verhältnisses besondere Bedeutung zu. Dadurch kann es zu einer Entlastung des suizidalen Patienten kommen. Ist die Suizidalität des Patienten nicht als unmittelbar bedrohlich einzustufen, wird man versuchen, das begonnene Verhältnis auszubauen. Der Schwerpunkt liegt dann auf einer psychotherapeutischen Betreuung.
Beim Vorhandensein einer faßbaren Grundkrankheit ist diese zu behandeln. Bei akuter Suizidalität ist der Patient in eine psychiatrische Klinik einzuweisen, wo eine Suizidhandlung nach menschlichem Ermessen auszuschließen ist. Eine hohe Dichte der Betreuung kann unter Umständen geschlossene Bedingungen ersetzen. Die medikamentöse Therapie ist sedierend-angstlösend zu orientieren (Benzodiazepine, Neuroleptika). Der ambulanten Nachbetreuung kommt besondere Bedeutung zu.

Prognose
Bei akuten Konfliktsituationen und faßbaren Grundkrankheiten ist die Prognose besser als bei schwer zu bereinigenden Belastungssituationen, die den Patienten zum Bilanzieren veranlassen.

Literatur

Bauer, M. et al.: Psychiatrie, Psychosomatik, Psychotherapie. 2. überarb. und erweit. Aufl. Thieme, Stuttgart, New York 1980

Benkert, O., H. Hippius: Psychiatrische Pharmakotherapie. 4., vollst. überarb. Aufl. Springer, Berlin, Heidelberg, New York, Tokyo 1986

Bochnik, H. J., C. Gärtner-Huth, W. Richtberg: Psychiatrie lernen. Perimed, Erlangen 1986

Bräutigam, W.: Sexualmedizin im Grundriß. Thieme, Stuttgart 1977

Breyer-Pfaff, U., H. J. Gaertner: Antidepressiva-Pharmakologie, therapeutischer Einsatz und Klinik der Depression. Wissenschaftl. Verlagsgesellschaft, Stuttgart 1987

Burchard, J. M. (Hrsg.): Behandlung mit Carbamazepin in Psychiatrie und Neurologie. München 1987

Deutsche Hauptstelle gegen die Suchtgefahren (Hrsg.): Jahrbuch zur Frage der Suchtgefahren 1988. Neuland, Hamburg 1988

Feer, H.: Biologische Psychiatrie – Eine Standortbestimmung. Enke, Stuttgart 1985

Finke, J.: Die neurologische Untersuchung. J. F. Lehmanns Verlag, München 1968

Finke, J.: Neurologischer Untersuchungskurs. Urban und Schwarzenberg, München, Berlin, Wien 1975

Flügel, K. A.: Neurologische und psychiatrische Therapie. 2. neubearb. Aufl. Perimed, Erlangen 1987

Groß, R.: Intuition. Dt. Ärztebl. 85 (1988), 22–23

Groves, J. E. in: Hackett, T. P., N. A. Cassem (Hrsg.): Handbook of General Hospital Psychiatry. C. W. Mosby, St. Louis 1978

Haenel, T., W. Pöldinger: Erkennung und Beurteilung der Suizidalität in: *Kisker, K. P. et al.* (Hrsg.): Krisenintervention, Suizid, Konsiliarpsychiatrie, Handbuch Psychiatrie der Gegenwart, Band 2, Springer, Berlin, Heidelberg, New York, Tokyo 1986

Hamilton, M.: Klinische Psychopathologie. Enke, Stuttgart 1984

Hedde, J. P., F. M. Reischies: Bildgebende Hirndiagnostik in der Psychiatrie. Nervenarzt 57 (1986), 65–79

Helmchen, H., H. Hippius, Hiltmann (Hrsg.): Psychiatrie für die Praxis. 1. Band. MMV Medizin Verlag, München 1985

Hinterhuber, H., H. Schubert, F. Kulhanek (Hrsg.): Seiteneffekte und Störwirkungen der Psychopharmaka. Schattauer, Stuttgart, New York 1986

Hippius, H., R. R. Engel, G. Laakmann (Hrsg.): Benzodiazepine – Rückblick und Ausblick. Springer, Berlin, Heidelberg, New York, Tokyo, 1986

Hippius, H., H. Lauter, W. Greil (Hrsg.): Der psychiatrische Notfall. MMV Medizin Verlag, München 1987

Hippius, H., N. Matussek (Hrsg.): Differentialtherapie der Depression – Möglichkeiten und Grenzen. Karger, Basel 1985

Kind, H.: Leitfaden für die psychiatrische Untersuchung. Springer, Berlin, Heidelberg, New York 1973

Kopera, H.: Interferenzen und Störwirkungen von Psychopharmaka und anderen Medikamenten in: *Hinterhuber, H., H. Schubert, F. Kuhlhanek* (Hrsg.): Seiteneffekte und Störwirkungen der Psychopharmaka. Schattauer, Stuttgart, New York 1986

Kugler, J., R. Spatz: Zerebrale (epileptische) Anfälle im Erwachsenenalter in: *Flügel, K. A.* (Hrsg.): Neurologische und psychiatrische Therapie, 2. Aufl., Perimed Verlag, Erlangen 1987

Langer, G., H. Hermann: Psychopharmaka-Grundlagen der Therapie. Springer, Wien, New York 1983

Laux, G.: Infusionstherapie bei Depressionen. Hippokrates, Stuttgart 1982

Laux, G.: Psychopharmaka – Ein Leitfaden. 2. Aufl. G. Fischer Verlag, Stuttgart, New York 1988

Leutner, V.: Schlafmittel. Basel 1984

Linden, M., C. Lipski, A. Pietzcker (Hrsg.): Der schizophrene Patient in der Nervenarztpraxis. Thieme, Stuttgart, New York 1985

Matussek, N., H. Hippius: Tabulae Psychiatricae et Psychopharmacologicae. Aesopus Verlag, Basel, Wiesbaden 1984

Matussek, N., F. Holsboer: Biologischer Hintergrund in: *Kisker, K. P. et al.* (Hrsg.): Psychiatrie der Gegenwart, Band 5: Affektive Psychosen. Springer, Berlin 1987

Metzger, R., G. Wolfersdorf: Der Umgang mit suizidalen depressiven Patienten in der psychiatrischen Klinik in: *Wolfersdorf, M., R. Straub, G. Hole* (Hrsg.): Depressive Kranke in der psychiatrischen Klinik. Beltz Verlag, Weinheim 1983

Möller, H. J., W. Kissling, K.-D. Stoll, G. Wendt: Psychopharmakotherapie. Kohlhammer, Stuttgart, Berlin, Köln 1989

Müller, C. (Hrsg.): Lexikon der Psychiatrie. 2. Aufl. Springer, Berlin, Heidelberg, New York, London, Paris, Tokyo 1986

Mutschler, E.: Arzneimittelwirkungen. 5. Aufl. Wissenschaftl. Verlagsges., Stuttgart 1986

Payk, T. R.: Checkliste Psychiatrie. Thieme, Stuttgart 1988

Peters, U. H.: Wörterbuch der Psychiatrie und medizinischen Psychologie. 3. Aufl. Urban und Schwarzenberg, München 1984

Pichot, P., H. J. Möller (Hrsg.): Neuroleptika – Rückschau 1952–1986, künftige Entwicklungen. Springer, Berlin, Heidelberg, New York, London, Paris, Tokyo 1987

Platz, W. E.: Psychopharmaka bei psychiatrischen Erkrankungen. 2. Aufl. Vieweg, Braunschweig 1987

Pöldinger, W.: Kompendium der Psychopharmakotherapie. Wiss. Dienst Roche, Basel 1967

Rudolf, G. A. E.: Der depressive Patient in der ärztlichen Sprechstunde. Vieweg, Braunschweig 1986

Rudolf, G. A. E.: Der schizophrene Patient in der ärztlichen Sprechstunde. Vieweg, Braunschweig, Wiesbaden 1988

Rudolf, G. A. E.: Therapieschemata Psychiatrie. Urban und Schwarzenberg, München, Wien, Baltimore 1988

Rudolf, G. A. E., K. Heinrich (Hrsg.): Depressionen erkennen und behandeln. Vieweg, Braunschweig 1984

Rüther, E., F. Müller-Spahn: Neurobiochemische Untersuchungen bei Akut- und Langzeitbehandlung mit Neuroleptika in: *Pichot, P., H. J. Möller* (Hrsg.): Neuroleptika – Rückschau 1952–1986, Künftige Entwicklungen. Springer, Berlin, Heidelberg, New York, London, Paris, Tokyo 1987

Sauer, H., H. Lauter: Elektrokrampftherapie in: *Flügel, K. A.* (Hrsg.): Neurologische und psychiatrische Therapie, 2. Aufl., Perimed Verlag, Erlangen 1987

Sieberns, S.: Antidepressiva – Klinik – Pharmakokinetik – Interaktionen. Therapiewoche 35 (1985), 5804–5815

Sieberns, S.: Dosierung von Neuroleptika in: *Böcker, F., W. Weig* (Hrsg.): Aktuelle Kernfragen in der Psychiatrie. Springer Verlag, Berlin, Heidelberg 1988

Straube, D. (Hrsg.): Neurologen- und Psychiaterkalender (Red.: *Hillemacher, A., K. Flügel*). Perimed Verlag, Erlangen 1983

Täschner, K.-L.: Therapie der Drogenabhängigkeit. Ein Handbuch. Kohlhammer Verlag, Stuttgart 1983

Täschner, K.-L.: Das Cannabisproblem – Haschisch und seine Wirkungen. 3. Aufl. Deutscher Ärzteverlag, Köln 1986

Täschner, K.-L.: Haschisch – Wirkung und Gebrauch. Informationen und Argumente für die Praxis. Reihe „Psychiatrie für den Praxisalltag", Hippokrates Verlag, Stuttgart 1987

Täschner, K.-L., D. H. Frießem: Psychiatrische Krankheitsbilder – Eine Übersicht für medizinische, pflegerische und soziale Berufe. AGJ-Verlag, Freiburg i. B. 1986

Täschner, K.-L., W. Richtberg: Koka und Kokain – Konsum und Wirkung. 2. Aufl. Deutscher Ärzteverlag, Köln 1987

Tegeler, J., W. Wöller: Therapeutische Maßnahmen bei späten extrapyramidalen Hyperkinesen. Fortschr. Neurol. Psychiat. 51 (1983), 203–226

Tölle, R.: Psychiatrie. 8. überarb. v. erg. Aufl. Berlin, Heidelberg, New York, London, Paris, Tokyo 1988

Vogel, T., J. Vliegen (Hrsg.): Diagnostische und therapeutische Methoden in der Psychiatrie. Thieme, Stuttgart 1977

Wanke, K., K.-L. Täschner: Rauschmittel – Drogen, Medikamente, Alkohol. 5. Aufl. des von *Hesse* begründeten Werks, Enke, Stuttgart 1985

Woggon, B.: Psychopharmakotherapie affektiver Psychosen in *Kisker, K.* et al. (Hrsg.): Psychiatrie der Gegenwart, Band 5: Affektive Psychosen. Springer, Berlin 1987

Register

Seiten, auf denen das betreffende Stichwort ausführlich behandelt wird, sind durch halbfetten Druck gekennzeichnet. Für häufig wiederkehrende Begriffe sind nur die zentralen Stellen aufgeführt.